U0926015

王国强　著

教育的应然样态

我的教育理解

江苏人民出版社

图书在版编目(CIP)数据

教育的应然样态 : 我的教育理解 / 王国强著. -- 南京:江苏人民出版社, 2019.5
ISBN 978-7-214-23304-2

Ⅰ. ①教… Ⅱ. ①王… Ⅲ. ①教育-文集 Ⅳ. ①G4-53

中国版本图书馆 CIP 数据核字(2019)第 049488 号

书　　名	教育的应然样态　我的教育理解
著　　者	王国强
责任编辑	李　洁
装帧设计	刘葶葶
责任监制	陈晓明
出版发行	江苏人民出版社
出版社地址	南京市湖南路 1 号 A 楼,邮编:210009
出版社网址	http://www.jspph.com
照　　排	江苏凤凰制版有限公司
印　　刷	江苏凤凰新华印务有限公司
开　　本	718 毫米×1000 毫米　1/16
印　　张	34　插页 2
字　　数	400 千字
版　　次	2019 年 5 月第 1 版　2019 年 5 月第 1 次印刷
标准书号	ISBN 978-7-214-23304-2
定　　价	68.00 元(精装)

(江苏人民出版社图书凡印装错误可向承印厂调换)

写在前面

迄今的五年多时间，我在主要为政府教育行政部门决策服务的教科研机构任职，一边于职责范围内倾心尽力地推动机构的顺畅运作，一边继续研究教育宏观和大局，并用上了大量的时间和精力思考教育中观与微观层面的林林总总的情况，借助参加省内外教科研活动、报纸杂志约稿的机会，遵从规定的主题或“命题作文”要求，把日常所思所悟顺势倒将出来，由此形成了斗胆面世的这数十万的文字。

作为非教育专业背景的我，竟然几十年如一日地专注于教育行生，想来是因教育于人类社会之价值无与伦比的原由。也许就是这份认知萌发了自己对于教育的深切的期待，指望着自己有一份参与、有一点付出的教育事业，能够尽早褪去胎里固有的、后天浸染的称之为问题的东西。于是，个人的教育理想不自觉地出现了。

关于教育的理想和理想的教育，古今中外论者芸芸、不一而足；追求教育的理想和理想的教育的先贤，古往今来前赴后继、层出不穷。我等一介职业人员，显然无需皓首穷经或生造偏冷，只需下足将理想教育的种种理论加以现代化并推进落实的功夫。而就是这看似仅费举手之劳便可以实现的理想，常常似镜中花、水中月，可望而不可即。随着时间的流逝，该解决而没有解决的教育问题愈积愈多，甚至同样的问题日益复杂、解决难度陡增，本来近在咫尺的解决教育问题的期待，竟可能成为“顽疾”。于是，一种朴素的心愿油然而生：教育应回归本源、本质、本真、本然。而如何回归？就成为我近些年不懈思索的领域。

在日常工作中，与同道们交流因思索形成的片言只语时，竟得到了或多或少的认可甚至拥趸。其中因工作交集而交流颇多的江苏人民出版社社长徐海先生、责编李洁女士不吝鼓励，催促我梳理成系、结集出版，以期达成众愿。我欣欣然，并以为然，于是就有了这本关于教育应然样态点滴思考的集成。

不过，我心忐忑。将自己近些年很不系统的思考和盘托出，我既担心因学养不够而致论之不力、理难服人，又唯恐因笔力不够而致文字粗陋、有损眼球。但是，既然走出了这一步，也就只能佯做坦然，静候并笑纳批评了。

王国强

2019 年 1 月

目 录

第一章

教育就是“教育”

第一节　教育的神圣性

还教育以神圣

江南某地新书记到任不久，因本地最好的高中连续几年没有考上北京大学、清华大学的学生，竟很快更换了教育局局长、这所高中的校长。据说，这在当时引起过一阵议论。但也只是议论，很快就风平浪静。偶尔有外边的人听说后，以为匪夷所思，发罢一通议论，也终归于寂静。

不过，此事却一直萦绕于我的脑际挥之不去。有同道说，本质原因是，教育没有自己的严密的理论体系、专业性不强，因此，如今的中国，谁都“懂”教育。此说也让我费了好一番思量。列宁说过，没有革命的理论就没有革命的实践。套用这句名言，没有教育理论就没有教育实践。教育是有自己的理论体系的，任何教育实践都是有相应的教育理论的指导、理性光芒的照耀。只有学习、认识、熟悉、掌握了一定教育理论的人，方能有真正意义上的教育实践。难道是因为当今中国的教育普及快、接受教育不再是稀罕之事，接受过教育就懂教育了？似乎又并不尽然。于是，我想到了“神圣”二字。

教育是文化的生命机制。没有教育，人类文化就可能“断了香火”。仅此，我们就可以说教育是神圣的事业。

教育的神圣源于教育使命的神圣。教育的使命，在于关注人的生命成长，为生命成长提供适宜的环境、氛围、引导；在于原初地、真正地以人为本，尽可能多地为儿童提供生存、发展和获得幸福的知识、技能和素养；在于追寻最必要、最基本的公平，奠定社会公平的基石。

教育的神圣源于教育规律的神圣。教育规律的神圣基于其对象的特殊。教育的对象是属于“宇宙精华、万物灵长”的人。人是世间最为复杂的动物。没有两片完全相同的树叶，更没有完全相同的两个人。人的生命成长规律要求教育必须遵循，人的生命的丰富多彩又要求赋予个性化的教育，教育规律及其独特性就在其中生成。

教育的神圣源于教师职业的神圣。教师是红烛，燃烧了自己、照亮了别人；教师是人类灵魂工程师；教育是振兴民族的希望，教师是振兴教育的希望。这些足以表征教师职业的崇高。客观上，教师职业是有威权的，三尺讲台前，教师可以赋予每个孩子相对均等的机会，也可以埋下匮乏公平思想的种子。教师是教育是否公平的最初的也是最终的决定者。

……

教育的神圣性昭示我们，教育的目标是为了每一个孩子的体魄康健、心灵和谐、智能发展、终身幸福。就是在朝着这样的目标行进的过程中,民族振兴、国家发展、社会进步需要的帅才和将才、合格建设者和接班人方能生生不息。

教育的神圣性决定了它的独特性、不可替代、不可或缺。教育是关乎人的事业,与物的生产相异,任何意图在这方神圣之地上累积政绩以愚弄百姓的念想,本质上是一种反动:对教育规律的反动。于是,不懂教育规律、无视教育规律、漠视教育神圣性的言行,轻则终将成为话柄、贻笑于大方之家,重则终将打乱一方教育秩序、危及党和国家教育方针贯彻,削弱数十年后民族的创新创造发展能力。

(2015年9月2日)

教育需要“静”

从事教育工作，需要有“静”的功夫。这是教育对象、教育者和学校成长的特殊性使然，任何操之过急、急于求成的作为，都是对教育规律的漠视。凡属教育的作为都要有战略的考虑、长远的安排，静听花开花落，静候瓜熟蒂落。

课堂内外，静听学生成长的呼声。课堂应该是生命的、生态的、诗意的、灵动的……这既应是客观的状态，也是旁观者、老师的期待，特别是老师追求的课堂教学境界，更是学生成长需要的环境。在课堂里，每个学生都期待被老师关注，得到老师的肯定、鼓励。高明的老师不会被课堂上的生动局面左右，而是在营造与学科教学内容相宜的氛围、调动每个学生学习积极性、主动性的同时，关注每一个或每一类学生此时此刻的内心活动及其需求，并适时地给予恰当的提醒、鼓励和肯定。

学校内外，静听师生内心的期待。一般意义上的教育，主要是指学校内实施的教育以及属于学校教育自然延伸的社会的、家庭的教育。作为文治教化机构，学校无疑应是师生向往、流连之所，是教师安身立命、成就事业、实现价值之处，是学生养成品性、获取知识和技能、快乐成长之地。这是师生的期待。于是，学校首先要成为有文化的地方，而不是文化沙漠。无法被藏匿而又让学生耳濡目染的社会教育环境，同样是学生成长需要的土壤。由负责任的社会、负责任的成人世界、负责任的政府共同营造的有利于学生成长的社会教育环境，应该是全时空、无间隔、连续的，而不能再让“学校教育八小时不敌校门之外两小时”的情况持续出现。家庭教育是教育的起点，并与学校教育和社会教育构成一个回路，因此，家庭教育又有终点的特征。仅此就可见家庭教育之重要。作为起点的家庭教育的确“不要让孩子输在起跑线上”。韦钰院士所说的“不要让孩子输在起跑线上”的意思是，从孩子一生下来，父母就要把孩子的发展看得比什么都重要，要给孩子提供一个稳定的、温暖的、健康的、互动的环境，起点要高。如此，学校内外的教育环境，正是师生共同的期待。

管理学校，静听学校特有的希望。谁都知道学校是文化的渊薮、知识的殿堂，社会是仰视学校、敬重教师和校长的。只是大家所知的原因，学校被分成若干等级，社会看待学校的视角变小了，少量的还被仰视，大多已被平视，有些已经被俯视了。我们认为，学校间本无所谓差异，都是神圣之地。差异仅在于空间造成的学校物化条件的多寡、优劣。但总体而言，不同空间位置上的学校的校长是敬业的，教师是忠诚的。而现实中社会对学校的至少三种“看法”，是学校主管部门在不同时期的不同教育管理价值追求所致。这种情况在维持了相当长一段时间后，出现了校际的差距，不仅是物化的条件，更在于原先几无差距的教师差距上。缩小校际差距是每所学校的期待，而在推进教育均衡化、追求社会公平的今天，相信并不遥远。

（2015 年 7 月 1 日）

教育需要耐心

有关教育的话题忒多,怎么就归结为需要耐心呢。想写此文的时间长了,但就是一直没有一个能统领自己长期萌动着的一类想法的词蹦出来。“耐心”二字在前些天闪现于眼前时,居然觉得是灵感使然。于是,就把以下的内容写了出来。

在日常生活中,谁都以为自己懂教育,这是不争的事实。但是,我认为这是一种“误以为”。

教育是人学。植物界没有相同的两片树叶,生物界何尝不是如此。人的复杂性决定了有关教育的话题、政策、成人对于孩子的言行、环境营造都必须是适宜的、有耐心的。

对于教育的对象,我们的孩子,要有耐心。家庭教育如此,学校教育亦如此。培养孩子是一个过程、孩子成长是一个过程、孩子成人直至能为社会作贡献也要一个过程。既然是一个过程,凡涉及孩子的事,就都要有耐心。父母带着孩子上公园、去补课,如果是作为即时任务,想要即刻完成、即出成效,那就是忽略了孩子成长的过程性特点,而这一特点深蕴着不可以违背的规律。忽视规律,轻则事倍功半,重则遭到惩罚,拔苗助长的结局可想而知。

对于教育的主体,我们的老师,要有耐心。无论是以往纯粹的师范院校毕业生、还是现在社会化吸纳的老师,也都要有一个成长过程,而且是一个不断成长的过程。大凡把学校教育看作万能的家长、社会和舆论,无不是忽视了教育者教师的成长要求,忽视了教师业务精进、水平提高也要一个过程。教师是在教育教学实践中与孩子们一道成长的。能与孩子一道成长的教师才能成为好教师。于是,与其对教师百般挑剔、无限期待,不如赋予教师成长的动力:优厚其待遇、提高其地位。

对于学校的灵魂,我们的校长,要有耐心。有道是:一所学校就是一个校长。当一个校长的精神状态与他管理的学校浑然一体时,这个校长一定是位好校长、高水平的校长。笔者曾亲聆台湾校长们说,在那里,任中小学校长一般要到50岁,据说,人届此龄方有大爱之心,此刻,在他们眼里每个孩子都是让人喜欢的好孩子。而这正是孩子成长、教育成功之必须。姑且不论校长水平提高要有一个过程,就是这50岁的年龄,也意味着需要我们这样的等待。

孩子、教师、校长成长的过程性特点告诉我们,对于教育的任何急功近利的意识、言行都是不适宜的,否则就会无可避免地剥夺孩子的快乐、损害孩子的健康,进而制造家庭的不幸、阻滞社会的进步、影响国家的发展、延迟民族的振兴。因此,对于教育,我们必须要有耐心。

今天家庭的、社会的、政府的教育投入,可以较快地转化为气象一新的学校、美丽的校园、精良的装备、拥有高学历的教师,但绝无可能在不日之内转化为孩子频频得奖、中考连年丰收、高考年年有北大清华的所谓的教育质量，即使出现也必定是偶然的、不会持续的，而这些也绝非学校教育质量的全部。此刻，我想起了《管子》中的一段话："一年之计，莫如树谷；十年之计，莫如树木；终身之计，莫如树人。一树一获者，谷也；一树十获者，木也；一树百获者，人也。"

教育需要耐心。

（2015年6月19日）

教育的全部逻辑在于学生

这届省江苏省教育科学研究院普通高中科研基地学校主题论坛的主题是“以学生发展为中心的学习文化建设”。这是一个老问题，也是一个常谈常新的问题，还是一个始终没有真正解决好的问题。在学习贯彻落实十九大精神、思考普通高中教育适应中国特色社会主义新时代新要求的时间节点上，研讨这个问题是很有意义的。

一是教育的全部逻辑在于学生。十九大报告指出：“要全面贯彻党的教育方针，落实立德树人根本任务，发展素质教育，推进教育公平，培养德智体美全面发展的社会主义建设者和接班人。”“推动城乡义务教育一体化发展，高度重视农村义务教育，办好学前教育、特殊教育和网络教育，普及高中阶段教育……努力让每个孩子都能享有公平而有质量的教育。”可见，教育发展的所有目标指向都聚拢到了培养人这一焦点上，也就是说教育发展的逻辑起点和终点都是为了每一个学生、为了每一个学生的发展和终身幸福。培养德智体美全面发展的社会主义建设者和接班人，需要发展好各级各类教育，赋予每个学生公平而有质量的教育，使得每一个学生成为既具有公平、正义等人文素养和社会责任感，又具有创新精神和实践能力，还具有家国情怀、堪于担当国家发展、民族振兴重任的人。

中共中央办公厅、国务院办公厅印发的《关于深化教育体制机制改革的意见》要求:"系统推进育人方式、办学模式、管理体制、保障机制改革,使各级各类教育更加符合教育规律、更加符合人才成长规律、更能促进人的全面发展,着力培养德智体美全面发展的社会主义建设者和接班人,为实现'两个一百年'奋斗目标、实现中华民族伟大复兴的中国梦奠定坚实基础。"而这四个方面改革的核心是育人方式改革,其他三个方面的改革是为育人服务的。

二是学校的全部工作在于学生。没有学生就无所谓学校,学校的诞生是因为有了学生,学生的出现使得学校应运而生。作为应学生而生的学校,其原初功能的全部就是为学生的学习、成长和发展服务。只是随着社会的进步,学校的功能逐步丰富起来,客观上成为社会的文化机构、社会进步的象征,进而发展到现在的人才培养、科学研究、社会服务和文化传承等多种功能。但是,即便如此,这些功能的本质属性仍然是在不同层面上为培养学生服务的。通常所说的教书育人、管理育人、服务育人,无不告知我们:学校的全部工作尽管显示出各自的经纬度,但是终极指向的还是学生。这就告诉我们,不少学校曾经昭示过、也许目前还有不少学校依旧赫然在墙上经历风吹雨打的"一切为了学生,为了学生一切,为了一切学生"的标语,不能成为口是心非、口惠而实不至的豪言壮语,而应该成为学校工作回归本源——服务学生、服务每个学生——的有力导向。

进而言之，应切实落实两办《意见》中关于“注重培养支撑终身发展、适应时代要求的关键能力。在培养学生基础知识和基本技能的过程中，强化学生关键能力培养”“营造健康的教育生态，大力宣传普及适合的教育才是最好的教育、全面发展、人人皆可成才、终身学习等科学教育理念”等要求。

三是学生中心的确立在于文化。基于上述两方面的认识，教育发展以发展人为本、学校以学生为本的问题，在理论和实践两个方面本应该解决好了，学生在教育发展、在学校工作中的中心地位本应该得以确立了。发展教育、办学校、培养人，是需要耐心的，要静待花开。但是，伴随教育发展、学校办学中的政绩观、好大喜功、浮躁情绪，出现了片面追求升学率等等异化现象，使得学校教育几乎仅剩考试升学功能，学生的中心地位发生偏移、扭曲，学生学习的目标单纯地指向提高应试技能。应试技能的核心是记忆能力。在认知能力的谱系中，记忆能力排在最底端，属于低级认知能力，而创新能力和批判性思维排在高端，属于高阶认知能力。于是，出现了学习文化的异化。文化异化，问题就大了。文化一般分为物质文化、制度文化和精神文化。照此看，学习文化异化了，也就是学校打造的有形的物质环境、制定的保障学生中心地位的制度、无形的本应是学校师生基本一致的内在的价值取向和外在的个性气质等，都不同程度地成为逼迫学生学习的环境、规制学生学习的铁律、误导学生学习的价值目标。学习文化异化的结果是使得学生成为社会、家庭和学校达成各自目的的工具，对于学生自身的发展要求和呼喊视而不见、听而不闻，以至于几乎所有学生的身心受到不同程度的摧残。

为此，必须回归教育发展、学校工作的正确方向，用“以学生发展为中心”的思想，指导学校的物质文化、制度文化和精神文化建设，保障学生全面、和谐、自主的发展。

(2017年11月26日)

热烈地拥抱每个孩子吧

“儿童差异发展——课堂教学中的个别化教育”，这是一个无论在实践上还是理论上都十分有价值的话题。儿童差异、儿童差异发展，以及由此需要研究和实践的课堂教学中的个别化教育，在理论上是早已得到解决的问题；而在实践上，虽然有些学校和老师的教育教学中有比较深入的实践、取得了预期的成效，但并没有成为所有的学校、全体老师的教学指导原则、具体的习以为常的课堂教学行为。为此，我们还得回到原点来认识这些概念以及在实践中的应然要求。

热烈地拥抱每一个孩子吧。儿童差异是客观存在，是“造物主”的妙笔，我们这个世界也因此而丰富多彩。然而，我们并没有完全意识到作为丰富多彩世界的每一个人都是不可或缺的。大家想象一下，无论是一个班级、一所学校，如果每个孩子都一样漂亮或一样不漂亮、成绩都一样好或都不怎么样，你的感受会是什么？当然，你会说，这是不可能的。但是，大家扪心自问，你的潜意识中是不是总是期待每一个学生的成绩都很好、长得都很漂亮。我想，大家会有不同程度的这方面的想法。也就是说，大家的愿望总是好的，而现实却也总是“骨感”的。不过，我们应该知道，这一"骨感"的现实才是我们生活的真实世界。否则,我们就成了典型的理想主义者。理想是要有的,但如果是理想主义,那么,难免在现实面前无所适从或者肆意妄为。为此,我们必须认识到:每个儿童都是自然之物、是自然的恩赐,同时也是人类的血脉、社会的成员,是国家发展、民族振兴、家庭幸福的希望。作为教育者,我们必须无条件地悦纳、热烈地拥抱每一个孩子!

科学设计每个孩子的跑道。儿童的差异是客观的,每个儿童的发展权是天赋的,每个儿童的发展是人类整体发展的需要。儿童差异的存在,使得教育方式方法的丰富多样和创新成为可能。儿童的差异及其个性化发展,是与社会分工相契合的,是经济和社会发展的需要。因此,作为教育者,不仅要承认儿童先天和后天的差异、正确地面对这种差异,更重要的是尊重儿童的差异,尊重儿童的个性,因势利导地张扬儿童的个性,使得儿童差异发展成为可能。优秀的学校、高明的老师,应该是擅长在研究、把握每个儿童发展现状、个性特点的基础上,为每个儿童量身定制发展的路径、前行的跑道,并坚持把自主发展的权利还给儿童、给予儿童自由活动的空间、让儿童个性自由地生长的原则,引导他们在各自的跑道上个性化地奔跑、实现应有的发展。而只有这样,十九大报告提出的"让每个孩子都享有公平而有质量的教育"的要求才有在学校、在课堂落地的可能。

不畏艰难地为了每个孩子。儿童差异既为他们差异化发展的丰富性和多样性提供了可能,但同时又使得学校和老师必须付出更大的努力、更多的艰辛。一方面，儿童差异的把握比较容易，而施以适合的个性化的教育则大有讲究，需要传统意义上“传道、授业、解惑”的老师必须首先完善自己的素养结构、提高自己因材施教的能力，才有可能在课堂教学中全面关照学生的个体差异，采取多样、优化、高效的教学策略，引领每个儿童在原有基础上得到个性化的、持续的、充分的发展。另一方面，事实上的超学额、大班额的普遍存在，使得学校教育和老师的课堂教学，在差异化教育教学的优势、因差异而形成的丰富的教学资源面前“望梅止渴”“望洋兴叹”，只能采取“抓中间带两头”、甚至是“抓头带中甩尾”的办法，“完成”一个个课堂教学任务，而很难做到以更有效的方式、更为适切的策略，为儿童的学习和成长设计、提供更多、更贴近儿童实际需求的选择。因此，在儿童差异化发展的客观要求面前，课堂教学中的个别化教育只可能是“蜻蜓点水”偶尔为之，无法做到整体的、系统的、持久的设计和实施。然而，我们不能因此止步、放弃努力，为了每个孩子以及寄托于他们身上的各种期待的实现，我们必须不畏艰难、不辞艰辛。而我们的科研基地学校则更应如此、更堪担当。

（2017年11月28日）

第二节　教育的应然样态

增强江苏教育的现代性

（一）

教育是江苏经济社会各系统中第一个提出实现现代化目标的系统。江苏则是国内最早提出推进教育现代化建设的省份，至今历时六个五年计划，方兴未艾。

20世纪90年代初，适应苏南完成“两基”任务后继续发展的要求，经过国内外比较、理论与实践研究，江苏不失时机地在苏锡常地区组织实施教育现代化工程，推进教育现代化建设，推动苏南教育再上台阶。1996年，在全国各省区中率先完成“两基”任务后，江苏随即在全省范围启动教育现代化建设，积累教育自身发展新优势、服务经济社会发展新能量，体现了江苏各级党委政府对教育在经济社会发展中基石、先导和全局作用的充分认识。

在推进教育现代化建设的每个阶段，江苏省委省政府始终高度重视、直接引领。1999 年,江苏省政府发布《江苏省实施教育现代化纲要》。2005 年,江苏省委省政府以教育现代化为主题召开新世纪第一次全省教育工作会议,颁布《关于加快建设教育强省率先基本实现教育现代化的决定》。2007 年,江苏省政府办公厅印发《江苏省县(市、区)教育基本现代化建设主要指标》。2010 年,江苏省委省政府召开新世纪第二次全省教育工作会议,颁布《江苏省中长期教育改革和发展规划纲要(2010—2020 年)》。2013 年,江苏省政府与教育部签署共建国家教育现代化(江苏)试验区协议,印发《江苏教育现代化指标体系(至 2020 年)》《关于推进教育现代化建设的实施意见》。20 多年来,省委省政府本着以现代化教育支撑经济社会现代化建设的远见卓识,始终坚持经济社会发展规划优先安排教育,财政投入优先保障教育,资源配置优先满足教育,把教育发展作为政府最重要的民生实事之一。2014 年度全省教育现代化建设综合达成度为 71.6%,提前实现了 2015 年的目标。

在推进教育现代化建设之初,江苏就明确提出要实现教育思想、发展水平、教学体系、师资队伍、装备技术和教育管理等方面的现代化。现状表明,江苏教育现代化建设的成效,反映在办学条件、教师学历等方面的城乡、区域、校际差距缩小十分明显,而与其相关各方的教育思想理念、教育行为方式的现代性还不强,教育价值取向、教育方法、考试评价等与现代人培养的要求还不完全相向合辙。江苏教育现代化建设的重点应转移到增强教育现代性上来。

(二)

现代性是一种体现可持续发展方向的存在。生长于我们脚下这片土地、从传统中发展而来、适应当下时代、标志着发展方向的思想、理念、实践及由此形成的物质的、制度的、精神的文化积淀,都是现代性的东西。

20 多年的教育现代化建设是江苏教育现代性不断增强的过程。但若以现代性衡量建设成效,则在教育各子系统、各维度上还存在明显差距,主要原因在于:受制于经济社会发展水平和传统文化影响,与之相关各方的现代教育思想和观念转变不同步、不到位,政策措施的配套性、系统性、战略性不够强。

思想是行动的先导。教育现代性的增强,前提是现代教育思想的确立、观念的更新及其指引下的实践方式的创新、实践境界的升华。各级政府应以现代教育思想为指南,确立为国家发展、民族振兴、人民幸福办教育的正确政绩观,领导和指导、设计和推动教育改革发展的各项工作;抓住学习型(智慧)城市、社区、家庭建设机遇,推动社会、家庭树立现代教育观念。媒体应在倡导社会主义核心价值观的同时,正确引导全社会形成现代教育观、人才观,为教育各项政策措施的落实,创造良好的社会环境。教育机构应以现代教育思想和理念指导自己的全部工作,全面实施具有现代意蕴的教育。

与时俱进是现代性的本质特点。《中共中央关于制定国民经济和社会发展第十三个五年规划的建议》提出了“提高教育质量，促进教育公平”的战略主题，标志着我国教育改革发展进入实现“更高质量更加公平教育”目标的新阶段。而这一目标正是中国特色社会主义教育现代性的鲜明特征。这也是江苏教育现代化建设孜孜以求的目标，是新时期江苏教育现代化建设的主旋律和核心任务，是江苏教育现代性的新表征。

（三）

教育现代化是江苏人民的理想。现代性是教育现代化的价值目标，核心追求是教育公平、教育民主、现代公民。江苏教育应在已有基础上实现教育公平、实行教育民主、培养现代公民，为建设“强富美高”新江苏输送高质量人力资源。

实现教育公平。教育均衡是公民获得教育权后享有基本同等同质教育资源的基础和前提。就目前看，仅县域内义务教育学校间的相对均衡还只是一个物化的、较易达成的目标，真正达成县域内或更大区域内各级各类学校间办学和管理水平、教师队伍素质、教育教学理念和方式等方面的均衡，诚非易事。应在大力推进县域义务教育优质均衡的同时，追求县域内各级各类学校校际软硬件条件、内涵外延要素的基本均衡，追求市域内各县域间、省域内各市域间教育的基本均衡；进一步提高各级各类教育普及水平，实行全纳教育；制定并落实好教师队伍，特别是乡村教师队伍建设的各项政策措施，为江苏学生，特别是乡村学校学生早日真正享有公平教育奠基。

实行教育民主。在教育管理上，政府应体现教育民生普惠性特点，充分听取民声、广泛吸纳民意；回归学校应有的办学自主权，充分信任学校为学生为社会为国家发展为民族振兴服务的责任感、使命感，调动学校办学的主动性、积极性和创造性。在学校管理上，校长应充分依靠管理主体——教师，增强教师主人翁意识，由教职工代表大会决定学校改革发展大政。在教育教学上，每位教师应真正做到以学生为本，尊重每个学生生命成长的需要，打造开放、平等、自在的课堂。教育民主、家庭民主、社会民主都是中国特色社会主义民主的重要组成部分，相辅相成、相得益彰。因此，实行教育民主，应同时倡导家庭民主、提高社会管理的民主化水平。

培养现代公民。法律意义上的公民是负有社会责任的国民。培养现代公民，是建设现代社会的需要，是教育现代化的最终目标。公民教育是建设公民社会的重要途径。政府应通过有效形式和途径，增强全体国民的公民意识、国家意识，特别是为青少年学生公民意识的增强、公民能力的提高、公民职责的履行，即公民素质的养成创造社会环境。各级各类学校应把公民教育作为重要内容，落实在教育教学的各个环节，提高学生公民素质，增强他们的社会责任感、实践能力和创新精神，落实好立德树人根本任务。

（2016年7月8日）

基础教育现代化的应然性

进入21世纪以来，我国教育现代化建设出现了新的态势。由部分地区推进到全国范围，由城市推进到乡村，由部分学校推进到各级各类学校；由注重实现显性目标转向对建设情况进行全面科学的监测评估，以确保方向正确、质量和效益提高；“十二五”以来，推进教育现代化建设，实现教育现代化，已经成为中国教育改革和发展的主旋律。

《国家中长期教育改革和发展规划纲要（2010—2020年）》设定的战略目标是：“到2020年，基本实现教育现代化，基本形成学习型社会，进入人力资源强国行列。”党的十八大明确提出要“进入人才强国和人力资源强国行列，教育现代化基本实现”。第十二届全国人大第四次会议通过的《国民经济和社会发展第十三个五年规划纲要》提出了“推进教育现代化”的各项目标任务以及“教育现代化重大工程”，标志着中国教育进入向基本实现现代化目标的冲刺阶段。

教育现代化是国家现代化的基石和重要组成部分。但有研究表明，中国教育发展滞后于国家整体发展水平。为此，要以新的发展理念为引领，全面提高教育质量，加快推进教育现代化。

基础教育是整个国民教育体系的重要基础和组成部分。

要准确把握基础教育现代化的内涵及其基本特点,并依据内涵设定指标、优选评价方式,建立正确导向,加快基础教育现代化建设。

一、基础教育现代化内涵的丰富发展

基础教育现代化内涵是其本质属性的反映。基础教育现代化内涵具有一般规定性,并在其建设的不断推进中得到丰富和发展。

1. 基础教育现代化内涵的一般规定性

基础教育具有教育的共性,又有自身的个性。因此,基础教育现代化内涵既有教育现代化内涵的一般要求,又具有自己的规定性。

一定区域内基础教育现代化内涵的规定性,一般表现为:学校布局要科学合理,结构要优化、体系要完整,办学管理投资等的体制要新,教师队伍建设管理的机制要活;教育普及水平要适应区域经济和社会发展对高素质人力资源的需求;确立现代教育理念,发展更加公平、更高质量的基础教育,满足人民群众不断提高的教育要求;特殊教育与学前教育、九年义务教育、普通高中教育同步发展,公平和质量目标同步达成。

2. 基础教育现代化内涵的丰富和发展

基础教育现代化是基础教育现代性不断增强的过程。随着经济和社会不断发展,基础教育也一直处在调整、改革和发展之中，从而导致了基础教育现代化内涵的不断丰富和发展。

总体而言，基础教育现代化内涵的变化是缓慢的，变化较快的是内涵的层次、水平和品质。在经济和社会发展的不同阶段，基础教育改革和发展的目标、任务不尽相同，基础教育现代化内涵随之不断丰富和发展。基础教育现代化内涵的丰富是时代性要求，发展也是时代的需要：量的增长、结构的优化、层次和品质的提高。例如，一定区域内基础教育人口变化及其分布特点，使得学校的布局与规模的确定、生师比的核定、装备的配置、学校教育教学与管理服务工作等方面，既要体现作为基础教育现代化的基本要求，又要充分体现新的发展了的要求；既要体现在条件受限情况下的差别化办学（重点校、实验校、示范校等）要求，又要体现办好每一所学校，实现校际基本均衡、优质均衡的更高要求。

3. 基础教育现代化内涵丰富和发展的江苏实践

江苏教育现代化建设是从基础教育开始的。基础教育现代化建设带动了整个教育的现代化建设。

20 世纪 90 年代初到 21 世纪初，江苏依据基础教育现代化的一般规定性，确定了区域（县域、乡镇域、地级市域）基础教育现代化内涵，即教育思想、发展水平、教学体系、师资队伍、装备技术和教育管理等方面的现代化。同时，通过国际国内比较研究和当时江苏基础教育状况，明确了幼儿园、普通中小学校现代化内涵，并据此研发了中等及以下各级各类学校基本现代化标准。21 世纪初，伴随基础教育现代化建设的深入,江苏教育现代化建设也迈入了新的阶段。

一是明确教育现代化为全省教育发展的核心主题。2005年,江苏省委省政府以教育现代化为主题召开新世纪第一次全省教育工作会议,颁布《关于加快建设教育强省率先基本实现教育现代化的决定》。2007年,江苏省政府办公厅印发《江苏省县(市、区)教育基本现代化建设主要指标》。这些会议和文件的精神集中反映了继续完善办学体制、增加教育投入、优化学校布局、改善办学条件等目标要求,同时,明确了确立教育教学新理念、深化教学改革、促进教师专业发展、实现教育内涵发展等新的任务。

二是研制并颁布了全国首个省级教育现代化指标体系。2010年,江苏省委省政府召开新世纪第二次全省教育工作会议,颁布《江苏省中长期教育改革和发展规划纲要(2010—2020年)》。2012年,江苏省政府与教育部签署共建国家教育现代化(江苏)试验区协议,印发了《江苏教育现代化指标体系》(以下简称《指标体系》)。这是全国第一个省级教育现代化的指标体系,充分发挥了"引领实践、监控过程、评估结果"的重要功能与作用,在全国范围内产生了一定影响。其中,大力发展学前教育、提高特殊教育发展水平、义务教育均衡发展、高中教育多样化特色化发展、走内涵发展之路、提高教育质量等成为新要求。

三是全面展开了江苏教育现代化建设的监测工作。自2013年起,依据《指标体系》,江苏已连续3年对全省教育现代化建设工作进行了监测评估,了解江苏教育现代化发展的基本情况、优势、经验及困难和不足，监测报告为政府决策咨询提供了重要参考。南京市、无锡市、连云港市等地把监测结果纳入对县(市、区)综合考核的重要内容。2015 年，以“先进性、科学性、可行性”为原则，江苏对《指标体系》进行了修订，更进一步把“发展更高质量更加公平的教育”转化成为衡量区域教育现代化的重要内容。

《指标体系》共有 8 个一级指标、16 个二级指标、46 个监测点，其中涉及基础教育现代化的分别有 7 个、11 个、30 个。这些指标较为全面地反映了基础教育现代化内涵丰富与发展的状况。例如：普及度，入学率、巩固率……公平度，机会均等与资源配置(弱势关怀)……质量度，学生综合素质与学校办学水平……开放度，资源共享与国际交流……保障度，投入水平与师资水平……统筹度，布局结构与体制管理……满意度，对学校及政府服务的满意度……

伴随经济和社会不断发展，基础教育现代化基本内涵的层次和品位提升、丰富和发展是必然的。因此，今天我们讨论的基础教育现代化内涵，应该是基础教育最新的内外在要求；即使是基本内涵，也应是有所发展了的。否则，将影响基础教育自身现代性的增强，也会影响基础教育现代化旗帜的社会关注度和动员力。

二、基础教育现代化指标的价值追求

基础教育现代化内涵是设定指标的基本依据，指标是基础教育现代化建设的主要目标,蕴含着基础教育现代化的价值追求。

1. 满足人民群众教育需求

教育是最大的民生。基础教育现代化的推进过程,就是一个不断提高教育民生保障水平的过程。因此,设定的指标应是能够引领基础教育现代化水平与教育民生保障水平提高的统一。

伴随经济和社会不断发展,通过教育阻断贫困代际传递、提升社会层次的思想深入人心,人民群众的教育需求也已经由“有学上”向“上好学”转变。这样的教育需求,无疑应该成为基础教育现代化建设的首要任务。设定哪些指标才能引领完成好这一任务?《江苏教育现代化指标体系》在普及度、质量度、开放度、保障度等方面对此做出了较好的回应。

普及度:学前三年教育毛入园率、义务教育巩固率、高中教育毛入学率等指标。

质量度:思想品德与心理健康、学业合格率、体质健康测试合格率;达到省定优秀标准的各级各类学校比例。

开放度:学校与社会教育资源的开放和利用;具有海外学习经历的教师和学生比例。

保障度:财政教育支出预算和决算增长比例、全社会教育投入增长比例、各级教育生均预算内教育经费在全国省份排名;师德与专业能力建设、教师学历比例;国家信息化标准达标率。

江苏教育现代化建设监测情况表明，有些指标必须要坚持标准、增加权重。例如，尽管随着教师地位待遇吸引力的逐步增强、凡进必考和来源社会化等措施的推行，中小学教师高一层次学历比例已经有很大提高，但按时达标还有难度。目前迫切需要针对“二孩”政策出台带来的适龄儿童增加、向城市集聚的务工人员子女增加、乡村教育的良性发展等新情况新要求，增加教师编制、提高生师比例，真正使得教育质量有根本保障。这是实现难度很大但又必须确保实现的目标要求。

2. 适应经济社会发展需要

教育在经济和社会发展中具有基础性、先导性、全局性的地位与作用。以教育现代化指标引领基础教育改革和发展，这也是基础教育适应经济和社会发展的必然要求。

适应农村城镇化和城市现代化要求，基础教育学校的布局应处在适时调整优化的状态之中。例如，江苏在20世纪初就有过“每万人一所小学、三万人一所初中、十万人一所高中”的学校布局规划要求，在人口规模较小的县域，高中学校都集中到了县城办学。在《江苏教育现代化指标体系》“统筹度”中设了一个二级指标，即“布局与结构”，并要求“各学段教育协调发展与互通衔接、学校布局与规模合理、学校达到适度班额的比例”。

适应中国特色社会主义市场经济体制改革要求，最大限度地集聚社会教育资源，加快发展并提高基础教育水平，基础教育的体制机制应保持不断改革之状态。例如，进入新世纪,江苏积极鼓励支持民办基础教育事业发展为主题的一系列工作,有力地促进了对民办教育的认识由“补充”向“重要组成部分”的提升,推动了以民办学前教育为亮点的民办基础教育事业发展。在《江苏教育现代化指标体系》“统筹度”中还设定了另一个二级指标“体制与管理”,并从“公办学校多形式办学、民办教育健康发展、现代学校制度建设水平”三个角度进行监测。但是,基础教育办学体制多元化、公民办教育共同发展状况,与一个地区的经济和社会发展水平、教育文化传统直接相关,不同地区对这一指标的设定不能一刀切、一个标准值。这类指标的设定,既应尊重历史和现实基础,又应考虑导向和促进需要,有效发挥指标对于基础教育改革和发展的引领与促进作用。

考虑交通、安全、家庭经济承受能力等制约因素,确定以一定人口规模为一所幼儿园或学校的指标,一方面被机械地理解,另一方面成为追逐规模效益,甚至是以此作为减轻教育财政压力的一条途径。不少地方就这么做了,结果造成此后的一系列问题:教育资源的闲置和浪费,原办学地文化的衰落和村镇的凋敝,与新型城镇化要求不配套,与计划生育新政不协调,与进城务工人员随迁子女的入学要求不适应,加上农村人口向县城及以上城市集中,造成超大规模学校与“麻雀学校”、超大班额校与师多生少学校并存的尴尬局面。因此,这类指标应基于对经济和社会发展战略研究、在尊重基础教育规律基础上确定,应该设定为一种动态性指标,或以赋予区间值的方式出现。实际情况表明,中小学校规模过大不利于管理和有效教育的实施,小规模学校也不无存在的价值。目前,在一定的区域范围,设定学校规模要求的指标,至少应考虑三方面因素:一是新型城镇化建设带来的人口集聚状态变化,二是进城务工人员及其随迁子女的流速测算,三是计划生育新政造成的人口变化。

3. 奠定社会公平坚实基础

教育公平是社会公平的基石,公平是基础教育现代化的显著标志。在设定基础教育现代化指标时,应高度重视此类指标。

《江苏教育现代化指标体系》明确提出“公平度”,并分别由两个二级指标来支撑:一是机会均等——入学残疾儿童少年享受15年免费教育的比例、进城务工人员随迁子女与户籍学生享受同等待遇的比例、提供多样化教育;二是资源配置——义务教育城乡、学校间条件均衡化比例(其中:教师合理流动比例),非义务教育阶段学校公共资源供给,困难学生受帮扶比例。

基础教育阶段的公平要求是基本的、也是最难达成的。仅以“教师合理流动比例”为例,教师、特别是优秀教师在城乡之间、学校之间的流动,是解决城乡教育间、学校间差距的根本办法。看似容易实质很难。保持一定比例的教师在校际、城乡间常态化、高质量流动,要有强有力的政策,特别是经费政策的持之以恒的支持,但实为不易。目前许多地方的教师流动“就近交换”、凑人数等做法,流于形式,很难达到交流的目的。尤其把教师是否有过交流、交流的时间作为评先评优评职称的硬条件，这种做法不仅不能长久，而且无法从本质上激发教师内在的工作积极性，更谈不上工作的创造性了。没有优秀教师在城乡间、校际的合理分布、潜心工作，就没有区域基础教育的均衡和公平可言。因此，这类指标的设计应明确真正目的、考虑实际效果、服从长远利益。这类指标一旦进入，就得考虑能否有强有力的支持政策，以增强可操作性和导向作用，并取得实际效果。

三、基础教育现代化评估的基本要求

评估是衡量基础教育现代化建设成效、实现程度的基本方式、方法和手段。基础教育现代化是一个复杂而多主体参与的历史进程，因此，评估应是全过程贯穿、多主体介入以及内外部相结合的。

1. 评估应贯穿全过程，确保基础教育现代化建设质量

基础教育现代化是一个过程，是一个分阶段、多环节的改革发展进程，每个环节、每个阶段的具体建设状况都会不同程度地影响建设成效的大小、质量的高低。因此，评估应努力做到贯穿全过程，既要组织实施阶段性评估，又要组织对重要环节或节点的评估。这种全程性特点和要求，在不少地方已经很好地转化为对基础教育现代化建设的监测：了解进展、把控进程，总结经验、及时推广，发现偏差、及时纠正。

全程性评估的要求，还应充分考虑各相关方（政府、学校、社会等）在基础教育现代化建设不同阶段、不同环节上的应然（态度、作为、成效）情况，采取相应的评估方法、方式和手段，使得评估更具针对性、科学性和实效性，以利于持续调动各相关方的积极性、主动性和创造性，保障建设过程的连续性，加快进程，提高水平。

2. 评估应针对多元主体，增强各相关方的责任感

就基础教育现代化建设的参与者而言，其多主体性表现在：政府及其教育行政部门、幼儿园和中小学校、社会、家长等。现行体制下，基础教育现代化建设一般是由政府为主导、学校为主体、社会共同参与，指标规定的目标任务需要多方共同努力才能实现。因此，评估的对象不是单一的，而应是多元的。由于评估对象多元及其在基础教育现代化建设中承担的义务和责任的不同，评估的方式、方法和手段的选择也应是多元的，要因主体而宜。

就一定区域基础教育现代化评估而言，多主体性对评估对象提出了相应要求。如以省一级区域为整体对象进行评估，地级市区域就是评估的基本单位；以地级市区域为对象，县级区域就应为基本单位……我们认为，以县域作为基础教育现代化建设的评估对象的效益最高：县级区域客观上具有“郡县治天下安”的地位和作用，而且基础教育的结构体系一般比较完备，还与目前义务教育“以县为主”的管理体制相契合；尽管国家已经提出普及高中阶段教育的目标要求，但在基础教育阶段法定的还只是九年义务教育，不断提高九年义

务教育均衡水平，仍将是今后县域基础教育现代化建设的法定任务。

3. 评估应内外结合，确保基础教育现代化价值目标实现

目前，比较通行的评估方式仍然是主体自我评估。表现为学校、区域政府或其教育行政部门自评或委托有关机构评估。委托评估看似由第三方组织，实质上是由政府或教育行政主管部门主导的。例如，现在比较普遍的评估是由教育督导部门、教育评估机构组织的，而它们绝大多数是政府或教育行政部门直属的机构。因此，借鉴国际上通行的做法，有条件的地方应大力鼓励支持社会组织中的教育评估机构的发育成长，以实现真正意义上的第三方评估。但是，在第三方评估还无法完全实现的情况下，就得科学地、实事求是地组织好在学校和区域自评基础上的，区域对所属学校、较大区域对所属的较小区域的评估，这是一种系统内上下主体结合的评估机制。

另一种评估是系统内外相关主体结合的评估。当然，这种系统内外结合的评估，是因基础教育现代化的有些指标、实际效应，不是由主体自评或高一级主体对低一级主体的评估就能反映客观真实情况，还需要了解系统外相关方对于基础教育现代化建设实际效应的感知、获得感等。例如，《江苏教育现代化指标体系》所设定的“教育满意度”一级指标的评估，是通过“学生、社会对学校的满意度”“学校对政府管理和服务的满意度”两个二级指标及其两个监测要点，以及中小学生学业负担、学生对教师的师德、学校对政府管理和服务、社会对学校等四个满意度问卷调查来实现的。这种系统内外相关主体结合的评估，全面地检测了基础教育现代化建设的实际成效、社会反响，有利于实现基础教育现代化指标的价值追求。

（2016 年 7 月 16 日）

江苏基础教育国际化:现状、问题和对策

20 世纪 90 年代初以来,江苏始终高举教育现代化大旗,围绕“提升内涵、促进公平、提高质量”这一主题展开教育综合改革实践,取得了巨大的成就。进入“十三五”,江苏在继续认真组织实施国家教育体制改革试点项目、部省共建教育现代化示范区建设的同时,教育现代化建设也进入了总体建设与攻坚的决定性阶段。从监测情况来看,教育开放程度不高成为影响教育现代化水平的一大主要原因。如何围绕“两个率先”、教育强省、教育现代化、“创新江苏”和“文化江苏”建设的目标,更大范围、更深层次地“走出去、请进来”,适应“一带一路”建设等大国发展战略需要,既是高等教育的重要使命,也是基础教育的重大任务。

基础教育国际化产生的效应在整个教育国际化进程中具有奠基性的战略价值。这首先是由基础教育在中国特色教育体系中的基础性地位所决定的,也与基础教育所直接面对的对象,即未成年人密切有关。青少年儿童国际视野与意识的获得、国际规则与习惯的习得以及国际竞争力的形成,若能在基础教育阶段便得到重视,那么较之高等教育,定将事半功倍。无论基于国际潮流,还是历史经验,我们都应通过大力推进基础教育国际化为江苏省国际化人才的培养、教

育现代化水平的提升抢得先机。

一、江苏基础教育国际化的现状

江苏文化底蕴深厚,并长期处于我国对外开放的前沿。教育与人力资源的相对优势及经济社会发展的整体水平为江苏实施国际化战略提供着强有力的支撑。江苏在教育对外开放方面也已经具备了良好的基础,为开创新的局面提供了有利的条件。

半个多世纪以来的江苏教育对外开放是与全国的整体开放相一致的。从解放初的招收部分国家的少量留学生以配合国家打破封锁,到"文革"期间的停顿,再到改革开放后的对外交流的恢复和发展,直至我国"入世"以后的宽领域、深层次的开放,江苏教育对外开放始终与国家同步并在各省市中总体上保持相对领先水平。江苏基础教育国际化在教育对外开放的进程中也保持了良好的发展态势。

(一) 省级部署:多形式、多层次、多渠道

在《江苏省中长期教育改革和发展规划纲要(2010—2020年)》(下简称为《纲要》)中,并没有明确的"基础教育国际化"的提法,涉及基础教育的内容只是提及了"有条件的中等学校要实现国际交流网络化、经常化,学生国际交流和修学旅行常态化",但江苏在省级层面上对基础教育国际化仍然有着许多卓有成效的举措与办法,这对于江苏基础教育国际化的发展起到了至关重要的推动作用。

1. 国内外平台建设与利用

在基础教育国际合作与交流中，江苏建立了多种高端平台用以拓展教育国际交流渠道，提高教育国际交流的质量与内涵。其中最具代表性的有二：一是教师海外培训基地。江苏作为全国唯一在海外设立交流基地的省份，自 2003 年起，先后在英国曼彻斯特、澳大利亚布里斯班、加拿大多伦多和美国加利福尼亚州洛杉矶设立了四个教师海外培训基地。这些基地在加强教师海外培训、夯实学生出国留学后续服务保障、拓展教育国际交流渠道、强化汉语国际推广和扩大江苏教育对外宣传等方面发挥了重要作用，成为向世界推介江苏教育、树立江苏教育品牌的重要平台。

二是江苏中小学校长国际论坛。该论坛通过与省州教育合作平台、国外教育行政部门、校长联合会合作，组织中外中小学校长和教育专家参加主旨演讲、专家讲座、学术沙龙和参观考察等论坛主题活动，紧紧围绕基础教育改革发展面临的重大问题进行深入讨论和交流，务实促进中外学校在学生交流、教师互访、科学研究和组织学校结对等方面建立合作。自 2011 年起论坛隔年在境外举办分论坛，组织省内中小学校长赴境外参加学术交流、跟岗学习、参观考察等主题活动。

2. 教师培训与外籍教师引进

江苏是全国率先启动教师赴境外培训计划的省份之一。2003 年以来，连续 12 年由省专款资助基础教育阶段教师赴境外接受短期强化培训，累计派出近 20431 人（不包括各市、县、学校自派人数)，累计投入近5个亿。教师培训以江苏省教育厅教师海外培训基地为主体承办，学科教师培训一般2—3周，校长培训一般2周，“雏雁”教师培训一般4—8周。

充分利用海外丰富优质国际教育资源，积极从国外引进急需和短缺的教师，聘请外籍教师来江苏任教。2015年，基础教育聘用外教总数为1671人，聘请外教学校数及聘请规模均位居全国前列。另外，还邀请具有丰富教学经验的优质外籍教师，深入全省各地培训点为江苏省中小学、幼儿园教师开展短期英语教学培训，拓展教师英语教学理念、丰富英语课堂教学模式、提升英语教学能力和水平。自2004年以来已累计邀请1200名外籍教师来苏培训6万名省内教师。

3. 学生国际游学与国际学生来访

江苏是全国率先开展学生赴境外修学旅行的省份，自1996年至今，已累计成功组织江苏省内外200余所学校5万余名中小学师生赴北美洲、欧洲、大洋洲、亚洲等17个国家和地区开展修学旅行活动，派出的中小学生数居全国之首。通过组织中小学生赴国外修学旅行，组织学生赴境外开展语言学习、文化实践和交流访问等活动课程，拓宽了知识及视野，提高了语言运用能力和跨文化沟通能力。

除了将江苏学子“送出去”之外，江苏还通过“锦绣江苏·国际青年领袖文化交流”等项目将外国学生“引进来”，依托江苏省与友好省州城市的关系，借助与国外友好省州教育行政部门的合作平台，每年面向世界选拔9年级(高一)至10年级(高二)学生到江苏与省内中学生互动交流，参加以短期汉语学习、体验中国文化为主要内容的人文交流活动，培养外国中学生对汉语言及中国文化的兴趣，吸引更多外国学生来江苏学习和交流。与此同时，江苏省共有 13 所外籍人员子女学校，全省中小学招收外国学生数也在逐年攀升。

4. 中国文化体验与推广

江苏在英国成立的江苏汉语中心，是全国首个以中小学汉语推广和体育文化交流为主要任务的省级海外教育机构。江苏制定实施全省汉语国际推广五年规划，积极向国外推广汉语教学。苏州中学园区校和海门市东洲中学等 16 所中小学分别成为国家级和省级汉语国际推广中小学基地学校。每年近万名外国中小学生来江苏体验中国文化，2015 年，来苏的外国中小学生数达到 11200 人次。

此外，各类学术交流十分活跃，各种校际交流与合作关系不断建立。每年分别与全美学校管理者协会(AASA)、加拿大 BC 省举办各种形式的论坛活动。依托友好省州渠道，全省与国外建有数千对中小学姐妹学校。全省教育对外交流出现学术交流的主导层面不断下移、中小学和民办学校交流迅速增多和人文社会科学交流不断增加的趋势。

(二) 区域推动与学校探索

除了省级层面多形式、多层次、多渠道的部署与安排之外，各市、县(市、区)及学校作为基础教育国际化的重要主体也在积极地推动与探索，来自基层的实践智慧所凝聚成的成果令江苏基础教育国际化呈现出丰富多彩的鲜亮面貌。

从区域推动的情况来看，仅以苏州工业园区为例，该区在基础教育国际化进程中的“园区经验”令人惊喜。苏州工业园区是中国和新加坡两国政府间的重要合作项目，基于该区国际化的现实基础，他们努力探索适合园区实际的国际教育新模式，走出了一条具有园区特色的教育国际化发展路径，主要有九大做法值得借鉴：建立友好教育局与友好学校；组织人员互访与教师国际化培训；组织学生参加浸濡修学及主题国际交流活动；合作举办国际论坛；引进外籍教师；开展国际课程合作实验；开展国际理解教育实验；完善外籍学生入学机制；积极参与汉语（中国文化）国际推广活动。通过这些具体的举措，园区的基础教育国际化取得了喜人的成绩：初步形成了以区域性交流平台为基础，校际交流为主体的多形式、宽领域的国际交流与合作格局，与美国、加拿大、澳大利亚、新加坡等国家的教育行政部门建立了全方位合作机制；开拓了师生的国际化视野，增强了对先进国家教育理念与教育实践的了解与借鉴；初步构建了公民办并举，涵盖主流国际课程的国际学生接纳机制，初步满足了区域居民对优质多元国际化教育的需求。2015年，师生出国交流规模全年近800人，接待海外各类教育代表团及师生近300人。首次在哈利法克斯教育局下属3所中小学开设“中国文化”选修课，4所学校成为美国、新加坡学校的汉语研修基地。与新西兰、美国的教育同行组织两次校长论坛。招聘外教40名，为全区近4万名中小学生提供口语教学课程，自主研发的小学外教教材正式出版。引进美国冷泉港实验室基因学习中心项目，建设完成世界一流的青少年生物教育培训中心。

与此同时,江苏众多学校在教育国际化的实践探索中也颇有成效。以南京外国语学校为例,该校自 1980 年开始便先后聘请了 200 多名外教来校任教,保证每个学生每周有 1—2 节外教课,与世界 20 多个国家 30 多所著名学校建立友好关系,先后派出教师 200 多人次到美国等 16 个国家和地区进修、工作与访问,开设了多个依托外语的特色选修课,例如模拟联合国、哈佛辩论课程等。自 2002 年开始,先后开办了中加双文凭国际高中课程实验班、剑桥 A-Level 课程实验班、IB 国际文凭课程班等,受到社会广泛赞誉。南京外国语学校在国际化道路上的作为不仅拓宽了学生成才的渠道,落实了国际化人才培养的目标,同时也对学生国际素养的形成起到了重要的作用。

二、江苏基础教育国际化的问题

江苏的教育对外开放工作虽然取得了显著的成绩,也积累了许多经验,但是还不能完全适应江苏教育改革与发展的需要、通过教育对外合作与交流促进江苏率先实现教育现代化的需要,离服务教育强省、人力资源强省、“文化江苏”、“创新江苏”建设以及教育对外开放先进省份的要求还有不小的差距。

(一) 对基础教育国际化的认识还不够充分

在教育国际化的问题上,对高等教育的重视远超基础教育,这是全国的普遍情况,江苏也不例外。整体来看,从政府及教育行政部门官员，到学校校长、教师，再到学生及家长，对基础教育国际化的认识还不够充分，对基础教育国际化的动因、价值、目标、方向及路径等的了解还不够清楚与准确。这常常表现为：一是功利化趋势，将基础教育国际化狭隘地理解为区域及学校装点门面的手段、学生出国留学的捷径等；二是西方化倾向，一味地强调“西方化”“美国化”，盲目跟风模仿所谓的西方潮流，背离中国国情和学校校本特点；三是单向度模式，过分地强调教师与学生走出国门，却忽略了江苏教育对其他国家与地区教育的输出与辐射。认识上的不充分是江苏基础教育国际化工作面临的首要问题，这一问题不解决，一切形式上的变动都只是治标不治本。

（二）相关的政策制度还不够完善

目前，江苏有关基础教育国际化的机制和制度还不够完备，相关政策滞后，缺乏前瞻性的规划和管理，导致基础教育国际化在推进过程中遭遇瓶颈，使得许多国际合作与交流的项目难以有效地开展。例如，官方大力推进、民间充满活力的全方位、宽领域、深层次对外交流格局以及既积极开放又有效管理的工作机制和政策环境尚未完全建立。在官方与民间的合作上存在着较大的盲目性，低层次重复引进较多，让出的教育市场并未能换得足够的优质教育资源，开放与引进不同步，付出与获益不匹配，已引进项目也没有能够很好地发挥示范和辐射作用，对外合作与交流的实际效益仍有待于进一步提高。当然，政策制度的不尽完善与缺乏针对性的国际比较及实证研究也有很大的关系。

（三）规模与质量发展还不够同步

江苏基础教育国际化依然还面临着数量与质量不同步的矛盾，规模的扩张同时带来了结构的失调和发展的失衡，制约了教育对外开放的健康协调可持续发展。如，招收国际学生、聘请外籍人士、合作办学、引进国际课程、公派教师出国进修、学生互换交流等都存在着诸多问题。从本质上讲，这些矛盾反映了江苏基础教育国际化的一些劣势。例如，江苏每年有数千名教师赴境外学习，有数万名学生走出国门修学旅行，这些数量均名列全国前茅，并且还在逐年攀升，但效果究竟如何，教师专业化水平究竟有无提升，学生的国际化素养究竟有无增长都还是未知数。又如，国际课程的大量引入有无带来教育思想、教育理念、教学方法和管理经验的更新也并不乐观。在接下来的很长一段时间，江苏基础教育国际化的核心问题不是数量提高与规模扩张的问题，而在于提高水平与质量。

（四）"引进来"与"走出去"还不够对等

江苏基础教育在引进国外优质资源、开展国际交流与合作等方面已经取得了显著的成绩，通过教师、教干的培训、课程教材的引进、师生的互派、办国际学校等方式大大提升了江苏基础教育"引进来"的程度与水平，在全国占据领先位置。但相较之下，江苏教育走向世界，让其他国家和地区更多地认识与了解江苏的教育与文化，让江苏先进的教育教学实践为他国教育同仁所认可、吸收与借鉴的水平远远不及前者。虽然江苏也设立了一些项目吸引世界各国的中小学生赴苏进行文化体验，但仅从数量上来看，与江苏每年赴外交流的师生数比起来差距巨大。教育国际化的最优状态应该是合作共赢，很显然，江苏在基础教育对外输出上还有很大的空间，作为经济发达、教育先进地区的江苏应该在形成江苏教育的国际影响上有所作为。

（五）苏南、苏中、苏北区域发展还不够均衡

在基础教育领域，江苏区域发展不均衡的问题和不同区域构成不同社会发展形态的现状，苏中苏北地区在教育对外合作与交流方面一直面临多方面的困难，严重地制约了教育对外开放实践在全省各地的全面推进，影响了全省教育国际化层次和整体水平的提高。《2014 年江苏教育现代化建设监测报告》显示，“参与国际合作交流的中小学校比例”，苏南、苏中、苏北实际值分别为 24%、11%、5%，差距仍很明显。苏中、苏北很多学校只能依赖一些全省性的项目获得一些国际交流与合作的机会，相较之下，苏南地区能够自主承担与开发的项目则丰富得多。除此之外，同一区域内的城乡之间、学校之间也存在着一定的差异，这些都是江苏基础教育国际化需要直面的问题。

（六）实践能力与现实要求还不够匹配

与基础教育国际化的需求和要求相比，江苏基础教育国际化的实践能力建设还有待进一步加强。这体现在专兼职基础教育外事干部队伍建设以及领导干部的国际视野、国际交往能力和领导教育对外开放的能力建设均需要进一步提升。政府部门之间、政府部门内部、学校之间及学校内部的外事工作协调和协作也有待加强。与此同时,教师的国际化素养与国际化的要求还有很大的差距,在国际教育专业知识储备、国际规则知晓程度及国际理解教学能力上都还有所欠缺,无法在行政国际化、人力国际化、课程国际化、建立国际伙伴关系的推动上发挥重要作用。当然,这与教师培训的力度与深度不够不无关系。在教师培训方面,教师参训人员少、类型单一、结构不合理以及质量不高等也是长期存在的普遍问题。

(七)政府统筹、监管、规范与指导还不够到位

江苏基础教育的国际交流与合作在具体方式上仍然重官方、轻民间。在以官方为主导的基础教育国际化进程中,暴露出了"重审批、轻管理""重部门协商、轻分工负责""重办学项目、轻办学议案"以及"重引资,轻合作"等问题。而在国际教育服务贸易竞争背景下,基础教育国际化市场监管仍需加强,有限开放、有效管理、有序发展的目标还远未实现。以国际课程引进为例,目前国际课程都是以学校自行引进、社会中介参与为主要方式进行的,缺乏政府引导、统筹、规范。一些学校以海外升学为主导,导致国际课程科目缩水。此外,国际课程与本土课程缺乏融合,难以达到通过课程引进推动课程改革、拓展本地高中生国际视野的目的。再例如目前游学市场混乱,举办机构繁多,质量参差不齐,游而不学、走马观花等问题突显,这些都需要政府重点关注,并出台相关的政策法规及指导性意见加以规范与监管。

三、提高江苏基础教育国际化水平的对策与建议

根据江苏省情,仅靠自身的力量和资源难以支撑全面现代化的实现,必须坚定不移地扩大对外开放,深入实施国际化战略。这其中,尤其要不断提升基础教育国际化在整个国际化进程中的地位,不断在基础教育国际化上寻求关键性突破,更大程度地发挥基础教育国际化基础性、先导性及高效性的战略价值。中共中央办公厅、国务院办公厅印发的《关于做好新时期教育对外开放工作的若干意见》提出,要坚持"围绕中心、服务大局,以我为主、兼容并蓄,提升水平、内涵发展,平等合作、保障安全"的工作原则。基础教育国际化也要秉持这一基本原则,尽快确立发展理念、思路和框架,加大基础设施、政策、文化和人力资源等的建设力度,科学规划、分阶段推进,以期通过整个"十三五"的努力,形成"省级统筹、四级联动、官民并举、区域均衡、规模适度、质量一流、'进出'相当、监管有力、整体协调、亮点纷呈"的发展格局。

(一) 进一步深化认识、明确目标与任务

推进基础教育国际化,首先需要统一认识,政府、教育行政部门、学校以及各相关主体必须要准确而深刻地理解基础教育国际化的价值与意义、必要性与可能性、发展目标、任务及方向。

基础教育国际化是教育国际化的基础工程,是教育现代化建设的题中要义。英、美等国早已将基础教育国际化提到

国家战略的高度加以推动与实施。近邻韩国，早在 1994 年就提出要提高学生的国际化意识，强化国际交流与合作。在这一国际普遍趋势下，江苏必须明确幼儿园、中小学作为教育国际化的实践主体地位，鼓励其在国际化办学维度上展开竞争。

提高江苏基础教育国际化水平的根本目的是要在国家教育方针的指导下，根据国际教育规则，促进教育公平、提升教育质量、开阔学生国际视野、增进国际理解、促使学生在形成民族价值观的同时了解、认同与尊重其他文化，传播人类所积累的知识与技能。在基础教育国际交流与合作的过程中必须始终坚持以我为主、于我有利、为我所用与平等互惠、合作双赢的基本原则，始终要有主权意识与本土意识，充分地扎根中国大地，彰显江苏魅力。各类项目的实施和活动的组织必须符合江苏省教育发展的实际需要和可能，服从江苏省既定的教育发展规划，立足为江苏省经济建设和社会发展培养人才这一根本宗旨。

由于基础教育的特殊性，基础教育国际化工作应该认真总结已有的各种途径和形式在多层面上展开的实践，积累经验、吸取教训，并从中找寻规律，特别是要根据幼儿园、小学、初中及普通高中的性质及特点，分阶段、分层次、分主体、有重点地展开。在学前教育及义务教育阶段应重在进行国际理解教育，加强国际理解教育校本教材的编写工作，通过国际理解教育课程及活动的实施，为学生养成国际意识、知晓国际规则、理解多元文化等奠定基础。应鼓励普通高中积极、审慎、稳妥地引进国际课程，促进课程多样化，汲取国际组织的课程设计理念和发达国家课程改革经验，积极试点开设国际课程，鼓励课程创新实验。鼓励幼儿园与高中在中外合作办学上积极探索，并以改善教育教学评价方法、构建民主宽松和谐的教育文化为合作重点。基础教育国际化既不能封闭保守，也不可一味盲从，应充分地吸取中西教育文化的精华，有效地促进基础教育教与学的国际化。

江苏基础教育国际化需要省、市、县(市、区)及校四级联动，尤其要尊重县(市、区)及学校的主体性。区域层面要整体谋划、统筹考虑，重视国际交流区域平台的搭建、各种国际资源数据库的建设，为区域内的学校共享。学校应适应社区特点、满足家长的多元需求，充分利用各自优势与特色，与国外友好学校建立深度联系，开展多样化的国际合作交流项目。通过各区域、城乡各级各类学校的对外开放，多层面、全方位地推动基础教育国际交流。

(二) 进一步完善政策设计、强化制度保障

发展基础教育的主要责任在政府，基础教育国际化的发展需要政府的顶层设计、组织规划及管理指导。各级政府应切实转变职能，充分发挥政策的主导和支撑作用，创造更有利于扩大教育开放的法治及政策环境。

目前，很少有国际组织或国家政府明确以“基础教育国际化”为题发布相关的政策文件，但事实上，基础教育国际化已经成为各国无法回避的一大重要议题。根据我国有限开放的要求，“国际化”对于义务教育来讲比较敏感，但也正因为如此,更应由政府主导出台专门针对基础教育国际化问题的相关政策、规范要求及指导意见,以保障基础教育国际化工作合理合法、高效有序、有质有量地开展。

重视整体规划。文献研究结果表明,省级统筹对于基础教育国际化的推进具有至关重要的作用,目前来看,全国范围内以市、县(市、区)为主体的统筹较多,但层次较低,效果不佳,省一级层面的整体规划还较为薄弱。所以,省政府及有关部门应重视基础教育国际化工作,把促进基础教育国际合作与交流、实施基础教育国际化战略列入教育规划目标、年度计划和重要的议事日程,扎实地推进与实施。

加大研究力度。开展基础教育国际化战略研究,健全教育对外开放事业发展数据统计和发布机制,建立教育对外开放专家咨询组织,健全决策机制。建立基础教育国际化省级智库,为江苏推动基础教育国际化提供决策咨询,筹措资金支持重大国际合作研究项目。政府要建立正确的舆论导向,定期发布权威舆情信息,指导基础教育国际化各个层面的工作。特别要对留学低龄化、区域和城乡不均衡等突出问题加强跟踪调研,有针对性地提出政策建议。

设立专项经费。各级政府要在本级教育经费预算中,将基础教育国际化所需经费单独列支,划拨专项经费支持相关重点项目,并由省、市、县(市、区)和校各个层面制定不同的鼓励政策和奖励计划,满足不断发展的基础教育国际交流与合作需要。尤其要增加普通高中国际课程建设和教师队伍建设的经费投入,用于代价不菲的国际课程、教学资源以及国际认可学分与文凭的引入，同时要积极地引进社会资金，发挥市场作用、合理配置资源，使优质的国际教育资源为尽可能多的青少年学生所享有。

加强数据建设。要以基本数据为依托，尽可能详细地掌握江苏基础教育国际化的基本动态。省政府要统筹外事、公安、海关、教育、侨办等部门和侨联等团体建立横向联系，调动市、县(市、区)及学校的力量，围绕中外合作办学、教师培训、海外姐妹学校建立、中外学生交流等项目，尤其要针对一些突出问题，例如小留学生、国际课程引入等展开调查，采集数据，把握整体状况，建立互通共享的数据库及信息平台，为政府决策、依法监管、深入指导提供依据。

推进官民并举。建立行政部门与民间力量协同推进基础教育国际化机制。加深国际理解融入课程的程度，加强自上而下的课程开发和教材推广，鼓励自下而上多渠道资助支持课程活动，形成多层次、有重点、分步骤的官民并举、双边多边互动的基础教育开放格局。同时，按照学校类型进行分类指导，提高基础教育国际化的实效与水平。

健全管理机构。要建立健全相应的组织机构，继续加强省和市级教育国际合作与交流管理机构的建设，促进县(市、区)及学校建立专门的管理机构，或增加相应职能并配备专门人员。要有计划地推进基础教育国际化工作的非集中化管理，一方面加强各层级相应工作的规范管理，另一方面逐层下放可以下放的管理权限，赋予基层和学校国际交流与合作的自主权，保护基层参与基础教育国际化的积极性。只有让基层和学校学会国际交往并从中获益，才能促进全省基础教育国际化更深入地开展。

促进均衡发展。针对苏南、苏中、苏北地区在基础教育国际化发展水平上不均衡的现状，进一步摸清问题、精准施策。一方面要从省级层面加大政策支持力度，搭建更多平台、提供更多机会，支持苏中、苏北地区基础教育国际交流与合作向广度和深度推进。另一方面要鼓励苏南地区不断开拓创新，在基础教育国际化上做出表率，提供样板。应在苏南、苏中、苏北各区域选择若干市，进行区域基础教育国际化整体实验。鼓励各市选取若干县(市、区)及学校进行更具体深入的探索。鼓励四星级高中、各级优质学校先行先试，积累经验，带动并辐射周边。通过这些工作，促进江苏基础教育国际化的整体均衡推进、差异化发展。

(三) 进一步提升质量与内涵水平

对于江苏而言，基础教育国际化的核心问题在于质量提升与内涵发展，如何在这一方面取得成效，应至少从以下几个方面加以关注。

提升合作办学质量。强化友好学校教育深度合作，深化双边多边教育合作。总结已有实践，借鉴高等学校中外合作办学经验，扎实推进幼儿园、普通高中中外合作办学，提高江苏基础教育的办学层次和水平。要加强中外合作办学管理，完善准入制度，改革审批制度，开展评估认证，建立退出机制，加大信息公开力度，健全质量保障体系。建立合作办学成功经验共享平台和机制，利用合作办学，推动学校教学改革的深化。

引进优质课程资源。认真考察国际教育界高度认可的“国际文凭组织”课程和其他国家优质课程资源,基于发展需要与现实基础,鼓励有条件的学校有选择地引进相关国际课程,“倒逼”普通高中课程多样化、办学特色化改革,推动中外课程的相互借鉴和有机整合,打造既有中国特色又具有国际水准的江苏普通高中课程品牌。

借鉴国际教育经验。要积极引进发达国家先进的教育理念(如全民教育、终身学习和个别化教学等理念)、教学方式和评价手段及现代教育技术,促进基础教育改革全面深化。拓宽学生的国际知识与全球视野,提高跨文化沟通和国际就业竞争能力。利用国际成功经验“倒逼”我国招生考试制度改革,打破“应试教育”体制的束缚,切实推进进展缓慢、效果不佳的素质教育,真正落实立德树人根本任务。

提高教师国际化能力。拥有一大批德才兼备、视野开阔、国际理解和交往沟通能力强的教师,才能培养出真正的未来世界的公民。要充分利用国外优质资源,建设适应国际化要求的教师队伍。进一步有计划、有步骤、有针对性地选派教育管理干部、教育科研人员、各学科骨干教师以及广大英语教师赴海外进修学习。建立切实有效的海外研修质量和效益评估指标体系,促进派出人员既珍惜机会认真研修又发挥好示范带动作用。加快实施在借鉴国际经验基础上开发的中小幼教师专业标准,促进江苏省中小幼教师队伍专业素质的提高。继续采取灵活多样的方式引进和利用海外智力资源,积极创造条件,引进更多的海外优秀留学人员和外国专家、学者到江苏教育管理和教科研机构、幼儿园和中小学校工作。

强化对外开放能力建设。面对国际国内竞争的日益加剧和教育对外开放工作任务的日益繁重,江苏教育管理和服务机构要加强在扩大和利用开放、管理和驾驭开放等方面的能力建设。特别是在全省各级教育外事管理和服务部门管理者的国际化意识、国际化能力等方面,要适应实现国际化目标的具体要求。各级政府和教育行政机构领导要率先掌握必要的世界知识,具备全球视野和国际眼光,学会如何有效地领导教育的对外开放。

深化与国际组织的合作。在与各国政府、教育机构及学校建立联系的同时,拓展有关国际组织的教育合作空间,积极参与全球教育治理,尤其是在教育领域具有权威地位的一些组织,例如联合国教科文组织(UNESCO)、经济合作与发展组织(OECD)以及世界银行(World Bank)等。要认真借鉴国际教育规则和质量标准,为江苏省在国际教育政策框架内提高学生学业质量开辟有效途径、提供有效工具。要从如OECD发起的国际学生评估项目(PISA)等大型国际教育评估研究的结果中深入了解影响学生成绩的课程、教学、校内外环境等重要影响因素。

加强地方立法保障。进一步建立健全教育涉外政策法规和监管机制,创造有利于国际合作与交流的环境。加强中外合作办学的依法监管工作。规范中外合作机构举办的考试活动。严格管理教育国际展览活动。加强外籍教师和来华留学人员的准入审查，完善外籍教师聘用和评价体系，强化外籍教师选用教材、授课内容等教学行为的监管。加强国际课程引入的监管，调查与分析课程的适应性与实效性，出台专业的指导性意见，促使国际课程的引入与实施向规范化、制度化方向发展。规范基础教育阶段学生自费出国留学、游学中介活动，明确中介服务机构的行业监管要求，健全行业评价、投诉处理信息公开、退出禁入机制，形成健康有序的对外市场。江苏省人大和有立法权的市，要进行法律制度创新，推进地方立法，在条件成熟时，由江苏省人大颁布《江苏省教育国际化促进条件》，为基础教育国际化提供法制保障。

（四）进一步深化实施“走出去、请进来”战略

一直以来，江苏始终坚持“走出去”与“请进来”相结合，不断拓宽教育开放工作思路，拓展对外交流渠道和合作领域。在“走出去”与“请进来”这两个方面，后者远领先于前者，而教育国际化的最优状态应该是二者相互平衡。尤其对于江苏来说，不管在经济、文化，还是教育发展上都处于全国前列，江苏完全有与世界平等对话、影响世界的资格，江苏应该明确地提出基础教育“走出去”战略，积极开展在平等、互利基础上的双向国际教育交流和跨文化学习，在文化输出及教育输出上有所突破、有所作为。

优化教育对外开放布局。积极服务国家总体外交，以“走出去”为重点，借助经济、贸易、文化等已有平台，扩大与发展中国家、“一带一路”沿线国家之间的教育合作交流，实施“一带一路”江苏教育行动，突出关键项目，推进国际交流，促进合作共赢。完善金砖国家教育合作机制。加快对外教育培训中心和教育援外基地建设，积极开展优质教学仪器设备、整体教学方案、配套师资培训一体化援助，开展教育国际援助，重点投资于人、援助于人、惠及于人；在条件允许又有需求的情况下，在我国企业集中的国家独立举办或与驻在国合作举办幼儿园和中小学校。鼓励社会力量参与境外办学，稳妥推进境外办学。

吸引更多外国学生来苏留学。依托“留学江苏”等具体项目，设立国际学生省级政府奖学金，鼓励有实力的江苏企业或民间团体设立奖、助学金，吸引国外优秀学生来江苏学习、体验与交流。进一步改善国际学生的接待条件。建立招收国际学生的校际信息平台，改进招生秩序。加大投入、整合资源，整体营造国际学生教育的良好环境。通过合理的规划与布局，帮助有条件的学校扩大招收国际学生，努力提高生源质量。

加强汉语推广与非通用语种学习。发挥江苏文化和地缘优势，深化江苏与世界各国语言文化合作交流，加强在汉语推广和非通用语种学习中的互帮互助，推进与世界各国语言互通。拓展政府间语言学习交换项目，联合更多国家开发语言互通共享课程，增进相互理解。以学校拓展课程的形式，开展“中小学非通用语种学习计划”，以点带面，推进中小学多语种外语学习，为大国发展战略、江苏省“走出去”战略的深度实施所需的多语种人才培养奠定宽厚基础。

积极传播中国理念与江苏故事。讲好“中国江苏故事”和“江苏教育故事”，不断提升江苏国际影响力。建设好教师学生友好往来平台。积极发挥在苏留学人员和外籍教师的媒介作用，把江苏基础教育与江苏文化一道推向国际社会。确立“人就是文化本身”观念，通过人际互访与交流，增进中外文化的碰撞。做好有国际影响力的中外专家学者、国际智库、非政府组织的工作，不断扩大国际社会对中国及江苏省发展理念、发展道路的理解认同，不断提高中华文化的影响力，为中国企业、江苏企业走向世界、落地生根并持续发展鸣锣开道。

（2016 年 5 月 8 日）

江苏教育现代化建设的新里程碑

这些天,江苏有11个县(市、区)正在接受县域义务教育均衡发展国家督导。这些地方若能达到国标要求,肇始于20世纪90年代初的江苏教育现代化建设将诞生新的里程碑。而在推进教育现代化过程中,江苏义务教育均衡发展工作也形成了鲜明特点。

启动早。1996年,江苏在全国各省份中率先“普九”。而在此前的1993年,在苏锡常地区“普九”后,江苏不失时机地在这个地区组织实施教育现代化工程、推进教育现代化建设(在其他地区组织实施教育小康工程、推进实现小康教育),在全省“普九”后则顺势转化为县域教育改革发展总目标。教育公平是教育现代化的一个重要标志。均衡发展义务教育,在教育现代化建设发轫之初,就成为江苏孜孜以求的目标。

措施实。江苏省委省政府高度重视、坚定不移地推进义务教育均衡发展。在与教育部签署《义务教育均衡发展备忘录》后,江苏省政府即出台《关于深入推进义务教育优质均衡发展的意见》,明确新任务新要求;进入21世纪以来,江苏省财政直接投入140多亿元,实施了十多项教育民生工程;以县域为单位、以资源配置为重点,“以奖代补”帮扶困难地区,全省同步推进。同时,树立示范导向,2010年启动建设义务教育优质均衡改革发展示范区，并组织评估认定；抓住根本环节，建立校长和骨干教师定期交流制度；开展监测工作，监测已通过国家认定的县域义务教育均衡发展状况，还根据江苏省实际增加监测指标；推进市域均衡，监测范围也随之扩大到市一级，为实现省域内区域均衡奠基。

成效大。2007 年，江苏提出县域内学校"校园环境一样美、教学设施一样全、公用经费一样多、教师素质一样好、管理水平一样高、学生个性一样得到弘扬、人民群众一样满意"的办学要求。近几年来，通过各项督导，强化了政府依法履责意识，加强了保障均衡的制度建设和机制建立，教育公平逐步成为执政理念，促进了义务教育职责落实、公共资源均衡配置，基本实现了教育的公平公正，有效提升了全省教育现代化水平。在江苏，"人人上好学"的条件基本具备、格局基本形成，并得到了公众的认可，2012 年、2013 年、2014 年由县（市、区）、地级市、省分别委托第三方组织调查的义务教育均衡发展公众满意度都在 90%以上。

在接受国家督导的此刻，我们还得把时间倒回到 2013 年 5 月，教育部在江苏启动县域义务教育均衡发展国家审核认定工作，并在张家港市召开全国义务教育均衡发展督导现场会。这是"普九"之后，国家把均衡作为义务教育发展最重大任务的标志。而从那刻起，江苏再获良机、并乘势而上，加快了提升县域义务教育均衡发展水平、推进教育现代化建设的节奏，由此铸就了一座新的里程碑。

（2015 年 6 月 5 日）

第三节　教育的创新与规律遵循

教育创新若干基本认识

创新是一个民族发展进步的不竭动力。当今人类社会，已经发现竭泽而渔的发展方式将难以为继,开始聚焦于通过创新推动发展。党的十八大报告指出,要实施创新驱动发展战略。面对当前复杂的改革环境、艰巨的发展任务,今天的中国比以往任何时候都更加需要创新驱动、创新发展。放眼全球,创新已经成为各经济体摆脱经济低迷状态、实现可持续发展的首要选择。于是,国际社会开始高度关注创新主体——创新人才——的培养,作为创新人才培养基础性领域的教育,相较于以往更受青睐、备被期待。

应该说,重视创新和创新人才培养、期盼创新人才涌现的氛围,在我国日益浓烈。西方发达国家已经把创新作为国家战略,作为后发追赶型现代化国家的中国,也把创新摆在了国家发展全局的核心位置,发出了“大众创业、万众创新”

的全民动员令。这一国家意志如何成为教育系统上下的实际行动，在"十二五"以来国家的诸多重要文件中都有明确具体的要求。但是，目前的教育系统在教育创新上存在"上热下冷"、理论探索强于实际行动、少量实践遮蔽了普遍漠然等现象。存在这些现象的原因，我认为是由于与教育创新相关的一些基本问题没有厘清。

一、教育创新与他域创新

党和国家高度重视教育创新及其在整个国家创新发展中的地位和作用。习近平同志9月9日在北京市八一学校视察时的讲话中强调，教育决定着人类的今天，也决定着人类的未来；时代越是向前，知识和人才的重要性就愈发突出，教育的地位和作用就愈发凸显。

教育是经济和社会发展的重要组成部分，也是重要推动力量。通过教育创新，提高教育的品质和发展水平，提升教育培养人才、发展科技、服务社会和传承文化的能力，是推动我国理论创新、制度创新、科技创新、文化创新的需要。而经济和社会领域的创新，如科技创新、产业创新、企业创新、市场创新、产品创新、业态创新、管理创新等，无不给予教育创新以深刻的启示和促进。再如，熊彼特认为的企业创新所包括的产品创新、工艺创新、市场创新、供应链创新和生产组织创新等五种典型形式，都可以在教育创新实践中加以借鉴。

因此，要消除教育创新好像无所依凭的假象，关注并研究其他领域里的创新实践，拓宽教育创新领域，加快教育创新步伐，在大力推进教育现代化的同时，提高教育对经济和社会现代化建设的贡献率。

二、教育创新与教育传统

教育创新是为实现一定的教育目标，在教育领域进行的创新活动。教育创新包括教育体系、教育结构、教育观念、教育方法、教育手段、课程教材以至教育的时间和空间等，几乎涉及教育领域的所有方面。而这些方面都是伴随人类社会发展、教育自身发展，逐步形成了一些为人们所普遍接受的样式，并相对稳定下来，继而成为"教育传统"。例如，政府为主的办学体制，"以生为本"、教学相长、教学民主等历久弥新的教育理念和实践。在教育创新过程中，对于这些"教育传统"应采取什么样的态度？

在没有"传统"为基础的反映教育规律并为人们普遍接受的创造是创新，对于"传统"的趋利避害并为人们普遍接受的革新也是创新。因此，在具体实践中，教育创新可以在教育传统领域进行革新，也可以独辟蹊径进行创造。认清了这一点，也就认识了教育创新不是那么高不可攀。也惟有如此，日本著名教育学者佐藤学认为的、主要发生在教育内部和基层的"静悄悄的革命"才可能普遍展开。这时的教育创新将"是植根于下层的民主主义的、以学校和社区为基地而进行的革命，是支持每个学生的多元化个性的革命，是促进

教师的自主性和创造性的革命”。（佐藤学：《静悄悄的革命》，长春出版社，2003 年）

三、教育创新与教育改革

教育自产生以来，就不断地进行着创新活动，如学校的创立、课本的出现，都属于教育创新。教育创新并非与我们形同陌路，是与我们所从事的事业相伴相生的。只是直到 100 年前创新经济理论的鼻祖约瑟夫·熊彼特提出，经济发展的动力是生产者以新的方式重新组合现在的生产要素即创新后，我们似乎才找到自古以来从未停息的教育不断发展样态的最新冠名——教育创新。但是，这一姗姗来迟的新名号，其实在以往，特别是改革开放后常常为“改革”一词所替代。而在过往没有提出教育创新的情况下，“改革”一词充斥街头巷尾、校园内外。在今天，又如何就教育创新、教育改革作区分，以便在实践中把握和操作？

国际著名教育改革理论专家哈维洛克教授认为：“教育改革就是教育现状所发生的任何有意义的转变。”可见，教育改革首先是以“教育现状的变化”为判定标准的，无论在理论上、思想上有多么美好的构想，如果不引起教育实际现状的变化，都不能称之为教育改革；其次，教育改革是以“有意义的转变”为标志的，也就是说，教育改革有着显见的具体效应或结果，意味着教育的最初状态与以后状态的明显不同；第三，教育变革是一个中性的概念，它所表达的是教育现状所发生的变化与改变,而不必然地是一种进步或改进。换句话说,教育改革的结果可以是正向的(教育改进),也可以是负向的(教育退步)。

至于教育创新,我们不妨引用杨东平先生 2015 年 1 月 14 日在他的新浪博客文章中所言:“教育创新是指以新的教育理念、教育理想为引导,通过对教育体制、组织、教师、教学方法、教育内容、教育技术等的革新,有效地促进教育公平,提升教育品质,改善教育治理的创造性行动。”

于是,两厢比较的结果表明:一般而言,教育改革的设计是正向的或者说愿望是好的,但结果有或然性;教育创新的设计和结果都是正向的。因此,教育创新成为教育系统当下的热词、主旋律乃理所应当,表明了当下中国教育发展面临复杂局面、艰巨任务时的路径选择和设计是理性的、上乘的。

四、教育创新与创新教育

前面有述,教育创新涉及教育的几乎所有方面、各个领域,是教育面临日益复杂局面下求得持续发展的上乘之选,是教育发展新的动力源。教育创新是在我国九年义务教育已经普及、高中阶段教育基本普及、高等教育实现了大众化目标,学龄人数总体减少,教育投入不断增加,各级教育供求格局已经大为改观的情况下,发展更加公平、更高质量教育的需要。

创新教育是以培养人们创新精神和创新能力为基本价

值取向的教育。其核心目标是:在各级教育普及水平不断提高的同时,在全面实施素质教育、落实立德树人根本任务的过程中,为适应信息化、智能化和互联网时代要求,着力培养学生的创新意识、创新精神和创新能力。

教育创新指向教育领域的各个方面,是全口径的寻求教育发展新路径的教育实践。创新教育是与创业教育、创造教育等相似的一类课程的教育,是整个教育过程被赋予人类创新活动的特征,并以此逐步达到培养创新人才和实现人的全面发展为目的的教育。前者为后者规定了方位,如为国家培养各领域创新发展所需创新人才奠基;后者是前者宏观要求在微观领域的反映或称之为落地,后者是前者全局领域中的一角,但不可或缺。

五、教育创新与学校发展

学校是教育事业的细胞,是教育事业的生机和活力所在。学校发展无不受到教育全局乃至社会方方面面的影响。总体上看,教育创新的目的之一就是为学校创造更好的发展环境;教育创新包含并在客观上要求学校进行发展方式创新。学校发展方式创新既是为了学校更好更快发展,也是教育创新的题中之义、天然组成部分。因此,可以说学校发展如何,既取决于教育创新、又取决于学校自身的创新,学校创新既是自身发展的需要、也是教育创新的必然要求。

学校在通过创新获得内生的新的发展动力的同时,通常还都急切地期待教育创新为学校发展提供持续迸发内生动力的资源和保障。这类教育创新包括办学、管理、投资体制和考试、招生、就业制度的创新，还包括教育质量和效益评价机制的创新。

应创新办学、管理和教育投资体制。依法大力鼓励支持民间力量办学，最大限度地集聚丰富教育资源，满足人民群众“上好学”的需要。制定《学校教育法》，依法赋予各级各类学校管理自主权，保证学校有权在遵循教育规律、青少年身心发展规律、人才成长规律基础上，开展教育教学工作。立法鼓励支持社会组织、企业和公民个人向学校投资、捐资，特别是通过设立奖励基金等形式，支持大中小学生的社会实践、企业实习、技术发明、科学研究等。

应创新教育质量评价和考试招生制度。切实把综合素质评价和核心素养要求，通过传统或创新的有效形式，推动各级各类学校在各学科教育教学中加以落实。根据培养目标和人才理念，制定以每个学生的全面发展和人人成才为导向的、科学的、多样的教育质量评价标准，大力鼓励支持第三方评价组织的发育成长。目前，可以开展由政府、学校、家长及社会各方面参与的教育质量评价活动。充分认识考试招生制度的“双刃剑”特点，最大限度地趋利避害，抓紧实施近几年已经出台的各级各类学校考试招生制度；力求在形式、内容等方面的和谐、协调、统一，引导学校全面贯彻教育方针，促进学生在全面发展基础上成长为创新人才。

六、教育创新与创新文化

教育创新与科技创新等其他创新一样，需要有创新文化的支撑才能持续，才能真正实现教育事业的不断发展、实现教育现代化目标。

创新文化是指在一定的社会历史条件下，在创新及创新管理活动中所创造和形成的具有特色的创新精神财富以及创新物质形态的综合，包括创新价值观、创新准则、创新制度和规范、创新物质文化环境等。创新文化是一种培育创新的文化，这种文化能够唤起一种不可估计的能量、热情、主动性和责任感，来帮助组织达到一种非常高的目标。

教育创新需要创新文化的涵育。教育是文化的生命机制，“近水楼台先得月”，教育理应最易成为具备、积累创新文化的领域，也因此，教育创新比较其他领域的创新应更先一步、更早一些、更快地见到成效。但是，众所周知，教育创新的实际情况并不尽然。

这似乎与作为“万物灵长、宇宙精华”的教育对象的复杂性有关。于是，近一个时期以来由不少媒体传播甚广的一种关于文化概念的解读，让人觉得既较为确切、又颇为神往：文化是植根于内心的修养，无须提醒的自觉，以约束为前提的自由，为别人着想的善良。一个有利于创新、能够激发创新欲望的环境、氛围，必定是自由的、民主的、开放的，其中的人们的整体素质、个体修养笃定是高的，他们的心地是善良、仁慈的,他们崇尚创新、高度自觉地从事着属于他们优势领域的开疆辟土、发展人类、造福人类的工作。教育创新所需的文化不正是这样的吗?

七、教育创新与技术进步

科学技术是教育创新的重要媒介和支持力量。科学发展和技术进步为教育创新提供了愈来愈多的可能。实际情况也是如此。在教育装备技术发展过程中,大家耳熟能详的"老三机""新三机",以及信息技术设备、网络技术、智能技术等等,都程度不同地促使教师的教、学生的学的方式、方法和手段的更新、优化,微课、慕课正在促使传统课堂的"翻转"。技术进步在教育创新领域独领风骚、魅力无穷。

当下,互联网和信息技术正在改变世界、改变我们的工作和生活方式,正在触发教育领域的深刻变化。一度曾有信息和互联网技术将代替传统学校的预言。智慧教育在近几年则得到高度重视。微课、翻转课堂、慕课的出现促使教与学的方式创新比以往任何时候都层出不穷,提高教育质量似乎轻而易举。这些都是由技术进步引发的,并使得我们似乎与教育理想境界更加靠近。但是,技术对于教育创新的促进作用是有局限的。

局限在于,利用互联网和信息技术促使教育方式、方法和手段创新所追求的目标,一般只停留在知识和技能的传授上;尤其是目前的在线教育,鱼龙混杂、花样繁多,只注重知识和技能高效传授，漠视学习者情感、态度、价值观生成发展升华等目标的达成。局限在于，技术仅仅是促成了教育方式、方法和手段创新、提高了单位时间里教与学两方面的效率；但由于教与学的质量和效益高低，不仅要用知识和技能的传授、掌握情况加以衡量，还要用学生情感、态度、价值观的变化来衡量。研究表明，冷冰冰的技术对于促进学生情感态度价值观正向变化的作用是有限的，仅对学生的生理、心理有一些影响。因此，技术进步对于教育创新的促进作用是明显的，但是，也是有局限的。

教育创新因教育是有“温度”的事业——服务人的发展的事业——也应该成为有“温度”的创新领域。教育应善于及时利用技术的创新和进步推动教育领域某些局部的创新，最大限度地获取教育发展所需的资源和动力，推动教育事业获得更高水平、更高品质的发展。

（2016 年 9 月 24 日）

"互联网+"环境下的初中教育走向

初中教育薄弱的问题，是一个30年前如此、今天仍然十分显在的问题。改革开放以来，初中教育作为义务教育的一部分、普通中等教育阶段的基础学段，伴随整个教育发展，也得到了长足发展。但是，纵观教育发展的各个阶段，初中教育几乎一直是普通中小学教育阶段相对最为薄弱的学段。

一、初中教育的特殊性及其长期所处的窘境

初中教育在它发展的每个阶段之所以成为普通中小学教育各学段中相对最为薄弱的学段，有历史的、也有现实的原因。有重视小学和高中教育、忽视初中教育的原因，有提高小学、高中教育发展水平的客观要求挤兑了初中教育应有的同步发展，初中学段居中、被上下"拉扯"，始终难以摆脱"细腰"的命运。

初中教育相对薄弱的历史和现状，在教育发展的每个阶段都被我们看到了，但为什么在实际工作中总是被轻视、挤兑呢？其中的原因也是多方面的，主要是：直至今天我们还是处在"穷国办大教育""大国办超大规模教育"的阶段，"僧多粥少""子女多"；对初中教育在教育链条中、在青少年学生

身心成长乃至一个人一生发展中的独特的重要地位和作用的认识不到位，在实践中政策落实不到位、措施乏力、改观不大。

初中教育面对的对象是处在青春期的中学生，相比小学生、高中生，他们的身心变化最大，又有"小大人的心态"，叛逆、冲动、情绪不稳，面临自身的成长、学业、竞争、升学等多重压力。初中教育必须遵循学生身心成长规律，"顺之则昌""逆之则伤"（身心俱伤）。面对这样的教育对象的初中教育，按理应该比其他学段得到更多的重视和支持，至少是同等的重视和各种必要资源的支持。

但是，深受地方政府和社会左右的捉襟见肘的教育资源，使得本应该投向初中教育的必要的发展资源被挤兑、得不到满足的状况，成为几十年来司空见惯的现象。于是，在教育发展的每个阶段，都听到了关于重视初中教育的强烈呼声，但都随着时间的推移逐渐变弱；都能找出发展初中教育的政策和举措，但都由于不能满足需求、甚至实际操作中的"跑冒滴漏"（不到位、画饼充饥），使得初中成为基础教育阶段一直保持了"良好""身段"的学段。

二、"互联网+"环境给初中教育带来了发展机遇

初中教育一直以来与它的地位和作用不相称的发展状态，如何加以改观？这与教育发展中的其他热点难点问题的解决一样，要创新举措、综合施策、持续给力。

由互联网企业与教育部门、学校来共同探讨初中教育的发展，让人们看到了解决初中教育面临的诸多问题的新路径：发挥信息和网络技术优势，推进初中教育扬长补短、借力发展。初中教育将由此形成的走向令人憧憬。

一是初中教师利用网络实现专业发展成为可能。在初中教育的各个薄弱环节中，最薄弱的是教师队伍。在每所初中学校，在各个阶段都有为数不多的骨干教师，但不断地被上下"拉扯"走，一直难以建成适应初中教育要求的骨干教师队伍。没有成体系的骨干教师的带领、示范，初中教师队伍整体水平提高十分缓慢。

教师是学校管理的主体，是学校教育教学的主体力量。总体上看，教师队伍强、学校就强，教师队伍弱、学校就弱。教师队伍薄弱是初中教育薄弱的标志、也是根本原因所在。由于初中教师队伍建设没有特殊的政策支持，加上各个发展阶段上小学和高中的"两头拉扯"，初中教师队伍薄弱就成为必然。如何建设一支与其地位和作用发挥相适应的初中教师队伍，方法、手段、路径很多，各地也有丰富多彩的做法、卓有成效的实践，但真正意义上的素质较高、结构合理的初中教师队伍的建成绝非一日之功。有无捷径，没有。那怎么办？

借助信息技术和互联网技术的迅猛发展，扬长补短、借力提升，加快建设一支与初中教育要求相匹配的教师队伍将成为可能。

当然，由于初中教师队伍建设的历史欠账太多，初中教师借力互联网提供的便利迅速成长,首先需要更新观念、提高信息和网络技术素养等,而做到这些,都是要假以时日的。其次,学校要建立有力促进机制,鼓励、支持教师借助信息和网络设备,充分利用网络学习、提高自己。第三,抓住政府教育主管部门推进教育信息化建设、促进教师专业发展的机遇。江苏省新一轮推进实施的教育信息化建设五大工程中有一项就是“教师信息技术应用能力提升工程”,将对全省中小学、幼儿园教师分年度分层次组织不少于 50 学时的专项培训,2015 年完成 30%的培训任务。伴随网络技术的发展,政府层面(如评选“一师一优课、一课一名师”)和网络企业在“在线教育”上的共同施力,教师教育的内容将更为丰富、更为个性化,网络化的菜单式教师培训将以其便捷、高效、低成本、全时空性,使得初中教师比以往任何阶段、任何形式的培训获得更快更好更为切实的专业发展。

二是初中课程将更加丰富多彩。互联网具有海量资源,这将使得初中各学科课程内容全面拓展与更新,适合初中生的诸多前沿知识将及时进入课堂,课程内容丰富化、生活化、呈现形式艺术化也将变成现实。这不仅让各科课程要求容易落实、学生容易掌握知识和技能,而且学生通过网络获得的知识之丰富和先进,完全可能超越国家、地方和校本三类课程的要求。

三是初中课堂将更加高效生态。网络环境下的课堂教学将通过网络或教师自建的教学资源库,按需随机点击出帮助学生理解把握知识点的辅助性的资料,并以学生喜闻乐见的样式生动地展示给他们,教师的课堂教学将化难为易、化繁为简,学生的课堂学习将更加高效、生态化、生命化。而这对于激发和保持处在身心成长复杂期的初中学生的学习热情、恒久力是必不可少的。

在这里,我们也不能回避慕课、微视频、翻转课堂等等目前十分热门的教学辅助工具和教学改革的新样态。关于它们,热捧、冷对、加以理性批判并结合实际改造运用的做法都有。我比较赞同:为了对学生学习过程可控、结果的准确把握并实施有针对性的课堂讲解、甚至个别化的指点,课堂教学内容一般不要翻转,微视频应科学合理地安排在课堂上让学生看,否则"慕课"的理想境界,对于处在身心成长复杂期的初中生而言将难以真正实现。

四是初中生个性化学习途径将极大拓宽。网络使得针对初中生特点的个性化学习方案成为现实。在初中,沉闷的氛围笼罩着校园,学生们的精神日渐紧张、升学压力与日俱增。这些不仅不利于初中生身心健康成长,而且会加剧在小学就已显现的学生间学习力、学习兴趣直至学业水平的分化。而充分运用大数据、网络的优势,集中最优秀的教师,克服"碎片化"地解决每个学生的马虎、知识欠账等个别化问题的倾向,研究开发适合每个初中生个性化解惑的动画、课件和视频,供学生按需选学,使得增强每个学生的学习兴趣、提高每个学生的学业水平、逐步缩小学生间的分化成为可能。当然,也有人提出,要建设学生"解惑网"。第一步,在千百种试卷当中分析找出千百个"病例";第二步,一种情况一个解题方案，并分学段制作动画、课件和视频；第三步，汇聚成网，优化市场机制运行。

五是初中教育教学评价将出现多种主体。在教育领域，“网评”已逐步为管理者、校长和教师，乃至学生所推崇。网评已经成为现代教育教学管理工作的重要手段。学生通过网络平台，给教师的教育教学打分，教师通过网络途径给教育行政部门及领导打分，而行政机构也通过网络大数据对不同的学校和教师的教育教学活动及时进行相应的评价与监控，确保每个学校、教师都能获得良性发展。教育领域里的每个人既是评价的主体也是评价的客体，社会各方面也将通过网络介入对教育的评价。

六是初中教育整体水平提高将为时不远。到 2015 年，江苏省 90.5％的小学、96.9％的初中、98.6％的普通高中及所有高校已建成校园网，义务教育学校全面实现了“宽带网络校校通”。在此基础上，初中学校间的互联互通、互通有无、资源共享将十分便捷，相互间取长补短、既竞争又合作将成为即时性行为，每所初中学校将获得从未有过的发展资源，为初中教育整体水平提高创造了前所未有的条件。

随着物联网、云计算、大数据、泛在网络等为代表的新一代信息技术的迅速发展，智慧教育、智慧校园将成为现实。

智慧校园建设将极大地促进初中学校信息化水平的提高。2015 年，江苏省教育信息化重点实施了五项工程，包括智慧教育基础环境提升工程，启动智慧校园建设，以物联网技术为基础，建设覆盖学校日常运行各个环节的高速有线、无线网络及各种智能信息终端,建立电子身份及统一认证系统;智慧教育资源服务提升工程,主要是探索教学资源统建共享机制,及时推送优质教学资源,特别是主动向农村学校推送优教资源,真正实现优质教学资源“班班通”、网络空间“人人用”。

可以想见,初中教育在网络环境下逐步呈现出的这些走向,标志着初中教育必将走出长期以来的发展困境,“细腰”必将变得“粗壮”。

(2015年6月5日)

思政工作的“全”与“实”

高校思想政治工作是培养中国特色社会主义合格建设者和接班人的需要。立德树人是高校的立身之本。这就要求高校在任何时候都不能轻视、忽视、甚至无视思想政治工作。

高校思想政治工作从专注于学生到学生与教师的并重，并不是幡然醒悟的结果，而是实践的本来面目。由于社会环境的变化、高校自身的变迁，在学生思想政治工作中教师的分量、地位、作用与日俱增、不可替代、不可或缺，因此，强调教师思想政治工作、教师在学生政治思想工作中的地位作用，是正当其时。

但是，无论高校思想政治工作的对象、环境及其要求怎样变化，有一些基本点是不能变的，那就是：“全”与“实”两个方面。

全——就是面向全体教师（广义）的思想政治工作，要提升全员，即每个教师的思想政治素质；关怀全员，即每个教师的身心健康、生活家庭、发展愿景等等。

面向全体学生的思想政治工作，要做到全员、全天候、全过程、全方位（全时空）。

实——就是面向全体教师的提升和关怀的形式、途径可以多种多样、与时俱进,但不能是只图做了、不问效果,也就是对于教师的关怀的方方面面应该是真心实意的、实质性的、每个教师真实地持续地感受到了的。只有这样,提升全体教师思想政治素质的要求才能真正落实、目的才能真正达成;面向全体学生的若干"全"的要求,也才能真正落实、落细、有成效。因为,教师是学校管理的主体,客观上也是思想政治工作的主体(据统计,江苏省高校教职工中党员占了55%)。没有全体教师思想政治素质的提高、没有他们积极性主动性的增强,其他方面的努力终将流于形式、事倍功半,甚至事功相抵。

面向全体学生的若干"全"的要求,是由学生的个体的复杂性[个性习惯、学业、家庭、身心健康状况、环境(经常涉足的社会环境、同学朋友圈、接触的老师)等]决定的,也是高校思想政治工作同样存在"校内八小时不抵校外两小时"的尴尬决定的,还是由中小学校多少年来因考试教育没能完成好的教育任务不得不由高校做"亡羊补牢"工作的无奈造成的。若干"全"的工作,几十年来各高校都有好的做法、都有一套经验。站在今天的视角上来看若干"全"的工作的落实,一是要集大成。把教书育人、管理育人、服务育人、环境(社会环境、网络环境)育人等等方面的有效做法发扬光大,并综合运用加以创新,发挥基于全员重视、参加的传统思想政治工作主体形式、主要途径的新的魅力。

二是要借外力。要借助新技术、新媒体,与时俱进创新高校思想政治工作的方式。同时要努力克服新媒体、新技术

“冷冰冰”的问题，使得技术及其建立其上的媒体变得有“温度”，让借助技术和媒体创新的思想政治工作方式能够起到“暖化”学生的作用，使得全时空、全天候的思想政治工作有实效。

三是要人本化。人本化就是要求我们从大学生个体及其群体的时代性、社会性特点及其发展和需求出发，推进思想政治工作的科学化、系统化、课程化，努力取得高效益。

科学化就是内容、工作方式的科学化。要针对新生代大学生在中学阶段成长不充分、其中有不少心智还未真正成熟、还未真正成年、需要“亡羊补牢”的实际，特别是针对大学生的个体差异，赋予不同内容、不同方式的教育。

系统化就是在科学化基础上，既要构建整个大学期间学生思想政治教育的内容、方式的通用体系，又要探索构建针对不同学生个体或群体的思想政治教育内容、方式个性化体系。

课程化就是思想政治教育要成为一门科学，要进行专业和学科建设、课程化实施。其中包括相应课程标准的制定、教材编写、教师队伍建设、教学方式方法手段的选取、科学有效的考试和评价方式选择等等。经过几十年的努力，课程化的努力成效是显而易见的。但是，我们不得不承认大学生思想政治素质的提升还有很大空间。如何提升？就是要在已有思想政治教育课程体系建设得比较完备的同时，注重在高校全部其他课程中有机融合思想政治教育内容，而且要研究如何融进、何时融进最为有效等问题，既实现教师全员教书育人的目的，又达成思想政治教育“润物无声”的效应，逐步改变至今仍然存在的“大水漫灌”、“直接吃盐”、逆反现象、效果不佳等问题。

（2017 年 4 月 14 日）

探寻力避技术反规律的途径

在互联网、大数据、人工智能等技术构成的时代里，基础教育学校如何适应新时代的新情况、新要求？基础教育学校如何充分地借助由数字与信息技术发展而来的各种新兴技术为实现学校教育目标服务、而同时又把相应技术的风险化解掉或降到最低？这些是我们无法回避的问题。寻求这些问题的解决之道，也正是这次研讨活动设定的目标。这次研讨活动的主题为“面向未来的学习——‘互联网＋’时代学校的教育转型”，是一个看似局限于学校教育，实质是“牵一发而动全身”的话题；是一个看似可以满怀期待的教育实践，但稍有不慎就可能“伤痕累累”的行为。由此，我想到了狄更斯。

狄更斯在他的小说《双城记》开篇中说道：这是一个最好的时代，这是一个最坏的时代；这是一个智慧的年代，这是一个愚蠢的年代；这是一个信仰的时期，这是一个怀疑的时期；这是一个光明的季节，这是一个黑暗的季节；这是希望之春，这是失望之冬；人们面前应有尽有，人们面前一无所有；人们正踏上天堂之路，人们正走向地狱之门。

我们似乎可以套用狄更斯这段话来描述当下教育、学校、老师和学生面临的今天这个近乎“技术至上”、技术左右着人们思想和言行时代的境况。

毫无疑问,互联网技术在教育领域的应用,是工具形态的教育生产力水平的巨大进步,为教学和学习效率与效益的提高乃至教育事业发展,提供了巨大的支撑,但同时,也不可避免地带来了与这种"支撑"共生的对于教育专业化"地基"的毁损。科学技术是一柄双刃剑。为此,今天我们在研讨"互联网+"时代学校教育转型、最深切地体会、体验互联网以及人工智能等新技术对教育的巨大影响的时候,不仅要研讨如何最大限度地利用技术的优势正向驱动转型、实现成功转型,而且要研讨力避技术对于教育规律、人类身心发展规律反动的科学有效的途径。于是,在围绕活动主题研讨时有这样几个问题是需要同时思考的。

一是从教育自身角度看,技术永远是教育变革的外显内容,但事实却是教育自身先发生了变革,这个变革对技术的支撑提出了新的要求。但是,技术能够支撑教育完成变革、促使教育规律得到遵循、全面实现教育目标吗?

二是互联网高效、快捷、方便的传播特点,有利于学生提高上网学习和交流能力,增长知识、开阔视野、启迪智慧,激发求知欲和好奇心,养成独立思考、勇于探索的良好行为习惯。但是,学生借助互联网学习接受的是真正意义上的教育吗?还仅仅是接受了知识及其运用技能的教学?

三是"互联网+"带给教育的变化首先是学习形态的变化,即"泛在学习"。这种学习形态可以解决偏远、弱势学校优质资源不足的问题。但是,这些"资源"是真正的优质资源吗?

视频里的教师与收看视频课的学生无法实时交流或只能隔空交流，能称之为完全意义上的教育吗？

四是“互联网＋”有利于课内外学习的结合，形成一个完整的学习记录。而很多在线教育企业的大部分产品集中在课外应用层面，比如答疑、作业等等。而这些课外学习产品，是课内学习的巩固拓展、有益补充、还是重复甚至是增加负担呢？

五是互联网环境下个性化学习的社会参与必不可少，未来的学习包括正式、非正式和学校学习。而目前在大多数学校，学习仍然全部在课堂内解决，没有学生社会性成长空间，也没有非正式的学习。有了信息技术、有了交互功能，这一切都成为可能。但是，学生个性化学习的内容哪些一定要在校内来完成？哪些可以在校外完成？是否需要做这样的区分呢？

（2018年6月13日）

第二章

教育科研的理想境界

第一节　教育科研的基本任务

教育科研：历史与现状、责任和使命

一、正确认识教育科研机构的性质和特点

教科研机构的产生、发展，具有一般事物产生、发展的基本特点：应运而生、曲折发展。

教育科研机构的发展历程。1984年6月，经江苏省政府批准，江苏恢复建立江苏省教育科学研究所，主要负责基础教育科研和全省基础教育科研的规划、管理和指导工作。1986年10月，江苏省教育委员会成立，江苏省教育科学研究所职能范围逐步扩大为各级各类教育的研究、全省教育科研的规划、管理和指导工作。为了推动教育科研工作，江苏省组建了以中心城市和高等院校教科所为核心的教育科研组织网络。到1995年，当时的11个省辖市都建立了市级教科所，有的是独立建制，有的是与教研室合署办公；60%以上的县区建立了教科室；有的重点中学、实验小学也建立了教

科室,有的还明确专人负责教科研工作;67所高校中有60所建立了高教研究所(室)。据不完全统计,1995年江苏省专兼职教育科研人员逾千人。

教育科研机构建立的目的。建立各级教育科研机构,是教育决策科学化、教育教学的各项改革遵循规律、增强科学性的需求日益强烈的产物。改革开放之初,国家百业待兴,但是支撑百业发展的经济实力、社会进步水平满足不了要求。反映在教育上,“穷国”必须“办大教育”。怎么办?当时的教育决策者的自身状况及其决策水平,以及百业竞争有限资源的实际,促使政府和教育行政部门思考建立研究机构,为决策提供科学依据、增强科学性。因此,当时的各级教育科研机构是特别得到重视,也发挥了非常积极而重要的作用。

教育科研机构的基本职能。改革开放以来,各地先后成立的教育科研机构,在普及、发展教育理论,开展教育实验,指导教育教学实践,总结教育教学改革经验等方面发挥了重要作用。在这个过程中,教育科研机构的职能也随着教育科研实践的发展、深入,逐步得到完善、明确。一般描述为:以教育科研为根本,担当教育行政部门的决策智囊,为学校提供指导、咨询服务,组织、领导教育科研工作。最新的职能或功能定位是:服务决策、创新理论、指导实践、引导舆论。

教育科研机构的特点和性质。教育科研机构是智囊,是教育决策咨询服务机构;是教育科研理论、方法的研究和普及推广机构,是学校教育科研工作的推进、指导机构。教育科研工作是后台、幕后事务,是坐“冷板凳”的事业,对于供职于教育科研机构的教育科研人员而言,大多数时间是处于寂寞的境况之中;对于一般的教育工作者(校长、教师、教研员、普通教育管理者),教育科研是跳出本职工作看本职工作,反思、总结、提升本职工作的必由之路;对于教育决策者(政府及其教育行政部门负责人),教育科研是把握教育改革和发展规律性,增强教育决策科学性、规范性、有效性的不可或缺的基础性、前提性工作。

二、教育科研工作面临的新情况、新问题、新挑战

总体上看,教育科研工作是以教育实践和理论研究为主要对象,尤以作为政府教育行政部门所属的教育科研机构的工作为然。因此,由于教育处在不断的改革和发展之中,教育科研工作在教育事业发展的不同时期、不同阶段必然会面临新情况新问题新要求。

1. 新情况

一是当下各级教育决策者都接受过高等教育、决策水平不断提高,对于教育科研机构提供决策咨询的层次和要求也在提升。

二是各级教育决策部门和决策者进行决策需要的信息来源渠道多,提供决策咨询的机构增多,对教育科研机构提供咨询服务的依赖程度降低。

三是各级教科研机构被归并、专职教科研人员减少,不

仅服务决策、提升服务决策层次的“心”无余且“力”也不足。

2. 新问题

一是科研、教研混同，以教研代替科研、甚至没有科研的位置。

二是区域教育发展面临的、急需研究的重大问题、重点、热点和难点问题无人问津。

三是由于机构归并，客观上弱化了教科研工作，为数不多的教科研人员积极性受挫。同时，又有教科研人员科研意识、科研能力弱化的趋势，科研管理、指导工作成为围绕几个教育科研课题的奔忙。

3. 新挑战

一是教育科研工作面临的新情况层出不穷、新任务新要求不断增加。例如，发展公平优质教育、实现教育现代化等教育改革和发展新目标新任务的提出，需要教育科研部门迅速跟进研究如何落实任务、如何实现目标。但因教科研机构归并、人员减少、影响力和被重视程度减弱，重任在前，重任何堪。

二是教育改革进入深水区、面临的内外部环境日趋复杂，教育决策、教育科学发展，实际上更加需要教育科研予以有力支撑，需要教育科研部门发挥理论和专业优势，主动服务、影响和引领教育决策、正确引导社会。但要不要继续搞教科研在不少地方竟成为“悬念”，成为还要进行讨论的问题。有的地方恐怕已经不再有真正意义上的教育科研。

三、实现教育科研工作的“柳暗花明”

总体而言，目前江苏省各个层面上的教育科研工作是不容乐观的，教育科研所处的境况与教育科研在整个区域教育改革发展中实际上不可或缺、不可替代、不可无视忽视轻视的地位作用是极不相称的。但是，基于近几年全国和江苏省各地的教育科研工作情况分析，教育科研工作的“柳暗花明又一村”已为期不远。有这样的信心，主要基于这样三个方面。

一是政府和教育行政部门日益重视教育科研工作。2011年，中央教科所更名为中国教育科学研究院。成立大会上，刘延东、袁贵仁都明确指出了教育科研的重要性和必要性，提出了教育科研机构“服务决策、创新理论、指导实践、引导舆论”的四大职能。2014年开始，国家和江苏省政府都开评了教学成果奖；江苏省的第二届政府教学成果奖已经评审完成。从教育部到省教育厅都建立了规划课题的设立、申报、评审、立项研究制度；从教育部到江苏省的教育科学研究优秀成果奖，到2016年已经连续评颁了五届；江苏省教育厅2016年还新设立了江苏省教育研究成果奖。全省不少地方也都有相应的课题评审、立项研究的制度化工作。这些无不表明教育科研被重视的程度在提高、地位在提升。

二是政府和教育行政部门开始以项目研究推动教育教学改革深化、教育质量和水平提高。江苏省教育厅从2011

年至今，启动了大力推进内涵建设的若干项目，包括：普通高中课程基地建设、小学特色文化建设工程、薄弱初中质量提升工程、幼儿园课程游戏化建设、特殊教育发展工程、基础教育前瞻性教学改革实验项目、基于测试分析的跟进式教学改革重大研究项目、中小学生品格提升工程等。通过项目研究推进内涵提升工作，这在以往的行政行为中是很少见的。这无疑预示着教育科研在教育改革和发展进程中的作用不仅不可替代，而且日益加强。

三是教科研机构多途径多形式努力履行职能、大力推进教育科研工作。江苏省教科院开始了制度化评选全省教科研系统先进个人和集体、召开全省教科研工作推进会，建立了独立开放的网站，编印了《江苏教育科研》动态，推动《江苏教育研究》杂志转型升级，发现、总结、推广各地教科研工作的好的做法和经验。加强了特色研究所、精品课题、教育科研文化创新实验区建设、优秀教育科研成果的推广工作。持续组织了幼儿教育和特殊教育、中小学"师陶杯"教科研论文的评比，以及相应的综合性学术活动。建立了覆盖全省各设区市城乡的幼儿园、中小学教育科研基地校、基地园，并制度化开展由主题带动、综合和专项活动结合的教育科研活动。

四、教育科研工作要不忘初心、努力前行

既然有如此多的足以让我们的信心得到提振的外在条件，我们就得重整旗鼓，好风凭借力，不忘初心、努力前行。

1. 正视教育科研机构、人员、重视程度的变化

机构的分分合合是常态，变化是必然的，无非是向好还是与愿望和需求相背。在不同的发展时期，我们对于同一事物的认识总是有变化的。变化了的认识直接影响到决策及其结果。教育科研机构在市县区的变化和遭际以及目前的境况同样有其必然性。我们不能整天喟叹时运不济、不被重视，而是要在正视变化的同时，恪尽职守，继续积极作为、显示作用、争取地位，而根本点在于要落实到为教育决策的科学化、教育的科学发展提供高质量、高水平的服务上来。

2. 转换教育科研工作的思路、策略和方式

机构的合并，客观上削弱了原有的机构影响力、资源拥有量，甚至影响教育科研工作的质量、效率和效益。这一状况对于教育科研工作来说，不是一无是处、不见天日了，而是仍有可以因势利导、借力而为之处。一是以科研的思维、方法开展教研，促使教研人员跳出教研看教研、做教研：立足教育大背景做教研，开阔教研视野、拓展教研领域、提升教研水平，逐步实现教研人员的科研化转变，在客观上壮大教育科研队伍。二是以教研的方式做科研，促使科研接地气、更实用、更易为决策者接受，提高科研成果的转化率，进而提升教育科研工作的地位和影响力。

3. 推动教育科研工作进入新阶段

能否在现有教育科研工作格局下，推动教育科研工作进入新阶段，由三个方面决定。

一是由各级政府和教育行政部门重视教育科研工作的

持续性、实质性决定了的。前面提到的从国家、教育部到省政府、省教育厅到省教科院重视、推动教育科研的一系列做法,是一些可喜可贺的标志性事件。最新的利好消息是,江苏省教育厅在今年要召开全省教育科研工作座谈会(或工作会议),进一步要求各级教育行政部门切实重视教育科研,支持教育科研机构工作,加强教育科研队伍建设,调动全省各级各类教育科研力量为江苏发展适合的教育、实现教育现代化目标提供强有力的支撑。

二是由教育科研适应新情况新要求、研究新问题、化挑战为机遇的实际作为、实际成效决定了的。教科研机构、教科研人员要有职业敏感性,要及时了解分析教育改革和发展过程中出现的新情况及其对教科研工作的新要求,主动研究适应、落实新要求面临的人财物困难,创新工作方式、化解面临困难,统筹协调、借力借智,适应新要求、形成新成果,提升职能履行的境界——体现时代性、把握规律性、富于创造性。在这个过程中,还要敢于、善于研究全局问题。不谋全局,不足以谋一域。各级教科研机构和教育科研人员,要立足本地、本区域经济和社会发展背景,研究区域教育改革和发展,为区域教育的可持续、特色化发展找寻"捷径"。

三是更为重要的因素,即教育科研能否提出一整套解决教育发展进程中一直如影相随而且严重影响教育事业科学发展的一系列老问题的良策。这些老问题能否解决直接关系到新问题能否得到真正解决并不再出现变种。这将是教育科研工作进入新阶段的最终决定因素。对于教育科研工作而言，关注、研究新问题，为解决新问题提供良方，无疑是重要的、必要的，但同时还要不忘老问题，寻找理论支持、研究已有实践，为解决老问题提供办法。教育科研要有“应景之作”（满足需要），还要有“压仓之作”（行稳致远——教育科研能力提升、促进教育可持续发展）。教育科研既要关注教育改革发展面临的新问题，又要关注几十年来一直为人们所重视却一筹莫展、至今没有解决好的老大难问题；还要关注教育问题的社会化现象，加强理论武装，拓展理论视野，创新研究方式，综合运用方法，确立解决教育问题的社会化思维，提出新老教育问题的系统化、社会化解决方案。

至此，教育科研工作的新阶段之门将徐徐开启。

（2017年5月12日）

教育科研的仰望星空与脚踏实地

南京市教科研领域的创新实践、新鲜经验很多，教科研工作整体水平、成果质量高，近年来又出现了新气象、开创了新局面，许多工作走在了全省乃至全国的前面。南京市的实践表明，做好教科研工作有以下几个基本要求应落实到位。

一是教科研工作必须准确定位、清晰思路。据介绍，南京教科所每一位科研人员的工作都能在网上查到。登录他们的网站，在网站上就能看到他们准备做哪些事，正在做哪些事，已经做成了哪些事情，纲目分明，一目了然。他们“研究＋服务”的工作定位非常准确，“知全球，懂本土，精本职，做本位”的工作要求非常明确，教科研转型发展“三贴近、三转变、三打造”这一总体思路非常清晰，加上采取了非常有力的工作举措，才有南京教科研累累的硕果、远播的影响。

定位决定层次、思路决定出路、作为决定地位。这是被南京市的教科研实践充分证明了的。教科研工作应以服务决策、指导实践、创新理论、引导舆论为己任；应立足江苏、统观全国、放眼世界，适应教育改革发展大局需要，以政府和教育主管部门力求解决的重点热点难点问题为导向，丰富工作平台，优化工作布局，推动教科研工作由被动服务决策走向主动影响决策、正确引导决策；应创新机制，打造品牌，增强吸引力，提高群众性教科研工作的质量和效益；应问题导向，大胆假设，严密求证，探求规律，积极回应问题，提供解决良方，实现理论研究的创新和突破。

二是教科研工作必须仰望星空、脚踏实地。江苏教育较高的整体水平是全省各地教育发展水平的集中反映，而南京教育是其中翘楚、堪为首善。南京教育为全国教育贡献了素质教育等方面的理论创新成果、丰富实践经验，特别是在新课改进程中的引领作用尤为突出。南京教育，特别是城市教育，在20世纪相当长的时期里，在全国范围内，一直是处在真正体现素质教育本质要求的较高的发展水平状态。但是，目前南京教育面临突破高原期和瓶颈制约、继续高水平发展的客观要求，强烈呼唤教科研工作给予智力支撑。南京市教科所已经开始了积极主动、富有特色和创意的回应。

近两年，南京市教科所开展了数十次(平均每2—3周到学校一次)“科研送教”活动，科研人员走进课堂听课、评课，得到学校和老师的普遍欢迎。这样的活动为什么广受欢迎？就因为它接地气，在于真正帮助解决了学校改革发展、老师教育教学中亟待解决的一个个问题；就在于它是现场转换器，把教科研成果转化成了现实的教育生产力，促进了教育教学质量和效益的提高；就在于它是一种积极的科研服务方式，是主动送科研成果、科研方法上门。而且他们这一送，竟然送到了青海、浙江台州、连云港赣榆等地。

可以想见，南京市教科所组织的广接地气的科研送教活动，既是他们脚踏实地的反映，也是他们仰望星空的归宿。

只有在全面理解把握党和国家教育改革发展方针政策要求，明确改革原则、发展方向基础上的、解决教育教学工作中实际问题的教科研工作，方能得到基层学校的欢迎。教科研工作只有把主动适应大局要求与积极回应实际问题有机地结合起来，才能开阔视野、拓展思路，发现研究新领域，探寻教育新规律，推进教育理论创新，促进教育质量提高，保障教育事业高水平可持续发展。既仰望星空、又脚踏实地，无疑是我们教科研工作者必须遵循的基本原则，是教科研工作者的使命和责任。

三是教科研工作必须建立机制、遵循规范。教育是一门科学，教育研究具有科学研究的一般规律。遵循教育科学研究的一般规律，就是要在教科研工作中，建立一整套体现教科研特点和规律要求的运行机制、制度规范，并切实加以遵照执行。这是教科研工作适应“事业以改革求发展、质量以改革求提高”这一教育新常态，形成教科研工作新常态的需要。在这方面，南京市教科所又先行了一步。

作为一个大城市的教科所，其实扮演着类似于铁路“扳道工”的角色：以理论掌握者、实践知晓者的身份，提醒、引导着教育教学方方面面的工作沿着合乎规律的方向前行。而南京市教科所“以改革者首先革自己命”的勇气，以更加高效服务群众性教科研工作的扎实作风，规定了自己以及全市教科研系统的行为准则和工作机制。为了落实好“研究＋服务”的工作定位，建立了一套非常有效的运行机制。在论文评审中，建立起了“市、区、校”三级联动机制，取消了论文评审收费，保证了公平、公开和公正。在课题指导上，建立了“集体备课题”制度。老师上课要备课，还要集体备课，而科研人员到基层学校指导课题，也要先备课、要集体备课，由此提高了课题指导的质量、效率和效益。在科研规范上，研制印发了《课题研究规范读本》，强化各级教科研人员的科研规范意识，减少了“马后炮式”的指导，有效地促进了教科研工作层次和水平的提升。凡此种种，都是南京市教科研工作者的创新、创造，是对教科研事业的重要贡献。而教科研工作规范化、机制化水平的提高，是教育科研服务决策、指导实践、创新理论工作进入新的境界的需要。

(2014年9月11日)

教育科研工作的基本要求

南京市教科所对科研人员提出的“知全球、懂本土、精本职、做本位”的12个字的工作要求，是对教科研机构、教科研工作者的基本的普适性要求，也是教科研机构、教科研工作者的立足之基、立身之本。

一是教科研工作要有国际视野。一方面，伴随经济全球化而来的世界各国人民命运的一体化，要求我们在研究任何问题时，都要首先问一问，其他国家有无类似的问题？用以指导解决问题的理论是什么？这不仅是我们研究的参照、也是我们研究有层次的标志、出成果的捷径。另一方面，伴随我国倡导建议人类命运共同体，我们的研究，要立足宏大的国家改革开放发展背景，才有宏大的叙事、可能的创新、丰硕的成果。再一方面，我们的研究要与国际接轨，对接国际教育科学研究的话语体系，增强跨文化理解和研究能力，实现提升研究层次和水平的目的。

二是教科研工作要有本土情怀。这一点似乎是多虑，其实不然。因为，我们很多有价值的研究，在针对问题进行思考、设计研究课题时，信心满满，大有要拿出上乘之策、解决问题的架势，研究方法手段不可谓不科学，研究过程也显得很周密，甚至成果也具备了相当的层次和水平，但大多数成果往往束之高阁，至多在局部范围、在研究期间发挥了些许作用。造成这种状况的原因何在？我认为原因在理性有余、激情不足。

大家都崇尚问题导向的教育科研，因此，懂本土，就是懂得我们脚下这块土地的特殊性，才能把握生长其上的万物的个性。但是，懂本土，以问题导向的研究，不是为了研究才去找问题，而是为了解决已经存在的问题。懂本土不是单纯的"懂"本国、本地存在的是些什么问题、为什么会有这些问题，还要不断增强责任感、使命感，立足当下、放眼未来，提出可行性强的、有效的、可操作的解决教育面临问题的对策，即要告知怎么办；同时要利用多种途径和媒体及时推介、广而告之，促使研究成果在尽可能大的范围内转化运用，促进普遍存在问题的解决、学校教育质量和区域教育改革发展水平的提高。

三是教科研工作要有危机意识。这话说出来，似乎有些危言耸听。但是，有这几方面的依据。一是现在的政府和教育行政部门的决策者、管理者已不再是低学历、甚至没有学历的人，而大都是改革开放后培养出来的大学生，他们在工作中也在不断学习提高，以理论指导自己的行政管理实践，学习能力、理论水平不比我们差；二是政府和教育行政部门的重大决策一般都向各方面专家进行咨询，教科研人员仅仅是其中一个方面的专家；三是高校和其他研究机构的社会服务意识、服务能力愈来愈强，具备教育决策研究和服务功能的智库能力，天然地比我们这样一类教科研机构有优势；四是在高校“生生”不息的独特优势面前，使得我们在面向中小学校服务方面仅存的一些优势，也面临式微。这些都是我们面临的现实挑战。应该说，教科研工作面临着危机，要有危机意识。作为教科研机构，要扬长避短，努力建设成为区域性特色化的专业智库；教科研人员则必须“精本职、做本位”，成为视野宽、情怀广、能力强的教育研究专家。

(2016 年 3 月 2 日)

区域教育科研工作的基本遵循

区域教育科研工作的基本目标是提高贡献率、增强引领力。为了达成这样的目标，有三方面的工作是必须要做到的。

一是形成格局——构建结构化的区域教科研格局。区域教育科研的最高境界是：全体教育工作者都有总结反思、批判性思维能力，都能开展教育科研，即都能立足自己的岗位，研究办教育、管理教育，研究管校治校，研究教育教学；以问题为导向，建立系统研究格局，即研究的问题及其领域纵向到底、横向到边；增强结构功能，建立各层面（宏观、中观、微观）课题之间纵向衔接、横向沟通的格局和信息交流机制，形成相互借鉴、相互映照、相得益彰的研究氛围。

二是共享成果——及时转化推广运用教科研成果。投入是为了产出，研究是为了运用。教科研成果，特别是在一定理论观照下的实践研究成果，是极富推广价值、需要及时推广的，但要冲破一些藩篱。一是认识局限。科研成果有南橘北枳的情况，但在一定的区域范围内是可以由同类、同层次的学校，取其成果“为我所用”的，无须今天不用“现成”的成果，明天自己去申报一个形式有异、实质一样的课题，浪费时间、精力、财力、物力。二是门户之见。看似“理念不同”、观点不一,实质是“文人相轻”。三是“门面之惑”。为了装点学校“有层次、有内涵”的门面,明知已有同类型的研究了,还不遗余力地申评课题,特别是新校长一到任,为了显示自己的品位,大多会这样做。教育是求真的事业,无须太多的花花草草,多了眼花缭乱、无所适从,最终一无是处,该做的没有做,无须做的乱做。为此,区域教科研部门要梳理已有成果,有计划地推广到全部学校;培训人员,有步骤地转化;跟踪评估,有效地推进,成为尽可能多的学校的教育教学实践。

三是营造文化——建设具有区域特色的教科研文化。一是教科研工作要制度化,强调成为管理者、校长、教师的自觉意识、主动作为,成为“无须提醒的自觉”。二是教科研工作要规范化,体现科学精神,求真求实,这是教育科研工作的价值定位,是教育科研引领力的内核所在,应该成为全体成员的普遍遵循,成为“一种以约束为前提的自由”,在规范基础上进行创新。三是教科研成果要载体化,科研成果不仅要结集出版,更要外化、物化,如建立教科研史馆、展馆等,反映其价值意义、转化后的成效和长远影响。

(2017 年 12 月 19 日)

县域教育科研的目标任务

一、江苏省教育科研机构的现实状况

江苏省、市、县(市、区)各级基础教育教科研工作机构归并、人员减少、履职力不从心。

1. 在设区市和县(市、区)

目前,从机构设置来看,江苏全省设区市、各县(市、区)共有124个基础教育教科研机构。设区市教科研机构13家,其中:独立设置的市级教科所有2个(南京市、连云港市),专司教育科研,专业化程度较高;由教研与科研等合并建立的教科院6个(无锡市、常州市、苏州市、南通市、盐城市、扬州市),在教科院内设教科所等专司科研的部门,其中,南通教科研院等还设立了教育改革与发展研究所、理论科、教育科学研究中心等科研部门;由科研与教研合并成立教育科学研究中心的1个(镇江市);由科研与教研合并,名称大致未变的3个(徐州市,教科教研室;泰州市,教研室并挂教科所牌子;淮安市,教研室)。

目前,江苏全省80%以上的县(市、区)均建立了由原教师进修学校、教科室、教研室和电教馆“四位一体”的教师发展中心,也就是说,独立建制的县级教科室不多了。

从科研人员来看,专职科研人员数量减少,区域间科研力量差距明显。江苏全省市、县(市、区)两级全部124个教育科研机构中有专职科研人员总数为276人(2017年年中统计),其中13个设区市级教科研机构的专职教科研人员总数为70人,占25.36%;县级教科研机构专职教科研人员总数为206人,占74.64%。从各设区市专职科研人员总数来看,南京、南通、苏州三市明显大于全省平均水平;淮安、盐城等地明显偏少,各设区市之间差异较大;连云港、镇江、无锡、徐州四市数量居中;最弱的是盐城和淮安,淮安市仅由教研人员兼管科研工作,无专司科研的内设部门和人员。

在全省106个县(市、区),无论教科室是仍然独立设置的、还是归并在教师发展中心的,专职的教科研人员平均不到2人,而这个数字显然还是不准确的。以盐城市为例,全市11个县(市、区)的教研室分管科研的副主任均为兼职,而且只有这兼职的1人兼任教科研工作。从苏南、苏中、苏北三个区域的教科研实绩来看,苏南有弱者,苏北有强者,不一而论。

从履职情况来看,各地教科研机构开展工作的形式多样,但思路不清、效果不明。在教育科研部门的常规工作"服务决策研究""指导学校研究""科研管理"等项统计中,124个教科研机构中,三项工作全部正常开展的只有71家,占57.3%;常规工作中包含"服务决策研究"的有71家,占57.3%;包含"指导学校研究"的有121家,约占97.6%;包含"科研管理”的有 118 家，占 95.2%。124 个教科研机构中，除开展常规工作之外，有 52 个(占比约 42%)还开展了其他许多工作，如“教师培训”“科研培训”“教学研究”“教育质量监测”“电教(教育技术)指导”“名师工作室”及“乡村教师培育站”活动等。

2. *在省级层面*

目前的江苏省教育科学研究院由 1979 年成立的江苏省中小学教学研究室、1984 年成立的江苏省教育科学研究所与 1952 年创建的江苏教育学院，于 2002 年合并组建而成。2003 年开始至今，根据江苏省政府文件规定，江苏省教科院与江苏教育学院(于 2013 年转设为普通高校：江苏第二师范学院)实行两块牌子、一套班子的体制，具体为党委统一领导、行政分别管理。因此，运行了 16 年的省教科院，实质是由原省教研室、省教科所组成。

省教科院现内设教育发展研究中心、基础教育研究所、高等教育研究所、省教育科学规划领导小组办公室、幼儿教育与特殊教育研究所、职业教育与终身教育研究所(职业教育与社会教育课程教材研究中心、江苏省中等职业教育教师培训中心)、《江苏教育研究》杂志社、中小学教研室(中小学课程教材研究中心、江苏省基础教育质量监测中心办公室)等 8 个业务部门。

到 2017 年底，全院有在职人员 77 人，其中专职教科研人员 69 人。专职教科研人员中有高级职称的 53 人(正高 25 人、副高 28 人)，博士 23 人、硕士 18 人；省“333”高层次人才第二层次中青年科技领军人才 1 人，省 333 高层次人才第三层次中青年科技带头人 2 人。

16 年来，江苏省教育科学研究院在教育厅和院党委的直接领导下，以服务决策、创新理论和指导实践为己任，服务政府和教育行政部门教育决策，开展教育教学理论研究，组织、管理和指导各级各类学校教科研与教研工作，承担并高质量完成了省教育厅委托的大量专项工作，为厅直兄弟单位相关业务工作提供咨询、理论和专家支持，为全省教育事业科学发展提供了重要的智力支撑。

二、省域教育科研的理想格局

江苏全省各级教科研工作的目标：教科研水平与本地(本校)教育发展水平相匹配(度)，教科研影响力与本地(本校)教育的地位相匹配，教科研贡献率与本地(本校)教育对于经济社会发展作用相匹配。

1. 体系建设

——建设省、市、县、校四级机构基本对应、职能基本一致的教科研组织网络体系。

——各级教科研机构内设适应教科研工作要求的必要部门。

——各级都建成一支德才兼备、专兼结合、以专职人员为主导、以兼职人员(外聘专家、一线教师)为主力的教科研队伍。

2. **职能定位**

——各级教科研机构(无论是独立设置的、还是成为内设部门的,下同)都要从历史传统、现实要求、人员状况出发,进行职能设定。

——各级教科研机构要在设立或组织课题(项目)研究和科学管理的同时,积极主动为地方政府和教育行政部门提供决策咨询服务,有计划多形式地指导面上学校和一线老师开展教科研工作。

3. **工作布局**

省、市、县、校四级教科研机构均应在明确工作职能和目标任务、厘清工作思路和计划步骤的基础上,具体做好以下两方面的工作,为区域教育改革发展、学校办学管理水平提高、教师专业发展、教育教学质量提升,作出教科研的特有贡献。

一是强化工作体系建设。

建机制——服务、引领、促进。(评先评优,面向全部服务对象)。

搭平台——展示、研讨、互鉴。(各种活动、网站、杂志等,面向尽可能多的服务对象)。

建基地——典型、示范、辐射。(基地校、园,面向部分基础好的服务对象,带动全部服务对象)。

二是增强工作交流协同。

请进来——专家、名师、名校长。

走出去——省内外、国内外。

组团队——传帮带,协同研究新的、重点、难点、热点问题。

这应该是全省教科研工作的明天。具体可以从以下几方面展开。

在省教科院层面:

理顺体制——成为独立设置的决策咨询服务机构;与省教育厅其他事业单位有别,按智库特点进行管理。

完善机制——设立教科研基金{用于科研人员培训,项目(课题)配套,成果出版资助,优秀成果奖励};争取高级职称评聘分开政策。

科学设置研究部门——办公室(行政,人财物,党纪工青妇老)、科研管理(学术委员会)、发展战略研究(大数据)、教育类别研究[基教(含幼特教)、职教、高教、社教等,均含相应比较研究]、中小学教学研究、中小学课程教材研发、基础教育质量监测等;建立由本院研究人员(可以交叉任职)、外聘专家组成的若干研究中心(如教师队伍建设、教育考试、教育督导、体卫艺、教育技术等)。

建强队伍——争取增加编制;培训提高在职在岗者;引进与公招结合;根据课题或项目需要,外聘兼职(客座、首席)研究人员;建立专家库。

高水平履职——减少行政委托的事务类工作,集中力量提供教育决策咨询服务:从被动服务逐步走向主动服务、主动影响和引领决策;建立各类平台(杂志、网站等),打造品牌活动(师陶杯、科研基地等),加强过程指导,组织评先评优,引领科研人员和一线教师提高科研水平；推进教科研人员个人或由部门组建团队或院级组建团队，申报研究各层次教科研重大课题（项目）格局的形成。

在各设区市、县（市、区）层面：

强化职能——在科研工作只有个别部门或一两个人在负责的情况下，要强化科研职能的履行，认真组织上位和本级研究课题（项目）管理、指导、服务工作；组织力量研究本地教育在体制机制、结构布局、教育教学等方面新的、热点、难点和重点问题；同时，发挥教科研对于教学研究的规范、引领、提升作用，促进科研和教研的真正融合、相得益彰、共同提高，体现教科研的地位和作用。

提高人员水平——自培或借力培训在职在岗的专兼职教科研人员；有计划多形式组织教师进行全员教科研能力提升培训；把有科研热情、科研水平较高、科研成绩突出的教师聘为兼职研究人员。

因地制宜开展教科研工作——各地教科研工作的基础状况（认识和重视程度、科研氛围、现有科研成果基础、专职人员配备、教师科研水平、经费等）不同，因此，首先要坚持因地制宜原则，因地制宜地建立促进机制（评先、评优、评职称等）是关键而根本的举措；其次要遵循教科研工作规律——课题管理指导服务的、基于真实问题解决课题设计、课题研究及成果运用等的规律；第三要通过树立科研兴校、科研兴教（教育教学质量提高）的典型，发挥示范引领作用，逐步形成校校重视教科研、教师人人乐于善于教科研的氛围。

三、县域教育科研的目标任务

郡县治,天下安。在我国历朝历代中,县域都是一个重要的治理单元。目前,县域是我国经济、社会、政治、文化等功能比较完备的行政区划单元。在国家政权结构中,县一级处在承上启下的关键环节。县域经济和社会发展状况直接影响国家经济和社会发展。县域经济社会发展有自己的特点。

县域经济是以县级行政区划为地理空间,以市场为导向,以县级政权为重要推动,优化配置资源,具有地域特色和功能完备的区域经济。

县域社会的内部自成一体,联系十分紧密、认同度高。县域文化独特而且一体,是居民生活须臾不可离的最基本的社会体系或社会圈子。县域社会的另一个特点是城乡交融性。县域社会是人们生活和认识的最基本框架。县域是一个独立的社会管理系统。公共服务需要在县域层面进行统筹和安排,如教育、卫生、社会保障、社会服务、基础设施建设、土地管理、社会治安等等。教育、卫生、社会保障等资源只能由县政府进行配置。县域社会具备了城市性、现代性、开放性,但仍有乡村型和传统性的特点,成为一个融合传统与现代、乡村与城市的更加多样的社会体系。

县域经济和社会发展对教育的要求。县域经济和社会发展是由区位条件、自然禀赋、文化基础等决定的,但根本在于教育发展水平。县域之间经济和社会发展的差距，最根本的原因就是教育的差距，振兴县域经济必须着力实施“科教兴县”战略。无论是发挥自然禀赋的作用、还是接受外来资源实现县域经济和社会发展的目的，根本的最终的决定因素是教育发展水平。

1. 县域教育的基本特点

县域教育是重要的教育发展单元与教育治理单元。就教育管理体制而言，我国基础教育管理“以县为主”，县域在促进我国教育发展中起到了举足轻重的基础性作用。

县域教育是在县级行政区划内，以县城为中心，以乡镇为纽带，以广大农村为腹地的区域教育，具有区域性、层次性、集聚性和扩散性等特征。在县域范围内，县城教育是当地最好的教育，对整个县域教育的发展具有示范和引领作用。县域教育的基本特点是：

一是县域以中等及以下教育为主休的体系(基础教育、中等职业教育、社会教育)一般相对完整。(在江苏省，区一级教育体系较为复杂：有的15年教育都有，有的只管学前、小学，有的管到了学前和义务教育)。

二是县域教育体制机制、结构布局状况直接关乎整体的教育发展水平。例如，发展义务教育以县为主的乡镇积极性调动；教育结构与产业的适配度，学校布局与新农村建设、乡村城镇化、城市现代化的适应性。

三是县域教育质量与其教育文化(民风民俗)、地理环境(山、水、平原)、区位(交通、近城)等特征以及现实基础状况

(经济发展水平,教师地位待遇,社会真实的科学的教育态度)密切相关。

县域教育以上这些特点,为县域教科研提供了丰富的研究领域、对象,同时也对县域教育科研提出了规定性要求。在这样的要求面前,目前的县级教科研状况适应吗?

2. 县级教师发展机构的教科研职能设置

2011 年 1 月,教育部颁发《关于大力加强中小学教师培训工作的意见》,提出了"加强教师培训能力建设,建立健全教师培训支持服务体系"的要求,其中第 20 条指出:"充分发挥区县教师培训机构的服务与支撑作用。积极推进区县级教师培训机构改革建设,促进县级教师进修学校与相关机构的整合和联合,加强县级教师培训机构基础能力建设,促进资源整合,形成上联高校、下联中小学的区域性教师学习与资源中心,在集中培训、远程培训和校本研修的组织协调、服务支持等方面发挥重要作用。"教育部还要求各地"结合当地实际,制定具体实施意见"。

2012 年 6 月 25 日,江苏省教育厅为贯彻落实"十二五"教育规划纲要以及《江苏省政府关于进一步加强师资队伍建设的意见》《教育部关于大力加强中小学教师培训工作的意见》精神,提高教师整体素质和专业水平,建设一支师德高尚、业务精湛、结构合理、充满活力的教师队伍,印发了《关于建设县级教师发展中心的意见》。《意见》要求,充分认识建设县级教师发展中心的重要意义:教师发展是教育发展的基石。整合教师进修学校、教研室、教科所(室)、电教馆的职能和资源，建设四位一体的县级教师发展中心，是建设教育强省、加快教育现代化建设的重大决策，是总结、借鉴省内外实践经验，结合江苏省实际，大力推进教育体制机制改革创新，构建现代教师教育体系，完善省、市、县(市、区)、校四级教师发展平台的重要举措，也是江苏省教师培训、教科研工作转型的重要标志。通过整合，将实现区域内教科研训一体化，实现管理统一、资源共享、信息贯通、人财物集中使用，更好地为教师专业发展服务，进一步提高教师实施素质教育的能力和水平。

《意见》要求，明确建设县级教师发展中心的指导思想：建设县级教师发展中心要坚持以科学发展观为指导，以适应素质教育和教育现代化发展为总要求，以全面提高教师队伍专业化水平和中小学、学前教育质量为目标，以服务教师发展为主题，坚持政府主导、逐步推进、务求实效的原则，改革创新，优化资源配置，发挥集成优势，把县级教师发展中心建设成为教科研训一体化的教师专业发展新型机构，为提升教育质量、推进素质教育和加快建设教育强省、率先实现教育现代化提供有力保障。

《意见》规定了县级教师发展中心的主要职责(其中第 4 条)：做好区域内教育科研工作，开展区域内教育改革发展重大课题研究和教师队伍建设研究，为教育行政部门决策提供咨询服务。

与《意见》同时，还附发了《江苏省示范性县级教师发展中心建设标准》。到目前为止，全省还评出了 59 个示范性县级教师发展中心。

3. 县级教育科研的目标和任务

很显然,无论目前普遍内设于县级教师发展中心的教科研部门的履职状况如何,由于县域经济、社会和教育的特殊性,规定了县级教科研机构或内设于县级教师发展中心的教科研部门教科研工作的目标和任务。

关于目标,我在前面谈到教科研工作的理想格局时说过三个“匹配”,这里不再重复。

县级教科研的任务就是:实现教科研目标过程中,需要完成的科学计划的一项项教科研工作。

总体任务:研究县域教育改革发展过程中面临的现实问题并提出解决办法,揭示县域教育改革发展规律,指导教育实践,促进教育改革,提高教育质量。

具体任务:

(1) 总结县域教育改革发展历史,为进一步改革发展提供经验和教训。

(2) 研究当下县域教育改革发展中急待解决的问题,运用相应教育理论指导具体问题的解决。

(3) 研究县域教育发展趋势,根据县域经济社会发展态势预测教育需求、教育规模等。

(4) 研究县域教育办学体制、管理体制、投入体制和招生考试制度以及相应的运行机制。

(5) 研究适应县域经济、社会、生态和文化建设、城镇化要求的教育结构、教育(学校)布局。

(6) 研究适应县域经济发展和社会进步需要的各级各类教育协调有序科学发展的途径。

(7) 研究实现城乡教育公平而有质量发展目标的内在机制和外在条件。

(8) 研究课程改革和各科教学,组织课程教学改革实验,总结推广经验,引领区域教学转型。

(9) 研究"学生中心"的课堂教学,丰富教育内容,运用现代技术,改进教学方式,实现培养目标。

(10) 研究具有本县域特色的科研兴师、科研兴校之路,实现学校、区域教育质量整体提高的目的。

(2018年5月7日)

教育科研的管理和重点

提高教育科研管理者的领导能力、专业能力、科研能力和创新能力，并以此带动江苏各级教育科研工作管理人员、教科研人员积极性、主动性和创造性的发挥，全面提高江苏各地的教科研水平，是为发展更加公平、更高质量的江苏基础教育、到2020年江苏教育总体实现现代化目标作出应有贡献的需要。而教科研管理者这些方面能力的培训提高，不仅是教科研管理工作的题中应有之义，而且是重中之重。

一、关于教育科研管理

教科研管理工作的一个十分重要的任务就是对一定区域范围内的教科研及其相关工作的规划、计划、服务和指导。

从事教科研管理工作的同志，应该既是优秀的科研人员，又是优秀的管理者。我们需要培养培训一大批优秀的教科研工作管理者。这是由当前江苏各地的教科研工作状况决定的。实际情况表明，江苏各地对教育科研工作的重视程度差异很大、投入教育科研工作的资源多寡明显、开展教育科研工作的情况很不均衡、教育科研工作水平参差不齐、教育科研成果的数量和质量落差巨大。这些问题主要是由于一些地方不重视教科研、人财物资源投入少等原因造成的，但与教科研工作管理者的责任意识、担当精神、主动作为不够直接相关。

因此，作为教科研管理者，在基础教育面临日益复杂的发展局面、迫切需要教科研工作为解决热点、难点和重点问题提供上乘之策的情况下，要有强烈的科研强教、科研强校的责任感和使命感，确立有为才有位的发展意识，增强工作的主动性、积极性、创造性，宣传领导、宣传学校重视教科研的工作，在多位一体的机构里坚守教育科研阵地，科学研制教科研工作的五年规划、年度计划、考核评价办法，着力研究本地教育改革发展的重大问题，正确引导、推进指导学校的教科研工作，把优秀教科研成果及时转化为普遍的教育教学实践。而这些都是教科研管理工作的基本内容和要求。

二、关于教育科研重点

简单讲，教科研工作的重点就是要研究区域教育改革和发展中的重大问题。众所周知，江苏教育与江苏的经济发展一样，近些年以来进入了重要的转型升级时期。以基础教育为例，升级的标志是高举教育现代化旗帜，继续推进基础教育现代化建设，到 2020 年与其他各级各类教育同步实现总体现代化目标；转型的标志是实施第二期学前教育行动计划，实施义务教育学校改薄工程、提升义务教育均衡发展水平，推进普通高中课程基地建设，实施薄弱初中质量提升工程、小学特色文化建设工程、幼儿园课程游戏化建设、特殊教育发展工程、基础教育前瞻性教学改革实验项目、基于测试分析的跟进式改革等一系列内涵建设的重大改革、发展和研究项目。江苏省基础教育的转型发展已经在路上，即由注重事业发展的量的增长、办学条件改善升级优化，转向注重进一步深化课程教学改革、激发创新活力，动员组织江苏的基础教育工作者围绕课程教材、课堂教学、考试评价等教育教学的核心环节，积极探索、大胆实验，加快推进基础教育内涵建设和质量提升。

无论升级的目标确定还是转型举措的实施，在省级层面上的考量中一般都体现了不同区域的针对性要求。比如，区域教育均衡在省级层面上考量的区域主要是苏南、苏北、苏中以及城市与乡村。在江苏全省的三大区域内部有市域之间、城乡之间的差异，在各市域内部有县(市、区)、有城乡之分，在各县(市、区)区域内部有城乡、有学校之别。因此，单有省级层面的无论多么周密的考量、多么有力的举措，都是无法在设定的时间内消弭它们相互间的不均衡。因为，不同区域内部各小区域间的均衡各有各的不同，表现形式、本质原因不同，有时即使表现形式类似甚至相同，原因却不尽相同，为此，推进均衡的方法、措施也应有所区别。而至此，则不仅是省级层面的作为就能解决问题，而是要求市、县(市、区)与省级层面协调一致、共同发力。

应该说，在体制、结构、布局、均衡、公平、质量等等区域教育改革和发展重大问题解决上的多层面共同发力的客观要求，需要我们研究本地区这些问题的存在样态、特殊性及其切合本地实际的具体的策略选择等等。为此，各层级的教科研工作，也要在区域教育改革和发展重大问题上发力。这不仅是本地区教育改革和发展的需要，也是更大区域范围教育改革和发展的需要。明确这一点，是教科研工作立足大局、服务大局的需要。否则，教科研工作就可能错位，错位就难以履行好职能、难以有真正的客观需要的有价值的作为，没作为就没有地位；没地位又不有所作为，那么，教科研工作就难以摆脱式微的命运。

（2016年5月9日）

幼教科研管理的一般要求

幼教"师陶杯"科研论文评选活动已经成为江苏省幼教群众性教科研指导工作的品牌活动，在充分展示全省幼教科研成果、推动形成群众性幼教科研热潮、促进广大教师专业发展等方面，发挥着越来越重要的作用和影响力。这项活动的持续开展、特点形成，为把它打造成具有更高水平、更大影响力的江苏教科研品牌活动和教科研成果展示平台，不断提升幼教科研在幼儿教育改革发展中的贡献份额奠定了良好基础。

有人说，幼儿教育是"小儿科"，但事实表明，幼儿教育是一门大学问。幼儿教育有大量生动、丰富、复杂的理论和实践问题需要我们去研究。近几年来，伴随民生社会建设得到空前重视，幼儿教育也迎来了前所未有的发展机遇。各级政府加大投入、理顺体制、建立机制，有力地保障了幼儿教育事业的快速发展。同时，《幼儿园教师专业标准》《3—6 岁儿童学习与发展指南》的相继颁布，使得提高幼儿教育质量成为全社会的呼唤。如何关注幼儿学习与发展的整体性、如何尊重幼儿发展的个体差异、如何理解幼儿的学习方式和特点、如何提升幼儿教师专业能力等等一系列问题，需要我们全体幼儿教育工作者作出积极的回应、科学的回答。这在客观上对幼教实践和科研提出了新的要求,使得幼教实践和科研面临新的挑战。而从科研管理的角度看,有这样几方面的工作必须做好,才能适应新要求、迎接新挑战,不断提高幼教科研工作层次和水平。

一是更好地引领群众科研。引导群众科研,有两个方面的目标要确立。一是参与面要广,要鼓励广大幼儿教师积极参与科研;二是着力点要实,要引导教师做“群众”的科研、“草根”的研究,关注自己鲜活的、实实在在的、每天都在发生而每天都不一样的教育教学现场,找准真问题,做有价值的科研。同时,还要发现、培育、引领一批乐做、能做科研的幼儿园和教师群体,充分发挥她们的示范引领辐射作用,带动区域性幼教科研工作的领域拓展、方式创新。

二是更便捷地分享成果。我们鼓励埋头用心做科研,但大家也要注意“风物长宜放眼量”、抬头放眼看世界。而要拓宽视野,互通有无、取长补短,提升思维境界,就需要搭建多样化的、所有幼儿园和教师便于、乐于参与的科研成果展示、交流与分享平台。江苏省教育科学研究院幼教与特教研究所在这方面已经做了很多富有成效的工作,例如,开展“师陶杯”科研论文评选活动,精心编撰优秀论文集,定期组织科研基地幼儿园学术沙龙活动,开展区域性幼儿教育专业指导工作等。但仅此还不够,我们还应在完善现有平台活动样式的同时,开拓创新,创设更多、更新、更大、更有效的成果分享平台,为全省所有幼儿教师的共同成长服务。

三是更科学地导向改革。多年来,全省各地幼儿园积极自主开发幼儿课程,形成了丰富多彩的园本课程;各地幼儿园扎根本土、科学规划、精心实施,形成了异彩纷呈的园所文化。但是,这只能代表过去,更何况已有探索和实践的层次与水平、已有成果的质量和品位还不高。在改革成为新常态、不改革就难以发展的今天,何谓科学地导向幼儿教育改革?首先必须遵循一个理念,即尊重儿童,发展儿童,一切为了儿童;其次是坚持一个实践原则,即要基于幼儿园的实际,不能学得太杂,变得太快,要在学习中有反思,变化中有坚守,发展中有创新;第三,体现一个实践要点,即要展现生动的教育教学画面,呈现困惑难解的问题,分享有效的管理经验。

四是更有效地服务教师。为更有效地服务教师专业发展,有这样几方面要考虑。一是注重科研能力锤炼。科研的关键是要能寻得问题之源、习得方法之鉴。因此,要引导教师学会发现问题、分析问题,学会几种常用的科研方法。二是适宜地解放教师。陶行知先生之于儿童提出了头脑、双手、眼睛、嘴、空间和时间“六大解放”,这在一定程度上也适用于教师,比如有些案头工作可以做点减法,适当合并“同类项”。三是关心幼儿教师工作和实际境遇。通过这三方面的努力,为教师创设一个能科研、会科研、爱科研的氛围,促进教师的专业发展,提高幼儿教育教学质量。

(2014年12月22日)

第二节　教育科研的新期待

教育科研与教育质量关系的逻辑

近几年来，江苏省各级各类教育在现代化旗帜的引领下，各项改革不断深化、事业发展水平不断提高、质量效益不断提升、特色日益彰显。特别是在基础教育阶段，直指内涵和质量提升的一系列重大改革发展项目的实施与推进，为江苏基础教育积累了新优势，为到2020年全省基础教育总体实现教育现代化目标奠定了新基础。而所有这些工作的推进及其成绩的取得，都离不开全省基础教育阶段各级各类学校老师们的直接参与和共同努力。而老师们的参与和努力，不仅见诸大家看似每天不变、但又天天在变的教育教学工作，而且在于老师们于不变中求变、在解决日常问题过程中日渐提高的教育科研水平。这从今年的全省中小学“师陶杯”教科研论文评选活动可以窥得一斑：无论是申评的踊跃程度或数量的攀升，还是从每一篇的质量到整体质量再到获奖论文的质量，无不显示老师们思考自己日常教育教学工作中遇到问题的深度和广度，以及试图解决问题的可贵努力；无不反映老师们提高自己教科研能力、层次和水平的渴望。于是，今年全省中小学“师陶杯”教科研论文颁奖暨综合学术活动聚焦于“主题科研提升教育质量”，我想应该是所有老师们期待的。因为，其中隐藏着巨大的逻辑力量。

一则主题源于实践。科研主题来自日常的教育教学工作，也就是所谓的底层草根的教育实践。每位老师应善于“跳出来”“跳上来”，以审视的姿态看待日常教育生活，对自己身在其中的教育教学过程有意识地不断反思与批判，这样才能发现问题，进而打开新的思考维度、确定新的探究方向，直至找到解决问题的良方。应围绕创新课程实施方式，强化学生体验式、探究式、合作式学习，促进师生互动、学教结合、手脑并用、全面发展等方面选择主题。这样就自然会把关注学生的生命成长，探索学生发展与培养规律，研究促进学生全面和谐终身发展所应有的教育思想、教育体系、教育政策、教育实践等等，摆到至关重要的位置；就自然会以这样的关注、探索、研究，来认识和投入教育科研。

二则实践推动变革。人类的社会生活和生产实践是永不停息的，实践的深化是发展的必然要求、不以人的意志为转移。实践之树常青。通过教育的实践探索，推动教育的变革，这无疑是常态。教育内容与方式的变革，基于实践的探索创新，基于留心观察教育生活的细微之处并寻求其蕴含的普遍性规律，基于先进教育教学理论的武装、理论水平的提升，基于不怕挫折、锲而不舍的精神。这种在实践中的探索创新，可以是我们老师个人的作为，还可以是根据实践的复杂程度等，通过组建科研团队，充分利用身边的教育专家、教师群体的力量加以实现。比如，可以组建项目或课题组、教师发展共同体等，集中大家的智慧，相互学习借鉴，不断提高基于实践探索的创新层次与水平。

三则变革提升质量。教育质量不仅仅指学科知识和技能的习得，而是学生的全面发展。教育质量蕴含于每位老师学科教育教学的一招一式之中，凝结于老师专业发展与学生生命成长的分分秒秒之中。而无论是这“一招一式”、还是这“分分秒秒”的质量的累积，无不需要变革的意识、变革的行动。当然还有需要积极主动创造的变革的前提条件：对于自己的教育教学实践的反思、总结和研究。大家应该通过实践尝试，改变目前还是普遍存在的灌输式教育模式，借助现代教育技术变革教学内容的呈现方式，激发学生的学习兴趣；应该引导学生改变学习方式，还学生学习的自由与自主。进而通过课程开发，丰富课程内容，拓展课堂时空，建立适宜于学生生命成长的课堂生态。

（2015 年 12 月 27 日）

打造群众性教育科研活动品牌

多年来,江苏省教科院努力打造具有江苏特色的群众性教科研活动品牌,基础教育不同学段科研基地学校的科研协作活动就是其中一个。小学基地科研协作活动已走过近十年的历程。每次活动都是围绕年度主题开展,同时力求在活动版块设计上不断创新,以在加深主题理解、提炼与展示学校科研特色、促进教师专业发展、基地学校间专业互动等方面提升境界。因此,应在总结以往经验的基础上,继续拓宽路径、创新模式、丰富内容、提升品质。

一要变革科研协作活动模式。应把老师们比较喜欢,能够有效提升老师科研能力的活动版块保留下来,但要有所变革、有所创新、做深做透,追求最大效应、取得最好效果。应打造老师们喜欢、符合学科教育教学规律、具有学科文化特色、反映基地学校学科研究和实践特点的专题活动。

二要强化过程性服务与指导。科研协作活动为基地学校科研的主题提炼、成果展示、层次提升提供了很好的平台,增强了基地学校间的沟通与交流,取得了很好的效果。但是,还需要加强对基地学校科研的过程性、针对性指导。为此,应适当减少集中活动次数,强化对各基地学校围绕主题实践的过程性指导;根据基地学校科研的需要,利用省教科院的优势，组织院内外既“接地气”又真正有水平的专家学者进行现场指导，为基地学校科研水平、办学品位和教育质量提高，提供切实有效服务。

三要充分展示基地学校风采。基地学校科研协作活动，是由承办学校集中展示自身科研特色、参加学校围绕主题进行研讨的科研协作样式。活动的质量取决于各基地学校围绕主题组织的日常研究、实践推进的深度与广度，也取决于与会老师们的智慧贡献。活动是基地学校间文化交流碰撞、特色交相辉映、风格竞相绽放、相互学习共进的学术“嘉年华”。各基地学校老师的上乘表现，将充分展示本校的文化和特色，以及由此铸就的自己的风格和风采。

（2015 年 5 月 8 日）

正确引导社会的积极尝试

南京市教科所组编的《名师公益大讲堂选萃》(以下简称《选萃》)的出版,标志着"南京名师公益大讲堂"将惠泽更多学生和家长,意义非同一般,影响必定深远。

首先,《选萃》有效延伸了"名师公益大讲堂"之价值效应。"名师公益大讲堂"自 2013 年举办以来,在南京市、江苏省乃至全国得到广泛关注和好评。主要由教师志愿者参与的、向社会开放的教育大讲堂,在全省首开先河。江苏省委宣传部授予了"优秀讲堂"称号。今年 6 月 16 日,在全国教师志愿服务联盟"名师大家公益讲堂"启动仪式上,作为大会唯一的交流发言单位,南京市以《聚名师名家 惠教育民生》为题,全面介绍了南京"名师公益大讲堂"的基本情况和主要经验。南京市教科所的这一创新做法和品牌影响,得到与会领导和嘉宾的充分肯定。教育部部长当场批示,要求专题报道南京的这一做法、向全国推广。

在当今这个网络时代、信息社会,尽管我们能够即时知道全球各个角落发生的事件、发出的信息,但是,其中展现给人们的大多是浮泛的表象,隐藏其背后的、深层的文化原因、折射特定思想光芒的现场景象,由于我们没有身临其境、缺乏感性认识,于是就难于判断其真假、优劣。与教育相关的许多信息也不例外。因此,《选萃》的出版,我理解,是克服网络媒体传播教育理念信息方面鱼龙混杂的弊病,把真正先进的教育理念有效传达给普罗大众、正确引导舆论和社会的需要;是“名师公益大讲堂”的“酒香”也怕“巷子深”现代理念的一次生动实践,是“名师公益大讲堂”“酒香”的外溢和扩散。

第二,《选萃》充分展示了南京的教育品位,特别是南京教师的形象。我很赞同“序言”中说到的:“名师公益大讲堂”打造的是南京普惠优质教育的大众升级版。从“名师公益大讲堂”开讲至今,吸引了一大批专家、学者、名教师的参与,其中既有南京市教育专家,还有省内外知名学者、专家参加。这些名家名师的参与,不仅提升了“名师公益大讲堂”的品质,打造了优质公益教育品牌,更重要的是向社会无偿提供了专业的教育教学服务,传播了先进的教育理念,正确引导了社会的教育行为。我认为,这恰恰是很高明的一招,因为,学生是教育关系网的结点,历史和现实、理论和实践、经验和教训都反复告诉我们,要教育好学生、实现教育目标,必须正确引导舆论以使其正确引导社会,必须教育家长使其真正懂教育,否则,我们的教育终将事倍功半。

同时,“名师公益大讲堂”,还展示了南京教师的专业素养和水准,展现了南京教师的良好形象。“名师公益大讲堂”注重讲课教师的选择,被选上堂开讲的老师,大多来自教学一线,有着丰富的教学实践经验,了解家长和学生的需求;堂上所讲,是全社会关注的热点问题,是大家感兴趣的话题。这些名师的一场场高质量的讲座,充分展示了南京教师的较好的专业素养和较高的教学水平。

第三,《选萃》提供了读者学习“名师公益大讲堂”内容的新路径。“名师公益大讲堂”每周一次，现在已经有 69 讲了。我的同事和朋友中，有在现场、或在电视、在网络上听看过，都很喜欢，其中有不少人希望把这些讲座内容结集成书，放置座右、案头，可以随手翻阅。今天，我们看到了正式出版的《选萃》，满屋书香。

《选萃》的小标题提炼得特别好，例如“家教大智慧”“开心上学吧”“成长不烦恼”“优学有门道”“微笑中高考”，等等，连缀起来，就是完整的教育过程，是一个人的受教育过程，贴近学生的需求，符合家长的心愿。因此，可以说，《选萃》的出版给更广大范围的家长和学生提供了新的、更为便捷的汲取家教智慧、学习良方的途径。

（2015 年 9 月 8 日）

发展“适合的教育”与教育科研

教育科研是以教育科学理论为武器,以教育领域中发生的现象为对象,以探索教育规律为目的的创造性的认识活动。作为从事教育科学研究的专门机构,灵敏地、及时地把握、回应教育领域每天都在发生的重大事件、各种现象,是教育科研机构的天职,是履行好“服务决策、指导实践、创新理论、引导舆论”职能的基本要求。

眼下,正值江苏省教育向着 2020 年总体实现现代化目标迈进。基础教育是教育现代化的重要组成部分,而作为一个历史进程的基础教育现代化,明确阶段性的目标和任务乃当然之举。

江苏教育现代化建设已经经历了近 30 年的历程。在这个过程中存在一个普遍现象,就是在不同的阶段都提出了不同的目标任务。实现这些目标、完成相应任务,无不成为那个时段江苏教育改革和发展的主旋律,有力有效地引领江苏教育现代化建设走向一个新的阶段。当前,江苏教育正向着 2020 年总体实现现代化的目标迈进。特别是在国家大力推进“公平优质教育”的今天,明确江苏教育现代化建设今后一个阶段具体目标和任务就显得十分重要和必要。这将直接影响江苏教育现代化建设在今后一个时期的质量和效益,直接关系到江苏教育的发展水平和品位。

与江苏整体的教育现代化建设一样，江苏基础教育现代化建设，无论是内涵还是外延，都进入了一个新的发展阶段。在新的阶段，在教育现代化旗帜下，以什么样的既有鲜明的阶段性特征、又真正适切的目标任务，引导各地基础教育现代化建设走向深入，意义非同一般而又极为迫切。

江苏省教育行政部门主要负责人曾指出，“适合的教育”比较贴近目前社会各界对江苏教育的总体期待。

从教育科研机构履行服务决策职能的基本要求出发，完全应该灵敏而及时地研究、把握政府及其教育行政部门提出的、教育现代化进程中的教育改革发展阶段性的新目标新任务，为科学地解读决策、完善决策、促进决策转化为江苏教育现代化建设的新实践，作出主动、积极而有效的努力。因此，如果说江苏教育现代化建设进入了以发展“适合的教育”为主旋律、实现公平优质教育的新阶段，标志着基础教育现代化建设也进入了新的阶段、开启了新的征程，那么，在这样一个新的阶段里，基础教育应有何为、能有何为？基础教育科研当有何为？这些问题需要我们教科研工作者认真地加以回答。

迄今为止关于“适合的教育”的理论研究和实践以微观层面为多。但是，广义上的“适合的教育”，既是宏观、中观层面上的追求、又是微观层面的要求，而宏观和中观层面上的努力终极指向是保障、促进在微观层面上的落实；江苏教育现代化建设追求的完整意义上的“适合的教育”，应是宏观、中观和微观三个层面上协调一致、同时用力的结果。

发展“适合的教育”需要有质量、有深度的教育科研做支撑。江苏省基础教育科研在“适合的教育”主题下,既要找到“已为”之点、又要找到“未为”“可为”“将为”之处,充分发挥教科研对于教育改革发展的基础性、引领性作用,科学而全面地阐释“适合的教育”的内涵;既要从教育体制等方面顶层设计的角度思考和辨析“适合的教育”,又要从教学内容、教学方法、课程设置、学校管理等不同方面对发展“适合的教育”进行深入研究;不仅需要搞清楚“适合的教育”是什么、“价值何在”等概念与意义建构问题,还要回答教育实践中迫切需要解决的问题,如“适合的教育”需要学校提供哪些支持、需要教师做出哪些改变、效果如何评价、需要哪些课程的支持,等等。

(2017年7月18日)

让教育科研与幼教事业如影相随

江苏省幼教与特教“师陶杯”教科研论文评选活动已经结束,但它同时标志着一个新阶段的开始、新要求的提出。评选活动结束,只是反映了我们对已有实践的总结和思考告一段落。推广已经形成的经验、思考发现的问题,就是在今后一个时期我们实践和研究的新领域。

一是充分认识科研,发挥应有作用。教育科研是教育工作不可或缺的一部分,是教育发展的核心竞争力,是有个性的科研,它具有描述事实、解释现象、预测趋势和改进教育教学工作的功能。一方面,科研助力教师发展。“教师即研究者”是当前教育改革的需要,也是课程实施、促进教师专业化的需要。教育科研使“教师即研究者”成为可能,教育科研对教师专业理论水平提升、专业知识拓展、专业能力提高、专业素养形成,特别是促进教师自我反思能力提高有着非常重要的促进作用。《幼儿园教师专业标准》将幼儿教师的“反诉与发展”作为重要的专业能力之一,就是要求教师通过教育科研对自己教育教学活动中的行为、现象和问题进行审视、分析、探讨、研究,从而解决问题并获得发展。另一方面,教育科研能促进园所发展,实现“科研兴园”。教育科研的基本功能是在教育实践中发现问题和凭借智慧解决问题。一般而言，发展较好的幼儿园有一个共性特征，就是善于发现园所发展中的问题，敢于尝试解决问题，在问题解决过程中获得发展。园所发展总是在问题发现、问题解决的过程中得以实现。

二是增强问题意识，勇于面对问题。教育科研中没有问题是最大的问题，没有发现问题是由于没有问题意识。当前，教育科研正在从“学科体系时代”转向“问题取向时代”和“价值取向时代”。“求真”“务实”是教育科研的价值取向。从“假、大、空”的科研转向“真、精、实”科研的关键在于能否抓住真问题，能否以办园和教育教学中的真实问题为导向进行实践与研究。没有问题的科研是假科研，只会徒增负担，于发展毫无益处。具体地讲，幼教科研要不忘老问题，注重研究的持续性和系统性，比如区域活动与教学活动的关系等问题都值得深入研究；要直面大难题，面对当前学前教育课程以及事业发展领域的重大难题，比如“幼小衔接”“区域教科研模式创新”等问题，都需要迎难而上，敢于攻关，注重研究的有效性和实效性；要敏感新问题，有研究的敏锐性，同时要具备解决新问题的知识储备和研究素养；要捕捉前瞻性问题，超前预判，在某一专题或某一领域切实起到引领示范作用。

三是创新科研方式，实施项目推进。学前教育发展的新形势和出现的新问题，要求我们创造性地开展科研工作，创新科研方式。从幼儿园层面来讲，要逐步改变教师“单打独斗”式的教育科研方式，转向“团队作战”，既要呵护科研“火种”、发现“领头雁”，又要注重培育科研团队，提升教育科研的质量。从科研机构层面来讲，要从“散点式科研”转向“专题式项目式科研”。江苏省教育科学研究院已经启动实施“幼儿园发展规划”“幼儿园质量评估与提升”两个研究项目，并将成立项目研究中心，以项目带动一批有发展需求、有研究热情、有研究条件的幼儿园，凝聚一批省内外专业研究力量，共同就相关专题进行研究与实践，解决实际问题，产出有价值的成果。同时为广大幼儿园和老师营造更浓的科研氛围，搭建类型多样的科研成果展示与交流平台，挖掘、提炼、展示一批有价值、有影响、符合幼儿发展规律和学前教育发展规律的科研成果，推进江苏省幼教教育科研工作进入新境界。

（2016 年 12 月 26 日）

幼教科研质量提高的路径

今年江苏省幼教“师陶杯”教科研论文评比活动的目的是:深入贯彻《3－6 岁儿童学习与发展指南》,加强幼教科研工作,展示与分享区域性幼教研究经验。当然,仅仅活动目的符合大家的期待还不够,关键是,一方面活动内容要能够满足大家的期待;另一方面,要反思今年幼教“师陶杯”教科研论文评选工作,总结经验、发现问题,共同研讨,努力找到不断提升幼教科研质量的有效途径。提高幼教科研质量的途径,主要有这样三条。

一是把握幼教发展要求。胸有大局品自高。围绕中心、服务大局,教科研才有“格局”。今年是“十二五”的收官之年,也是为“十三五”谋篇布局之年。每所幼儿园都有必要认真总结过去五年的实践和研究,为“十三五”谋好篇布好局奠定基础。一方面,应把握全省学前教育发展的大局要求。目前,江苏省第二个学前五年行动计划已经启动,要完成这个计划提出的“扩大教育资源、完善体制机制,调整学前教育结构,提高保教质量”的总体目标,全省学前教育发展必须实现三大转变:一是由重视硬件建设到转向硬件建设与软件建设并重;二是由重点建设为主转向重点建设与全面建设并重;三是由项目推动为主转向项目推动与体制机制建设并重。

另一方面,应根据大局要求研究本园发展规划,特别是有针对性地分析本园实际情况,找到发展的切入点,把握发展的良好机遇。比如,江苏省正在实施的"课程游戏化"项目就是帮助幼儿园优化课程结构、转变保教理念的重要举措,也是从"重视硬件建设转向硬件建设与软件建设并重"的具体体现。因此,无论是不是项目园,都应该以此为契机,以游戏化课程研究、开发、实施为引领,不断提高内涵水平。

二是助力教师专业发展。幼教质量的提高离不开一支专业化程度较高的教师队伍,而教师专业化水平的提升,既离不开外部的支持系统,又需要教师有强烈的自我发展的内在动力。而这种动力首先要建立在科学的儿童观、教育观基础上,特别是要有强烈的热爱儿童的专业情感。但是,仅仅有热爱儿童的情感是不够的,还要练就观察和解读儿童行为的能力,并在观察的基础上不断反思和优化自己的保教言行;还要努力提高课程设计、活动组织、幼儿发展评价等能力。所有这些正是从事幼儿教育工作的基本条件。一方面,幼儿老师应努力把自己塑造成反思性实践者,将自己日常感性的教育经验上升为理性认识。这就是教育科研,是教师专业能力提升的重要途径。另一方面,各级教科研机构应为基层幼儿园的教科研做好服务,多做、做好集中培训、现场指导、个别辅导等工作。这些工作可以结合课题研究进行,也可以通过网络媒体推送资源、各种形式的交流研讨等途径,实现大面积大范围的即时指导,提高服务的质量和效益。

三是加强科研论文写作指导。"师陶杯"教科研论文评选及其相关活动，作为全省幼教工作者总结和分享研究成果的重要平台，对于提升全省幼教质量发挥了积极作用。同时，我们也应该看到，尽管近年来“师陶杯”论文参评的数量有增加、质量有提升，但与江苏全省整体的教科研质量和水平、与学前教育在全国的地位相比还不很相称，大力提高参评论文质量，更好地总结、提升幼教改革发展经验，为全省幼教事业发展水平进一步提高提供更为有力的智力支撑，已成为当务之急。“师陶杯”教科研论文评选活动，既要关注结果，更要注重此前的相关培训、辅导工作；要将论文写作与课题研究、课程实施、园本教研有机地结合起来，使论文写作成为教师专业成长的重要而有效的途径。

(2015 年 12 月 28 日)

幼教科研的新要求、新领域

作为中国特色社会主义新时代宣言的党的十九大报告，提出了优先发展教育事业的要求，并提出要“……办好学前教育……努力让每个孩子都能享有公平而有质量的教育”。这是学前教育面临的新任务、新要求。落实这一要求、完成好这一任务，既要进一步发展学前教育事业，还要保障学前教育事业科学发展、促进保教质量不断提高。其中，学前教育的教科研是重要的支撑和引领力量，不能缺位、不能轻视、更不能忽视，而是要比以往更加重视，要及时跟进、甚至超前研究。那么，在新形势下的幼教科研有哪些新的领域、新的要求？

一是加强幼儿园保教工作规划研究。规划是对于事业发展的长期谋划。规划的目的是：在一定的目标引领下，有计划有步骤地推进工作、完成任务，实现或者不断地接近目标。规划对于学前教育、幼儿园保教工作也是十分必要的。就学前教育事业规划而言，各级政府及其教育行政部门往往将其置于整个教育事业发展规划中加以描述，是教育整体规划不可或缺的重要组成部分。但是，往往在这样的规划中，对于幼儿园的保教工作只是提出原则性要求，欠缺而且一般不可能具体到保教工作的方方面面。因此，作为一所幼儿园，专门研制切合本园实际的保教工作规划是十分必要的。鉴于具体一所幼儿园的隶属关系（体制）、现有办园物质条件、所在社区、生源、教师、传统和文化等等特殊性，对于保教工作可能达成的长远或短期的目标都是不可忽视的影响因素。为此，每所幼儿园都应在调查、分析、研究本园的这些个性特点基础上，根据大局要求及其可能提供的发展条件，设定具有园本特点的保教工作目标，明确实现目标需要完成的任务，分解任务到具体时间并落实到每个保教人员。规划研制完成后，最好得到主管部门的审核批复，然后按规划要求组织实施，实现幼儿园的有序、科学、长足发展，实现本园保教工作质量、层次和水平的持续提高。

二是加强幼儿园保教质量评估研究。提高保教质量不是幼儿园工作的全部，却是最为重要、最为核心的工作。因此，研究保教质量及其提高应是幼儿园科研工作的重点。在幼儿园规划中一般都会涉及保教质量提高的要求和应采取的措施，而这只是一种工作安排。要在规划实施过程中实现保教质量提高的目的，还需要园长带领老师们静下心来，总结、反思本园保教工作的方方面面，归纳经验、发现问题，寻找解决问题的办法。对于一所幼儿园，为了达到保教工作的基本要求或者为了提高本园的保教质量，必须组织老师们认真学习，理解把握什么是保教质量，明确提高保教质量的方法手段途径和所需条件，如何知道本园的保教质量提高了还是降低了。前两个问题比较好解决，而第三个问题就不是那么好解决了。这是一个评估问题。我们常常等着主管部门或其他园外机构来评估保教质量,而缺乏自我评价的自觉意识和主动性。当然,客观地对自己做出评价不是简单的事。首先要建立一套自评体系,这可以采取“拿来”或自制的办法加以解决。但是,不管哪种办法,都有研究的要求。“拿来”的有“水土不服”的可能,要通过院本化研究,有所取舍,使得它适合本园实际,能够引领本园保教质量的提升。自制评估标准和办法,就更需要科研的基础了。在保教质量要求的基本范围内,设定一般保教要求的达成度,结合新要求、新任务(如课程游戏化、教师专业化、保教公平等)设定提高性指标等等。这样的评估研究过程,不仅是为了研制出一套自我衡量的指标体系,更重要的是增强了园长对本园保教工作及其质量的整体把握和调控能力,而且是一个最为有效的促使教师关心、奉献本园发展、实现专业成长的过程。

三是加强幼儿园保教公平实施研究。在幼儿园,似乎很少有人谈及“公平”这个词。但是,十九大报告提出要“……办好学前教育……努力让每个孩子都能享有公平而有质量的教育”。显然,实现“让每个孩子都能享有公平而有质量的教育”的目标,没有学前教育的公平和质量,是万万不能的,是不能称之为公平而有质量的教育的。而且,学前教育是整个教育链条的最基础的环节,学前教育公平而有质量的目标达不成,其他各个学段的所谓“公平而有质量的教育”是要打问号的,是没有任何基础的。因此,学前教育努力成为“公平而有质量”的教育是十分重要的。而学前教育的“公平而有质量”完全取决于每一所幼儿园的保教工作的公平和质量。

关于保教质量,前述第二个问题已经有所涉及。在幼儿园,公平尤为重要和必要,因为它是教育起点的公平,是最最基础的教育公平。在幼儿园,老师施以每个孩子的保教言行是否公平,无不在他们幼小的心灵里留下痕迹,影响他们日后能否有公平的意识和言行、能否有维护公平的能力。教育公平是社会公平的基石,而保教公平是教育公平的基石。为此,幼儿园的园长和老师都要围绕十九大报告的要求,反思自己的保教言行,总结经验、接受教训,改正不公平的言行习惯,研究日常保教工作中公平地对待每个孩子的应有的言行、最佳的途径等等。

(2017 年 12 月 25 日)

教育科研的新期待

南京市具有深厚的教育历史文化底蕴、雄厚的教育现实积累、蓬勃的教育发展活力。用《礼记·大学》中的一句话来描述南京市的教育改革发展状态最为贴切,就是"苟日新,日日新,又日新"。正因为如此,对于南京市的教育科研也就有了特别的期待。

期待之一:研究南京的教育文化,并进一步发扬光大、积累新的教育文化。教育是文化的重要组成部分。南京的文化地位铸就了南京教育在历史上、在当今的地位。无论在过去还是现在、甚至将来,无论是基础教育还是其他各级各类教育,南京市在江苏省、在全国都是举足轻重的教育大市、强市,在教育改革发展及其教科研的许多工作上是"领头羊"。文化需要创造、积累、保护。教育是文化的生命机制。因此,教育不仅要为发扬光大优秀传统文化、积累新文化服务,而且要着力自身文化的积累和传承以及发扬光大工作;要说明白今天南京市的教育从何而来、现状如何、要(应该)向那里去? 否则,我们的教育改革和发展、我们的教科研有朝一日就会失去方向,就会"失重"。

期待之二:及时研究面临问题,为全省教育改革发展服务。南京市今天的教育与全省乃至全国一样面临许多热点、难点和重大问题，这些问题中，又有老问题、新问题之分。但无论哪一类问题都有南京市的特殊性。特殊性中蕴含着一般性，特殊规律中蕴含着一般规律。因此，南京市的教科研机构或者学校研究的任何一类问题、或一个具体问题，无论你愿意不愿意，由于你所在的城市地位和影响力客观存在，必定会在江苏省乃至更大范围产生影响、形成导向。这样一来，不仅对我们选择哪些问题进行研究有要求，而且对我们的研究层次和水平以及成果的可借鉴、可复制性也提出了要求。比如，国家对民办教育发展的法律又做了修改，为民办教育发展规定了更加明确具体的路径，这种情况下，结合去年以来，南京市雨后春笋般出现的民办中小学校的新情况，应及时加以研究。应在如何依法举办民办学校、加强民办学校的办学管理等方面，为全省各地类似的教育决策以正确的指引。

期待之三：组织协同创新研究，争取理论和实践研究重大成果。南京市的教科研工作，无论是学校的、还是教科研机构的，都有得天独厚的优势。一是基础条件好，教科研人员、校长教师素质好，有重视教科研的传统，教科研成果很多；二是外围条件好，高校林立，学科齐全，专家学者云集。这些条件是一般城市所不具备的。这些条件为南京市教科研工作提升境界提供了可能。但是，目前教育改革发展面临的问题，已经不是简单的、孤立的问题，而是复杂的、系统的问题，是“骨头性”问题。一方面，研究这些问题，已经不可能是短时间内、一所学校、一个或几个科研人员，或者是他们之间的简单组合就能取得重大的突破,必须按照问题的特点创新研究组织方式、方法和手段,组织由多方参加、多学科专家和一线老师参与的协同研究。第二方面,要立足宏大背景,选准实践或理论层面最为关键(掣肘)的问题,咬定目标、坚持不懈,争取重大理论或实践研究的成果。比如,素质教育研究,这是历史上南京市教育的鲜明特色,今天在纷繁复杂的教育教学新名词、新实践层出不穷但大都昙花一现的情况下,素质教育仍然是一个值得深入研究的大课题,但需要在已有基础上组织实证的、协同的、持之以恒的研究,久久为功。又如新时代条件下的教育体制机制、教育结构布局、民办教育等研究。

(2017年2月22日)

第三节　教育科研之于学校

基地学校教育科研的基本任务

江苏省教育科学研究院高度重视的教科研基地建设工作，以明确省教科院与基地学校各自的权利和义务为标志，进入了一个更加注重学校教科研基础和积极性以及发展需求、更加注重培植教科研示范学校并真正发挥示范效应的阶段，进入了基地学校教科研工作目标任务更加明确、基地学校承担的责任更加具体的阶段。

一是发展学校。基地校要形成“校校都有科研项目，人人参与科研活动”的格局，成为同层次同类型学校、所在区域乃至更大范围的科研排头兵，发挥好科研示范与辐射作用。同时，逐步形成鲜明正确的办学理念、清晰可达的办学愿景、明确的发展思路与规划，以及切实可行的操作办法，形成健康而又富有个性的学校文化，实现办学管理水平、教育教学质量持续提高的目的。

二是成长教师。基地校要关注每个教师的专业成长,建立有力有效机制,增强他们的科研意识,提高他们的科研热情,促进他们自觉学习、积极实践,逐步掌握科研方法、提高科研能力,逐步形成自己的教学主张、教学风格、教学理论和教育思想;在这个过程中,培育一批教育教学领军人才,形成人才辈出的良好局面和合理的人才梯队。

三是成就学生。基地校要有校本的学生素养发展目标,并借助相应的主题实践和研究,探索形成具有本校特色的"以学生为中心"、发展素质教育的实践,在培养学生基础知识和基本技能的过程中,强化支撑学生终身发展、适应时代要求的认知能力、合作能力、创新能力、职业能力等关键能力的培养。

(2017年6月28日)

基地学校教育科研的三重要求

2013年江苏省教育科学研究院议定普通高中基地学校第一轮教科研协作活动规划，五年一个周期，研究与实践的总主题是“学生的学习与发展”。同时，明确了年度各校研究与实践的分主题，那就是：促进学生自主学习的课堂教学变革、在共同体中提高学生学习力、实现学科能力生根的学习过程优化、数字化环境中的学生个性化学习、以学生发展为中心的学习文化重建。

总主题“学生的学习与发展”，既关注了学生作为生命体生存、成长、发展、幸福的途径，又回应了社会进步的要求、每个家庭的期待，还回应了国家发展和民族振兴的关切；既是一般问题，又是现实难题。因此，需要我们共同在实践和理论两个层面努力破解。

分主题则按学生学习与发展的基本逻辑，层层递进，实践和研究要求逐级提高，最后是要重构以学生发展为中心的学习文化，境界渐高；同时又互为前提和基础，相互映衬、相互验证、相互促进。

可见，这样的教科研主题实践和研究以及这样的主题活动，意义重大、价值连城。但需要每个基地学校在根据总主题要求，在积极实践和研究本校承担的分主题的同时，总结已有实践和研究以及每次活动情况，不断提升围绕主题、结合本校实际展开的实践和研究的层次与水平。基地学校这样的主题实践和研究活动，有这样三重要求。

一是组织全面推进。学校因有了学生才能称之为学校，学校工作无疑都是“一切为了学生、为了一切学生、为了学生一切”。把“学生的学习与发展”作为教科研课题，不仅是教科研工作关注教育核心对象的需要，而且是学校工作以学生发展为中心的具体体现。因此，每个基地学校都应该把这样的主题实践和研究，转化为学校意志，动员全体学科教师参加，营造氛围、建立机制，整体布局、全面推进，多出成果、早出成果。学校即使承担了其他无论多么重大、多么高层次的研究课题，都不能脱离学生学习与发展这一根本，而是要以此为旨归，否则就有附庸风雅、作秀贴金搞形式之嫌。

二是不断提升境界。实际工作中，每个基地学校可能比较注重自己承担的分主题的实践和研究，其他主题只是在参加活动前，组织人员研究一下，形成些资料、写几篇文章。但这是低要求。作为基地学校，应该在总主题下，全面部署、合理布局、长期坚持各个分主题在本校的全面实践和研究。因为，这些分主题是互为前提和基础的。因此，如果没有对这些分主题（甚至还应有其他分主题）长期的全面实践和研究，远的不说，你今天来参加活动，拿出来的所谓实践或研究成果就可能是粗陋之物、应景之作。而长远看，贵学校的实践就可能是局部的，一鳞半爪、难以持久、效果有限，贵学校的研究就可能是一孔之见、轻薄无力、价值不高，那么，我们寻求学生学习和发展上乘之策的努力,要么半途而废,要么付诸东流,更遑论重构学习文化。为此,基地学校的主题实践和研究要全面部署、全面实践,全面研究、长期坚持,逐步提升境界。实践永无止境,研究永不停息。

三是着力打造品牌。江苏省教科院普通高中教科研基地学校至今只有5所。这次活动请各市都推荐了一所,作为基地学校扩充的候选学校。基地学校的队伍壮大了、氛围浓厚了、成果的说服力也强了。但是,无论基地学校有多少,对于每所基地学校来说,重要的是要有品牌意识,就是要抓住作为省教科院科研基地学校的机会,长期坚持一个主题统领下的校本实践和研究,同时取得教科研机构专家团队长期的支持和引领。只有这样,才有可能逐步积累厚重的实践和研究成果、形成本校的教育教学改革特色,并逐步积淀成为本校独有的文化,学校才能实现真正意义上的优质、特色发展,你的学生才可能在你的学校里获得生命的成长、身心的和谐、学习和发展能力的提高。努力成为全省普通高中教育教学改革的领头羊、示范校,应是每所基地学校的目标和任务,也应是基地学校建设的目标和任务。

(2014年12月12日)

基地学校及其活动主题引领的价值

到2015年上半年,江苏省共有567所普通高中学校,成为省教科院科研基地学校的普通高中目前只有26所。物以稀为贵。因此,应该总结基地学校工作,发现其价值和意义,找到持续提高基地学校科研层次和水平的路径。

一是充分认识建立科研基地学校的做法是成功的。在全省普通高中学校中遴选确立科研基地学校,是省教科院履行指导群众性教科研工作职能的重要形式之一。目前,省教科院在基础教育的各学段都建立了科研基地学校,分布在全省各地城乡。到今年上半年,全省基础教育四个学段的学校、幼儿园共有11845所,而成为省教科院科研基地的学校、幼儿园和特殊学校仅有72所。

建立科研基地学校,目的是发挥教科研机构及其专家团队优势,通过科研服务和指导,提升基地学校的科研水平、办学管理层次、教育质量和效益;把基地学校建设成为科研示范学校,为面上学校提供示范和引领,推动更多学校依靠科研兴校、走科学发展之路。

当然,成为省教科院科研基地学校的要求不低,首先是由市、县(市、区)两级教科研机构遴选推荐上来的。因此,省教科院十分看重基地学校内生的科研积极性和已有的科研基础，特别是校长、老师们对科研的热情。

若干年来，省教科院有关研究所室及其科研人员根据基地学校的要求认真指导，倾注了巨大的热情、花费了很多精力、贡献了自己的智慧。大多数学校也抓住成为基地学校的机会，根据每次活动的主题，认真总结本校实践，深化相应理论的学习和运用，做好充分准备，积极参加交流和研讨；还根据本校日常的教育教学实践和研究需要，主动提出指导要求。不少学校在成为科研基地学校后，相关工作的水平在原有基础上都有明显的提升，特别是教师的专业成长很快。

二是充分认识基地学校科研活动问题导向的价值。由省教科院组织举办、基地学校轮流承办的活动，无论是专题或综合活动，还是日常根据学校要求的专家团队的或个别的指导，都是有主题的。而这些主题，都是校长、老师们日常教育教学工作中遇到并思考的问题，有的是大家已经开始实践并试图在实践中解决的问题。因此，可以说，基地学校的各类活动，都是由问题导向的，都是为解决学校在实践中遇到的问题而组织的；而这些问题又无不是围绕学生的学、教师的教、师生共同成长、学校办学管理和教育教学质量等等方面提出来的；更有价值的是，解决这些问题也正是学校完成好"立德树人"根本任务、实现提高教育质量目的的需要。

三是准确阐释主题乃实现活动最终目的的需要。基地学校科研活动的主题来自实践。在充分准备的基础上，校长和老师们汇聚一堂,就是要在理性光芒的照耀下,充分研讨、交流,相互启发,找到解决主题反映的各校在实践中都关切问题之良方。这也是举办基地学校科研活动的最终目的。而这样的目的的达成,必须以准确理解、把握主题为起点。每次这样的活动都设计了若干个环节,而第一个环节就是主题阐释,这是符合逻辑的。

(2015 年 11 月 26 日)

基地学校专题活动的特点和要求

教科研基地学校，由江苏省教科院主导建立，旨在为面上学校提供教科研示范、引领。围绕与基地学校共同研究确定的年度主题，省教科院每年组织专题和综合两个平台活动。专题研讨活动，不仅活动方式别致，而且有着特定的价值取向。

一是围绕年度主题进行。比如，体育专项研讨活动是围绕“儿童自主学习——生活空间作为课程”这一年度主题组织开展的。专项研讨活动，必须围绕主题展开；课堂形态及其要素，必须反映主题要求。向大家展示的课堂教学，都是围绕主题展开的研究课、创新课，应是体现了对主题的理解和把握。

二是人人都是研究主体。参加活动的每位老师都是研究者，统一使用省教科院设计的评分表对每节课作出评判。评价标准体现了学科的特点，反映了主题的内涵和要求。在活动中，大家围绕主题、结合学科特点积极交流研讨，阐发对主题的理解以及在课堂上应有的展现。这不是通常教研活动中“老师上课谈心得、专家提意见建议”。

三是创新的活动形式。专题研讨设计的活动版块，不仅有课堂教学展示、听课老师的评价,更重要的还有专门的集体研讨。在集体研讨之后,还根据各位上课老师对主题的阐释和上课情况,作出客观公正的奖次评判。

四是特别的评价方式。专家与参加活动的老师对课堂教学打分比例各占 50%,并设一、二等奖。这样做,主要是请大家一起发现展示课老师在课堂教学中对主题理解把握的能力,不是评价优劣,因为,这是研究、不是比赛。上展示课的老师无须在意最终奖次,可以尽情发挥。

专题研讨活动的这些基本特点,客观上对参加活动的老师们提出了具体要求。

一是激情参加,推动合作。无论是听课还是研讨,都要展示基地学校的风采和水平。要体现基地学校间的互动合作精神,并把这种精神传递到大家所在学校,推动学校之间、教师之间、学生之间真正而又切实的合作,实现发展学校、发展教师、发展学生的目的。

二是客观评分,尊重老师。在场的老师根据活动安排,准时听课、完整听课,并以第三方身份,作出客观公正准确评判。不刻意为本校老师打高分,以免造成“误判”,影响整个活动的质量和品位,亵渎年度主题的神圣性,玷污所在学校、在场每位老师的形象。

三是抓住机会,虚心学习。参加专题研讨活动的专家是省内有名的特级老师,都有自己的学科教育教学风格、教学理念和教学思想,这是各位老师向专家讨教,同时虚心向上观摩展示课的同行学习的好机会。

四是汇集成果，及时转化。每次专题或综合活动都会有许多新成果。这些由专家和老师们共同研讨、实践的成果，就是良种，参加的老师把这些“种子”带回去，并结合自己学校、自己执教学科的实际，让它们落地生根、开花结果。

(2014 年 10 月 14 日)

基地园教育科研的基本要求

学术沙龙是科研基地幼儿园的年度活动之一。参加沙龙活动,研讨、交流基地园实践和研究成果,基地园能学到一些可以“复制”的做法,明确当前基地园教科研的基本要求。

一是充分认识课程游戏化的意义。江苏省教育厅今年开始组织第二批幼教课程游戏化项目建设工作,目的是贯彻落实《3—6岁儿童学习与发展指南》(以下简称《指南》),提升幼儿园内涵,提高保教质量。课程游戏化的过程是课程优化的过程。课程游戏化使得幼儿园的课程更加贴近幼儿生活实际。课程游戏化从幼儿生活和经验出发,体现了游戏的精神,即一日生活中把时间、空间更多地还给幼儿,让幼儿成为自主、主动的活动者和学习者。课程游戏化的过程也是教师专业能力提升的过程。课程游戏化是从游戏的视角,审视和改进幼儿园课程实施方案,提高教师的活动设计、活动组织、环境创设、观察幼儿等能力,促进老师们树立正确的儿童观、游戏观、课程观,并付诸实践。而以此来观照宿迁市新城家园幼儿园的课题研究及其实践,可以给予我们许多启发。

新城家园幼儿园是江苏省第二批课程游戏化项目建设园,也是新建幼儿园,在拆迁安置小区内。课题研究前,幼儿园教育资源匮缺,教师素质急待提高。但该园地处骆马湖畔,有丰富的沙资源。于是,他们把沙作为教育资源,研究玩沙,为幼儿学习与发展提供资源支撑。他们把研究的视角放在如何创设玩沙的环境及沙料上。这在我们视野所及的幼儿园环境、教师为幼儿提供的材料等方面都可以见到。

《指南》指出,幼儿是在游戏与生活中通过直接感知、亲身体验、实际操作来学习的。按照这样的要求,新城家园幼儿园还应继续深入研究、积极实践。进一步优化环境,并让环境成为幼儿与之互动的平台、学习的载体。进一步聚焦材料,探索如何投放材料、如何针对不同年龄孩子特点投放材料、如何让幼儿在与材料的相互作用中获得全面发展、如何科学而有效地将玩沙活动融入幼儿园课程。

二是研究保教工作面临的问题。每个幼儿都是一个个真实的生命体。每个生命体都有鲜明个性。但是,比较人类生命成长发展的各个阶段,在幼儿阶段,每个生命体的共性体现得更为充分。因此,在幼儿阶段,可以给予幼儿适切的、基本一致的保育和教育。于是,我理解的"真问题"是指不利于幼儿生命成长、违背幼儿生命成长规律的保教工作上存在的问题。

幼儿园的教科研要在把握幼儿生命成长规律的同时,通过总结、反思,发现与幼儿成长规律要求背离的保教工作,找到适宜并能够促进幼儿学习与发展的方式和方法、策略和手段,保障每个幼儿在身体、心理、智力等方面的健康成长。

围绕幼儿成长"真问题"的研究过程，也是促使每个老师深入全面地认识、了解和研究幼儿的过程。英国诗人华兹华斯说："儿童乃是成人的父亲。"幼儿园老师是"儿童的老师，孩子的学生"。因此，"真问题"的研究，也在客观上促进了教师的成长和专业发展、幼儿园保教质量的提升。

三是成为幼教科研示范园。科研基地幼儿园是江苏省教科院服务、指导全省群众性幼儿教育科研工作的基本途径、重要平台，是教科研人员扎根幼教土壤、了解幼教实践、把握幼教发展脉搏的需要，也是基地幼儿园提升科研水平、办园层次和保教质量的需要，还是为全省幼儿园树立科研示范的需要。

到今年初，全省有各类幼儿园5072所、在园幼儿234.13万、专任教师11.59万。近些年来，得益于国家和社会的空前重视，以及一系列政策措施的落实到位，江苏全省的学前教育事业还将得到又好又快的发展。在这样的幼教格局和发展态势下，省教科院只在2014年6月经推荐确认了39所科研基地园，只占千分之七多一点。因此，期待基地园尽早成为所在区域、全省乃至全国幼教科研的示范。一要结合本园实际研究问题，并积极申报省级教科研课题，提升科研层次、品质和品位。二要主动将本园的研究和实践成果，通过适宜的、有效的形式扩散出去，与其他园共享。三要不断深化研究、积极实践，把本园建设成为真正适宜幼儿生命成长的世界。

（2015年5月22日）

第四节　教育科研与教师

教师科研的价值与策略

今天,教师科研面临新的困境,需要进行突围。一方面我们必须继续不折不扣完成好既定的任务,同时又面临许多必须完成好的新任务、落实好的新要求。比如,近几年来,江苏省在基础教育领域,推进实施了幼儿园课程游戏化建设、小学特色文化建设工程、薄弱初中质量提升工程、高中课程基地建设、特殊教育发展工程、智慧教育、前瞻性教学改革实验等等这些新的重大改革和发展项目。再如,最近几个月来大家热议的《中国学生发展核心素养》的落实。这些新目标、新任务,都是对我们每位教师新的期待、新的要求。

我们如何才能适应新要求、不辜负新期待呢? 对于每一位教师来说,就是要养成研究自己教育教学实践的习惯,勤于善于总结实践经验、探寻教学规律,不断提高教学水平。

总体上说,教师是肩负使命的实践家。理论是灰色的，实践之树长青。尽管大家每天都置身于教育教学的实践场景中，但不是人人都处在有意识的状态之中，不少老师是身处丰富多彩、生动活泼的场景中而不自知、甚至麻木。当然还有人是“心猿意马”“身在曹营心在汉”。我们期待每位老师既是主动的实践者、实践的驾驭者，又是实践的观察家、研究者。而要做到这一点，必须有以下几方面的支撑。

一是充分认识教师教科研的价值和意义，并在此基础上准确定位研究坐标。教科研工作是提高教师教育教学水平、避免职业倦怠、提升职业境界的有效途径。教师教科研应该定位于自己的教育教学实践，以自己的教、学生的学为研究坐标，并寻找最佳的交汇点。

二是清醒认识教师教科研面临的困境，并努力寻求走出困境的良方。中小学教师教科研面临时间紧、理论准备不够、用理论观照自己的实践欠缺等现实难题。教师需要挤出时间来，加强学习，用教育理论武装自己，逐步形成善于用理性的光芒照亮自己实践的思维和行为方式。

三是选择适合的研究内容，并优选自己能够驾驭、相对能熟练运用的科研方法。作为一线教师的教科研内容，首先应该是围绕如何使“自己教得更好、学生学得更优”进行选择。应学会选题、课题论证、查阅文献资料、制定研究计划、归纳总结、撰写课题报告等方法。

四是切实优化科研路径，选择科研的上乘策略。一线教师的科研要扬长避短，紧扣自己日常教育教学工作中遇到的问题进行。发现、分析、诊断问题并寻找解决问题的方式、方法和手段，应该是教师教科研的基本路径。一线教师的科研应求真务实、注重实效，应采取小课题研究、合作研究等策略。

五是积极创造科研的基本条件，并为教师科研提供有力保障。与其他科研一样，一线教师的科研必须具备一定条件。一方面教师要有开展科研的热情、具备一定的科研知识和能力；另一方面应创造鼓励支持教师科研的环境氛围，通过设立教师科研资助和奖励经费、开展优秀成果评选等手段，引导教师持之以恒地开展科研。

从某种程度上说，教育科研水平决定了教师的教育教学实践层次和品位、质量和效益。我们欣喜于今年“师陶杯”论文评奖活动取得了成功，我们祝贺获奖老师。当然，这些成绩都已成为过去。科研应该伴随教师工作经历的全过程，这不仅是教师个人成长的需要，而且是学生生命成长及其终身幸福、学校和教育事业发展、国家和民族振兴的需要。这一点应该成为大家的共识。

（2016年12月8日）

教师科研的内容和方法选择

本届中小学“师陶杯”综合学术活动的主题聚焦于“一线教师教育科研的内容与方法”。这样的主题选择,既是组织者拳拳之心的反映,我想也应该是老师们所期待的。关于教师教育科研的内容和方法,估计大家都不陌生,这方面的研究也是洋洋大观、不一而足。我的理解和把握有这样几点。

一是善于发现问题。实践表明,提出问题比解决问题更重要。强烈的问题意识、发现问题的能力是研究的前提和基础。日常教学工作中,大家会遇到各种各样的问题。这些问题不解决好,就会影响教学效果、教学质量,直至影响教学目标的实现。有人说,一线教师的教科研内容,首先应该是围绕如何使“自己教得更好、学生学得更优”进行选择。大家在教学实践中遇到的,影响甚至阻碍你教得更好、你的学生学得更好的问题就是最好、最迫切需要研究的内容。

二是善于选用方法。方法是为获得某种东西或达到某种目的而采取的手段与行为方式,是解决问题的路径、步骤、程序等。教育科研方法林林总总、令人眼花缭乱。但是,一些常用的教育科研方法,如观察法、调查法、文献研究法、教育实验法、行动研究法、叙事研究法、案例研究法等,大家还是应该了解它们的功能作用、优点和缺陷,同时,选择自己能够驾驭、熟练运用的、又与研究内容相匹配的方法，以提高研究的效率和质量。

三是善于协同研究。今天的教育不再是单纯属于老师的事、学校的事、教育系统的事，教育是社会的事，教育问题已经社会化了。老师们哪怕是一个小小的改革，也是“牵一发而动全身”的。这一点想必老师们已经感受到了。因此，大家针对共性问题的协同研究十分必要。协同研究是一种针对复杂问题的研究方式，也是在复杂社会环境情况下研究教育问题的上乘选择。因为，协同研究可以克服个体研究的弱点、容易取得突破，还在客观上营造了一种氛围，为研究成果运用奠定了良好基础。

教育科研内容决定了教育科研成果的价值、方法，决定了研究的质量和效率。不断提高教科研内容选取、方法选用的能力，不断提高教育科研水平，是不断提升教育教学实践层次和品位、质量和效益的重要途径。

（2017 年 10 月 26 日）

教师科研三要素

改革开放以来,特别是进入21世纪以来,伴随建设教育强省、实现教育现代化目标,江苏省基础教育改革力度大、事业发展快、实践丰富多彩、经验层出不穷。在这个过程中,江苏中小学教师自觉适应基础教育改革和发展要求,主动学习教育教学理论、研究教育教学实践,实现了自己的专业成长、积累了大量高水平的研究成果。也因此,多年来江苏省基础教育领域的教育教学改革一直走在全国前列,涌现了李吉林、洪宗礼、邱学华等一大批教育教学改革先行者,为江苏乃至全国基础教育改革发展作出了积极贡献。然而,在改革成为新常态、发展必须转型升级的大背景下,不断深化改革、持续提高全省基础教育发展水平的新要求,促使江苏教科研工作者、每位老师,必须在发扬光大教科研优良传统的同时,拓展领域、创新方式、提升层次、提高水平。

就每一位教师来说,养成研究自己教育教学实践的习惯,开展持续深入的研究,是总结实践经验、探寻教学规律、提高教学水平的康庄大道,是克服职业倦怠、提升幸福指数、升华职业境界的必由之路。为此,每一位教师都应重视科研。

一是正确看待科研。科研并不神秘。教育科研的特点不唯形而上，更多则是源自基层草根的教育实践。我们的老师要善于用审视的眼光看待日常教育教学工作，不断反思与批判自己的教育教学过程。这样才能发现问题、解决问题。这种自我发现问题、自我解决问题的过程，就是研究的过程。在这个过程中，我们能从中获得一种内在的启迪和解放的力量，进而打开新的思考维度、确定新的探究方向，实践能力和自我超越的能力由此将不断增强。当然，我们也不能单纯为写几篇论文、评个职称而搞所谓的科研。科研需要有明确高远的目标、脚踩大地的坚定、锲而不舍的韧劲。科研不是儿戏、容不得浮躁，更不能投机取巧。

二是把准科研方向。教师科研的主要领域无疑应该是课堂。课堂应该是生命的、生本的、生态的、灵动的。我们每个老师都应围绕创新课程实施方式，不断强化学生体验式、探究式、合作式学习，促成师生互动、学教结合；应在自己的教育教学实践中，关注学生的生命成长，探索学生的发展与培养规律，研究促进学生全面、和谐、终身发展的有效途径，为学生的全面发展、终身发展奠基。教师科研不能见物不见人，而应以学生的发展为本。这是我们的教育对象是“人”这一特殊性所规定了的。

三是提高科研素质。科研素质是衡量教师素质的重要方面。科研素质来源于问题意识、养成于解决问题能力提高的过程之中。作为教师，是不是关注自己教育教学实践中的具体问题并努力地寻求解决的路径，这是有没有事业心、责任感的标志。而这样一种事业心、责任感，是科研素质养成、并不断提高的原动力。从历届“师陶杯”教科研论文评选的情况看,全省中小学教师科研水平提高较快,但每年递交的论文中不乏抄袭和浅陋之作。因此,每个老师应该充分地认识到事业心、责任感驱动形成的问题意识,是科研成果价值的根本所在;任何“为赋新词强说愁”的所谓论文或科研成果,无不是粗陋的、毫无价值的。大家应不满足已有成绩、不断进取,应敢于怀疑习惯行为和常规做法、不断创新,牢牢立足于丰厚的教育教学实践土壤,不断形成与“师陶杯”这个名称相匹配的名篇佳作。

在教育改革已经成为新常态的今天,从某种程度上说,教育科研水平决定了教育改革的成效大小。因此,教育改革新常态需要教育科研进入新境界,需要教师科研水平更上一层楼!

(2014 年 11 月 17 日)

教师科研培训的意义

教师身处教育教学实践一线,都是工程师、实践家。但是,教师们是否认识、把握了自己所从事工作的规律呢?这里就有研究的要求,需要大家总结、反思自己的看似平淡的工作,通过概括、提炼,上升到理性高度认识自己的工作,并进行规律性把握。因此,利用江苏省教育厅“名师送培”项目,组织面向中小学、幼儿园教师的教科研培训十分必要。

一、“名师送培”教科研方法具有重要价值

1. 切合受训教师实际需求

这个项目有一个特点,不是由专家、名师定培训主题,而是由送培地根据本地一线教师的实际需要,确定由专家、名师给大家讲课的内容。这次“一线教师科研成果提炼及表达”的主题,就是由常州方面提出的。这是非常有价值的主题。不少教师往往在总结、思考自己的实践后不会提炼,拿捏不定表达的形式及方法,影响到课题设计的品质,制约了科研成果质量的提升与推广。因此,关注科研成果的提炼与表达,能帮助大家有效地提高科研的质量与水平。

2. 围绕主题进行课程设计

这次培训将围绕主题开展“文献检索与分析”“教育科研基本方法列举”“教育科研论文写作”“课题申报、实施及成果提炼”“特级教师科研成果表达的案例研究”等方面内容展开。在学术报告中,安排了专家与教师的互动研讨,以深化对主题的理解。围绕主题设计的课程,体现了科研成果提炼与表达的一般规律和核心要求。

3. 组织专家名师传道授业

培训活动安排给大家讲课的,既有省内外知名高校的学者,也有省、市教科研机构的专家,还有一线知名科研型教师。他们都是教育科研领域有建树、“接地气”又研有心得的专家。他们将就“科研成果提炼与表达”带给大家理性思考,同时进行实践示范。

二、科研培训于教师专业发展具有重要意义

迈克·富兰曾说:欠缺一个强势的教师队伍,难以令大规模的教育改革得以成功和维持。加强教科研,促进教师专业发展被视为回应教育新挑战的有效办法。没有教师专业成长就没有教育教学质量的提高,教育也就难以完成时代赋予的使命。教师的专业成长意味着教师专业性的增强。教师专业性的增强,在于教师专业知识的不断丰富、专业技能的日臻娴熟、专业素养的日益提高。这是一种境界,进入这一境界,需要教师科研意识、知识、能力、素养的支撑。因此,组织教育科研培训,目的显而易见。

1. 提醒教师关注教育前沿风景

实际情况表明,将自己封闭在校园里、满足于“日出而作、日落而息”状态的教师是不能胜任教育工作的。只有关注教育前沿理论和最新实践的教师才能跟上教育发展的脚步,才能培养出具有时代特质的学生。组织教师参加科研培训,实质是引导教师跳出自己的工作圈子,站到更高的层次上审视自己的实践、领略教育新理论新实践的魅力。

2. 强化教师的科研意识与能力

教育需要研究,没有研究就没有提升。而研究自己的实践应该是教师生活的常态。这种生活常态的形成需要科研意识与科研能力做支撑。而科研能力是需要专门的训练与不断的反思才能形成、提高的,科研专项培训能起到这样的作用。

3. 促使教师的教育生活更专业

与医生或律师相比,教师的专业性经常受到质疑。因为,一个人即使受过专业训练也不能直接做医生,而患者也不能轻易评价一个医生的医术高明与否。教师就不同了,即便是没有上过几天学的人,只要听了几节课,就可能对教师的教学品头论足。这是由于教育的受众面广,许多人误以为教育不过尔尔。于是,大家经常会遇到对教育指手画脚的人。因此,教师承担着重建教师专业性的使命。教师应努力掌握教育科研的本领,使得我们的工作更为专业、更加科学有效。

三、科研培训于教师职业幸福具有基础作用

苏霍姆林斯基说:“如果你想让教师的劳动能够给教师带来乐趣,使天天上课不至于变成一种单调乏味的义务,那你就应当引导每一位教师走上从事研究这条幸福的道路上来。”可见,江苏省教育厅把“名师送培”项目的科研培训任务交由省教科院完成,其目的不言自明。

每位教师的专业成长应该天然地包括科研素养的提高,即科研知识的掌握、科研能力的增强。否则,专业成长到一定程度就会止步不前,难以提升境界,就会出现“职业倦怠”。因此,教师科研素养的提高是专业成长的需要、是专业成长提升境界的引擎。而科研素养与专业成长一样必须习得。教师参加这样的专门培训是习得的途径之一。

当然,“科研成果提炼与表达”培训还承载着特殊的使命。这就是,教师们参加这个项目培训,不仅是自己专业成长的需求,还要成为学校的科研骨干,影响带动本校其他教师积极参与教科研,为学校教科研层次和水平提高作出贡献。因此,参加培训的教师应注重学习理论,提高理论素养,增强理论思维能力;应珍惜与专家名师的交流机会,自觉接受并争取指导。

需要特别强调的是,教师的研究应坚持“校本化”“草根化”和问题导向,要研究工作中遇到的具体问题,发挥教科研

第一生产力作用，使之成为教育教学质量提高的有效手段。尤其应逐步养成在将实践与理论沟通时进行反思的思维习惯。因为，自我反思是将日常教育工作与研究融为一体的最为有效的办法，是教师专业发展、职业境界提升并由此获得幸福感的要素。

(2015 年 5 月 14 日)

第三章
教学研究的价值追求

第一节　教学研究的价值取向

教学研究的核心任务

“全省中小学教学研究课题”项目的设计、实施，在时间上可以追溯到1995年，在层级上是当时的江苏省教委发文推动的一项工作。后来是因行政部门简政放权，由江苏省中小学教研室(现在的江苏省教科院中小学教研室)直接组织开展。直至今年，已经组织了11期共3150项课题(每年300项左右，其中重点课题70项)的研究，第12期教研课题申报工作已经开始。可以想见，在省教科院直接组织的江苏省教育科学规划课题研究的巨大阵势面前，中小学教学课题研究能够长期坚持下来，是由于教育行政部门和教科研机构的重视、教育教学实践的需要。

为什么要重视？原因不外乎两个，一是全省各级教科研机构约有2500名中小学各学科的教研人员，需要通过教学研究不断提高自己的业务素养，以胜任工作；二是全省有约

80 万之巨的中小学教师,需要通过反思、研究自己的日常教育教学工作,实现专业发展、提高教育教学质量的目的。这也在客观上要求我们高度重视教学研究从课题申报到评审、从开题到研究过程的指导,以及结题和成果转化等全过程的各个环节上的工作。而研究过程的指导是课题最终价值能否很好体现的最为重要的环节,十分重要、非常必要。

教学研究课题要研究教学问题、推进教学实践深化、促进教师专业成长、服务教育教学质量提高。既然是教学研究课题,目标指向应该很明确,就是研究与教学直接相关或高度相关的所有方面,其中主要包括教学理念、方式、方法、手段、模式,以及课程、教材、教师、考试、评价等等,简要地说,就是教学领域的宏观、中观和微观问题都应该研究。而这些问题又应该是教学工作中遇到的、必须解决好的,否则会影响教育教学质量提高的问题,是“真问题”。

教学面临问题的研究及其解决过程,必然是教学实践深化的过程。教学实践不断深化的过程,也是作为教学实践主体的教师不断成长的过程。研究教学问题,不是为研究而研究,而是为了提高教育教学的质量、效益和效率。因此,一方面,教学研究应该围绕教学这个核心设立课题、有计划有步骤地展开;另一方面,还应该在做到边研究边转化,就是要把过程性的、阶段性的研究成果及时加以运用,促进教学质量、效益和效率的提高,这不仅是教学研究的根本目的所在,而且是教学研究的方向性要求、价值取向,还是教学研究的生命力所在。

(2017 年 3 月 31 日)

教学研究的“三性”要求

今天举办的是第十二期全省中小学教学研究课题培训活动，是为了把这期的每一个课题都做好、做出水平、做出成效而组织的专门培训。尽管大家申报的课题已经立项了，我认为，同意立项研究还只是表明这个课题有一定的价值，并不表明它一定就能发挥相应的价值。一个课题能否发挥它的实际的、应有的价值，关键在于研究的过程、研究成果的推广。因此，中小学教学研究要努力达成研究教学真问题、推进教学实践深化、促进教师专业发展、服务教育教学质量提高的目的。

一是中小学教学研究要增强针对性。教学研究是以教师的教、学生的学为主要对象的研究活动。由于课程、教材、课堂教学、考试评价等都与教师的教、学生的学密切相关，于是，这些方面常常也是教学研究的重要内容。但是，无论何时，教师如何才能教好、教得怎样，学生如何才能学好、学得怎样，都应该是教学研究的最重要的内容、是与此相关的所有研究的归宿所在。因此，教学研究要针对教与学两方面存在的实际问题，设计课题、组织一线教师直接参加研究。也就是通常所谓的“问题导向”。无病呻吟、为了研究而研究也是教学研究的大忌。因为，这类研究是直接服务于教与学的，如果耗费了时间精力、财力物力而无任何益处，也是一种"犯罪"，因为，教师和学生都是不能耽误的。如果已经立项的课题中有这样的课题，我想，应允许退出，同时不影响下期申报。如果课题的现实针对性不强，建议尽快加以修正，我们照样认可。

二是中小学教学研究要增强科学性。我曾经就全省中小学教学研究课题与全省教育科学研究规划课题进行过比较，总体上看，教学研究课题的设计水平、研究人员阵容、成果质量，是稍逊一筹的。但是，我们还是把它作为引领中小学校、中小学老师关注教与学研究的重要机制加以肯定、予以保留，同时适当提高课题价值、课题设计、课题研究的要求，希望把教研当作科研做，增强教学研究的科学性。也就是说，教学研究的选题、课题设计的一整套内容应符合科学性要求。如选题，要以教与学方面的事实(问题)为依据，使所选课题具有实践基础；如方法，要适合课题的本质规定性，即要选择有利于揭示课题研究问题本质的研究方法；等等。以此避免教学研究课题最后变成工作总结、措施罗列、经验归纳。简单讲，要使得教学研究课题的设计、研究和成果水平逐步达到可以与规划课题比肩的境界。

三是中小学教学研究要提高实效性。实效性是指课题研究的过程、最终的成果，要能解决课题指向的问题。这里需要指出的是，一方面，我们往往只追求课题设计书上的所谓"预期成果"(报告、论文、文集、专著等)、最好能获奖，而忽视、甚至轻视研究的过程，特别是在研究过程中逐步解决课题指向的问题。应有的境界是,课题研究周期结束之际就是相应问题解决之时。而要做到这一点,必须有基于问题解决的课题设计、有开题时的设计完善和任务落实、有伴随研究过程的问题意识和问题解决。另一方面,我们不能满足于研究成果及其较高的评价,而无视大量研究成果最后被束之高阁的实际。教学研究的成果应该是课题研究指向的问题的解决方案或是问题解决后工作成效的反映,因此,对于其他学校而言,在客观上就成了“他山之石”,在解决同样或类似问题时是可借鉴的,有的是可复制的,更多的是可以整体或部分推广的。注意并达成以上两方面的要求,是提高教学研究实效性所必需的。

(2018 年 4 月 26 日)

学科教学研究的“两基”

今天开始的小学数学教材培训和关于“数的认识”专题教学研讨,是在抓小学数学教学、促进小学数学教育质量提高的最基础、最基本的工作,因而也是最为重要的工作。

可以想见,我们的老师如果连教材都理解把握不了、吃不透、驾驭不了,会有学科教育质量吗?一般而言,教材内容的设定与学生的身心发展和认知水平是大体对应的。因此,一个教师即使理解把握了、吃透了,也能驾驭教材了,却因为忽视教材内容编排的科学性要求,不是循序渐进地从基础出发、以打牢基础为出发点实施教学,而是随意或盲目地实施教学,这似乎也难以提高教育质量吧?于是,组织教材培训,让老师们全面把握教材,提高驾驭教材水平,并依据教材科学地实施教学,无疑是最为基本的工作。

数是表达人们对于事物变化及其规律认识的记录符号以及它们之间联系的逻辑形式。小学生学习数学,首先是从数的认识开始的,而认识数,又是从形象到抽象,从熟悉到陌生的。要使学生学好数学,必须要在学生的脑海里建立起数与数之间的概念。如果“数”的要领在学生的脑海里显得模糊,那么,学生在学习数学的时候就可能会事倍功半、贻害无穷。因此,组织“数的认识”专题教学研讨,应该也是小学数学教学最为基础的工作。

组织学科教材培训、研讨学科最基础的东西如何有效地为学生掌握，应该是我们所有学科、所有学科教学研究工作的“两基”。在这里，我要对“基本”做一个词语解释。估计大家一般会认为或者用得最多的意思是“大致的、大体上”，而这个词更重要的意思是“根本的、主要的”。对“基础”一词的理解，大家一般不会出错或有偏差，基础不牢、地动山摇。

而在对于一个事物的基本的、基础的东西的认定上，人与人之间的差异是显而易见的。这种差异，在我们学科教学领域是一种客观存在，而在主观上，也就是我们每个老师，应该有无法忍受这种差异的心理焦虑。因为，一旦这种认识的差异任其存在、甚至扩大，不仅提高学科教育质量的一系列工作将事倍功半，而且将同时铸就教学不公平的大错。面对学生在天赋、兴趣和接受能力等方面已经存在的差异，我们的教师在学科教学中应无条件地努力缩小这种差异，不能因为我们对于教材的把握、对于教材基础内容认定的差异，而贻误缩小学生间差异的最佳时机：小学阶段、小学低年级、一年级、小学第一堂课……由此，我想到了我们的学科教学研究究竟应该怎么办的问题。

一是要确立学科教学研究的实践性价值取向。实践性价值取向的学科教学研究，就是以研究实践为目标、以深化实践为归宿；就是要善于发现、推进、完善学科教学的新实践，及时总结、推广这些新实践，为面上的学科教学实践提供借鉴；要聚焦学科教学全过程的各个环节及其存在的具体问题，提供解决这些问题的具体方法和路径。简单地说，实践性价值取向的学科教学研究，就是要关注学科教学新实践、解决学科教学存在问题，促进学科教学实践不断深化，实现学科教学质量不断提高的目的。

二是要研究如何让每个教师胜任学科教学工作。一个教师是否胜任学科教学工作，主要的衡量尺度就是前面所说“两基”要求：吃透教材、把握最基本、最基础的要求，依据学生认知和心理发展水平实施教学。当然，在此前，我们的教研员要指导每个老师认真研读课程标准，使得他们能立足宏观背景理解把握教材；应多途径多形式为教师专业发展服务，提高他们驾驭教材、选择适合学生的方式实施教学、进行评价的能力。

三是要研究学科教学理论与实践如何回归本真。当下，一方面，我们的教学研究存在顾及面过于宽泛的问题，例如，把教育现代化、学校布局调整等问题都作为研究内容，学科教学研究的目标指向有偏差、聚焦不够。另一方面，教学研究与整个教育研究的情形类似：相当长一个时期以来迷恋西式教学理论、无视忽视轻视本土教学理论的价值，新概念、新观点、新思想、新理论不仅漫天飞舞、还“天花乱坠”，新模式层出不穷，我们的一线老师应接不暇、无所适从。因此，研究学科教学就是要研究学科教学自己的宏观、中观和微观问题，研究学科老师日常教学中的普遍关切。要系统化、科学化、现代化本土教学理论，同时把西方教学理论进行本土化改造，在此基础上，用以指导学科教学实践，使得学科教学实践回归本真、形成本土特色。

(2017年4月19日)

创新教研方式的前提条件

刚刚结束的党的十八届五中全会通过的《中共中央关于制定国民经济和社会发展第十三个五年规划的建议》中强调要“提高教育质量、促进教育公平”。这预示着“十三五”时期我国教育将进入提高质量、促进公平的新阶段。《建议》坚持“四个全面”战略布局，提出了树立创新、协调、绿色、开放、共享的发展理念。而所有这些发展理念的落实，都必须按照习近平同志关于“更加注重加强教育和提高人力资本素质”的要求，把提高教育质量摆在更加重要的战略位置。

就中小学教育质量的提高而言，基础在于教育管理部门和学校国家课程领导力的增强，在于教师课程理解力、执行力的提高，在于各学科教育教学方式方法的优化，而根本在于教师的专业成长。无论是从教研机构作为教育教学质量的专业支撑机构的角度，还是从教研员作为学科教师专业成长的引领者、指导者和示范者的角度考量，在今后以提高教育质量为主旋律的教育改革和发展进程中，与以往任何时期相比，教研员的地位将更为重要、发挥的作用将更大。

那么，我们的教研员及其学科教研工作又如何才能堪以重任、不负期待呢？这是我们这次论坛要回答、也一定能回答好的问题。这次论坛的主题是“总结课改经验，创新教研方式”。研讨这一主题,有三方面的要求必须明确。

一是明确创新教研方式的目标指向。创新的原意有三层,一是更新,二是创造新的东西,三是改变。教研方式创新也不外乎在这三个层面展开,但无论哪一个层面的创新,都无法完全与已有的教研方式割裂开来、凭空而来。

进入 21 世纪以来,随着课程改革不断深化,江苏省高中数学课程改革也进入了新的探索阶段,取得了多方面的成果与经验。在这个过程中,许多地方高中数学教研工作也形成了自己的特色,有的地区已经打造出有影响的品牌,形成了有影响的经验。这些成绩,总体上反映了数学教育教学质量在提高。但是,不可否认,各地的教研工作不同程度存在就学科教研而教研、就本学段学科教研而教研、在教研中就学科教学论教学、甚至为选拔性考试而教研的问题。而这些问题也在不同程度上影响了教研功能作用的有效发挥、价值的真正体现,影响了真正意义上的教学质量的提高。因此,学科教研工作创新,就是要针对当下教研工作中存在的问题,围绕实现“提高教育质量”这一核心目标展开。

二是明确教研方式创新的有效途径。理论和实践都表明,任何创新都源于有问题要解决、要解决面临问题。教研方式的创新也不例外。教研方式创新的有效途径,无不存在于解决学科教育教学面临问题的过程之中。可以说,解决学科教育教学面临问题的有效途径找到之际,就是教研方式创新之时。

创新教研方式,要从问题出发,以解决问题为归宿。比如，我们应该清醒地认识到，学科教研的根本目的是为了学生的学、为了与此同时的教师的专业成长，但要由重“教”转向重“学”。应该积极探索把本学科的教研放到一个学段所有学科、不同学段同一学科的整体之中，与邻近学科的教研相互学习、相互借鉴，同时有机地加以衔接、加以整合，找到本学科教研的准确方位、具体要求、有效方式。应该在追求学科教学目标的同时发挥学科的教育价值，为“立德树人”根本任务的完成服务。这些以解决问题为归宿的教研实践，就是充满创新意蕴的实践，是创新性实践，是教研实践方式的创新。

三是明确教研方式创新的个体作为。任何创新都基于特定的土壤、环境和文化。教育创新如此，教研方式创新亦然。就每个教研员的教研方式而言，在同样的外在条件下，同一学科的教研员选择的教研方式可能一模一样或者大同小异，但由于每个教研员的个性、素养、能力有差异，在实施同一种教研方式的过程中，这些差异在不同环节上、不同时空条件下，对教研员言行的选择将产生不同程度的影响，以致造成教研结果的差异。客观存在的教研员相互间的差异，这不是坏事，是好事。这种差异，为每个教研员个性化的教研、教研方式的创新提供了天然条件。但是，这样的天然条件，要真正成为成就一种新的教研方式的有效动力，还需要在这样几方面下功夫。

一是总结已有教研实践。教研方式丰富多彩、价值各异，关键在于通过总结积累经验、发现问题，要系统化经验并从中找到规律,既要解决利用经验可以解决的问题,更要解决凭经验无法解决的问题,而创新就在其中。

二是把握教研对象特点。由于学校和教师特点不同,同一学科的教研方式在不同学校及其教师身上所起作用一定不会完全相同。而正是这样的不同为教研方式的更新、改造提供了空间和可能。

三是全面领会落实课标。不可否认,第八次课程改革提供给大家的高中数学课程标准存在诸多问题。但是,对于这些问题之外的必须贯彻落实的全部内容,我们的把握、领会、落实还有不全面、不到位、甚至有空白处。全面领会、落实课程标准,必然要创新教研方式。

四是抓面提点整体提升。抓点带面,以典型示范导向促进面上工作,是我们惯用的工作方法,是行之有效之举。但是,在接受质量基本均等的教育已成为社会追求教育公平理想的新目标的今天,整体提升所有学校全部学科教育教学质量,要求教研方法必须革新、方式必须创新。

五是教师立场其中一员。大多数教研员曾经是一线教师,是教师队伍的天然一员。也许是教研机构的管理职能使然,有一部分教研员开始在情感上、言行上脱离一线老师,有的成了“教师爷”。这就阻滞了教研方式创新的可能,丢弃了创新必需的土壤、环境。因此,教研员情感和立场的转变也是创新教研方式的必备条件。

(2015年11月17日)

第二节　教研工作与教研员

教研工作的一般要求

教研工作是直指教师专业成长、教育教学质量提高的。在互联网和信息技术被广泛运用于教学研究领域，以及教学研究以项目引领、网络支撑为标志走向深入的今天，一些传统的但是科学而十分有效的教研方式、手段、途径应该是我们教研工作者始终不离不弃的，否则，教研工作将“失真”，教研应有的价值将大打折扣。

一是建立学科基地，把基地学校建设成为江苏省中小学学科教育教学的领头羊、试验田、示范校。要选择有积极性、有一定工作基础的学校作为某一学科教研基地学校，同时要兼顾城乡、不同区域、不同类型、不同学段学校。要通过有效形式，规定教研部门和基地学校在学科教研基地建立、发展过程中的责任、权利和义务，确保学科基地建设不刮风、可持续、结硕果。基地学校首先要提高课程执行力，在学校学科教学基本规范遵守、基本要求落实上、学校特色形成上成为示范。

二是贯通各级教研工作，提高教研质量和效益。对于目前全省范围各级各层次的教研工作，可以作这样的判断：市、县(市、区)为升学考试而组织的教研活动占据了真正意义上的教师专业成长、学科教育教学要求的教研的大部分时间和空间。省、市、县(市、区)、校各个层次上的教研工作，存在有要求落实不到位、不连贯有断层、不衔接有错位等问题。各级教研机构必须本着对国家发展、民族振兴高度负责的态度，与国家的教研要求、教研活动一一无缝衔接起来，为全省中小学教师的专业成长、全体学生社会责任感、创新精神和实践能力的培养，做好真正意义上的教研工作。

三是做实各项教研工作，提高教研层次和水平。应该说，传统教研方式，很管用、有实效。比如江苏省教研室多年来坚持做的"三项评比"、近几年接受江苏省教育厅委托组织的"青年教师教学基本功大赛"等等，试图"以赛促研"；还有"教学新时空：名校课程、名师课堂"、适应新课标和新教材要求的教师培训等。市、县(市、区)、学校组织的丰富多彩的各类教研活动，成效也是显著的。但是，实际工作中，普遍存在教研工作被动适应学科教学要求、教师专业发展需求，主动引领、导向不够；针对不同层次教师需求的分层教研工作不深入、不持续；重教学实务轻教学研究、重教学研究轻教育研究的现象同时存在。为此，我们说，教研方式要创新、更要求实。

(2015年11月2日)

教研工作的“三新”

今年是深入学习贯彻落实十九大精神的开局之年，是改革开放四十周年，是决胜全面建成小康社会、实施“十三五”规划的关键之年。因此，做好新一年乃至今后一个时期的教研工作，就是要深入学习贯彻落实十九大精神和习近平新时代中国特色社会主义思想，做好教研系统“十三五”规划承上启下的工作，加强江苏省教研系统的自身建设，切实提高教研工作层次和水平，为全省基础教育教师专业发展、内涵和质量提升，奠定新的思想、理论和实践基础。

一是新时代教研工作要有新目标。十九大报告明确指出：“中国特色社会主义进入了新时代，这是我国发展新的历史方位。”新时代有自己的特征。这个时代的基本特征是社会主要矛盾已经转化为“人民日益增长的美好生活需求和不平衡不充分发展之间的矛盾”。这一转化非同小可，实际上是在告诉我们，由于“以人民为中心”是党和国家一切工作的根本指针，我们所有工作的目标指向、任务明确及其具体要求都必须跟进、必须进行转化。教育也无从例外。伴随教育发展由追求速度规模向追求公平而有质量的转化，教研工作实现相应的转化势所必然。而实现教研目标指向的转化，首先就是要把服务于教师专业发展、学校课程教学实施、教育内涵提升和质量提高的宗旨，真正落实到教研工作的长远规划、年度计划、具体工作以及日常的教研活动中去，使得我们的教研工作实至名归，就是通过研究课程、教材、教学和评价等，服务、指导学校的课程教材实施、教学及其评价工作，促进教师专业成长、学生全面发展。要遵循教育教学和师生成长规律实施教研工作，而不是屈从于“考试教育”形成的种种压力，仅仅用考试成绩衡量老师、衡量学生。第二要合理科学地分布教研服务指导力量。教研工作的力量、时间和精力要向相对薄弱地区、薄弱学校、薄弱学科倾斜。第三要发展具有本地特色的教研文化，使得我们的教研机构真正成为教师专业发展的加油站、教研人员真正成为老师的老师。

二是新时代教研人员要有新情怀。人们的情怀来自对于自己社会角色定位、价值的正确认识。当然，放在宏大背景中加以考察，教研员、教研机构的价值是由教育在人类社会发展中的地位决定了的。十九大报告指出：“建设教育强国是中华民族伟大复兴的基础工程。”在这一伟大工程的实施过程中，教研员是施工员，也还是监理员！国外学者认为，教研工作是中国基础教育的秘密武器。而教研员是这个武器的掌握者、使用者，是这件武器的“真身”，教研机构则是“武器库”。我们的一般理解是：教研员是教育教学工作的研究者、实践者、指导者，是老师的老师；教研员是教育教学规律的发现者、遵循者、维护者。因此，教研员是学校教育教学工作的导航者、领路人，是教师专业成长的导师，是学校教育教学基本问题解决的先行者、“吃螃蟹的人”……凡此种种的描述，足以表达教研员的角色特点及其无与伦比的、对于教育、对于教学、对于学校和教师的价值！作为身负如此重大价值的教研员、教研工作、教研机构，不应该没有情怀，而是要激情满怀，满怀激情地扮演好我们的教研员角色，做好我们的教研工作，履行好教研机构的研究、服务、指导职能。

这里说新情怀，就是要求我们站在新时代的定位上，在新时代“深化教育改革，加快教育现代化，办好人民满意的教育。要全面贯彻党的教育方针，落实立德树人根本任务，发展素质教育，推进教育公平，培养德智体美全面发展的社会主义建设者和接班人”等教育发展的新目标、新任务感召下，阐发对教研工作的新认识，在落实新要求的教研工作中挥洒激情、贡献智慧！

三是新时代教研工作要有新作为。教研工作新作为是新时代教育新目标、新任务使然。最近几年，从核心素养到关键能力、到系统化的教育教学改革的要求，再到十九大报告关于“推动城乡义务教育一体化发展，高度重视农村义务教育，办好学前教育、特殊教育和网络教育，普及高中阶段教育，努力让每个孩子都能享有公平而有质量的教育”等等这些新要求的落实成为我们的当务之急、首要任务，特别是每个孩子享有“公平而有质量的教育”要求的落实，最终要落实到每个老师身上，没有每个老师的积极主动、科学有效作为，没有老师们在追求质量目标同时的公平教学实践，这一目标是难以达成的。所有这些都给教研工作提出了一系列新的挑战和要求。新要求要及时落实，新挑战要积极应对。落实新要求、迎接新挑战,教研工作必须要有新作为。一是拓展教研领域。从内容上看,不仅是核心素养、关键能力等要在学科教研中落地;在教研工作中还要引导教师确立公平思想,尤其是在大班额时代,更要努力为之。二是创新教研方式。传统的面对面的教研方式最有效、最受欢迎,要坚持、但要创新;新媒体条件下的教研方式最有效益,要拿来、但要用好;区域、学校、学科教育教学水平的不均衡,要求教研工作精准化,教研资源的配置要向薄弱地区、学校、学科倾斜。三是优化教研条件。这里的教研条件,既有传统的教研员编制、数量及其质量、水平等,还有教研工作可以借助的丰富的信息资源,更有把教研当科研做的基本要求,通过科研最大限度地丰富对教研的认知、提升教研工作能力,适应教育、教学、学校、教师对教研的新要求、新期待。

(2018 年 1 月 23 日)

教研机制创新与领域拓展

机制是什么？在社会学中把机制的内涵表述为“在正视事物各个部分存在的前提下，协调各个部分之间关系以更好地发挥作用的具体运行方式”。还有一种简单的说法，机制就是制度加方法或制度化了的方法。

创新教研机制的要求表明，现行的或者说大家目前运用并试图起到导向、促进、规约作用的教研机制的引导力、推动力、约束力不大了，甚至不起作用了。那就要建立新的机制，在新的环境条件下，促使教研工作焕发新的活力，以得到一线老师欢迎，促进一线老师专业成长，提高教育教学的质量、效率和效益。

创新教研机制，有这样几项工作要做。

一是调查了解一线老师对于现行教研机制的看法，从中找到现行教研机制作用减弱或不起作用的原因所在，以及老师们对于教研的新要求。

二是梳理现行教研机制，与时俱进，因学科制宜，做好剔除、完善工作，充分用好还能继续发挥促进作用的教研机制。

三是根据一线老师有关教研工作的新要求、各学科教育教学的新目标新任务，深化理论学习、拓展理论视野，结合本地学校各学科的教育教学实际，设计新的教研机制。

对于机制，还有一种更通俗的解释：有事要办，有人办事，有钱办事。照此理解，我们可以说：提高学科教育教学质量、效率和效益，需要拓展教研领域，这就要求教研员和一线老师同舟共济，而促使教研员和一线老师相向而行、齐心协力，就必须有教研机制创新。保障教研新领域卓有成效的教研机制创新，可以在以下几方面进行尝试。

首先是发现培育典型，示范引领面上工作。应认真总结、及时推广创新教研机制、并有效提高了学科教育教学质量、效益和效率的地区与学校的做法及经验，为面上区域和学校共享共用。

第二是建立学科基地，科学引领学科教育教学。在兼顾城乡、不同区域、不同类型、不同学段学校的原则下，选择有积极性、有基础的学校作为学科教研基地；明确教研部门和基地学校的责任、权利和义务，确保学科基地建设可持续、结硕果，使得基地学校成为全省中小学学科课程实施的试验田、领头羊、示范校。

第三是把教研当作科研做，提高教研层次和水平。就各学科的教研工作而言，日常要务是通过面对面的、网络在线等形式的培训，以及全员参加、层层组织的赛课、基本功比赛等途径，促使每位教师掌握相应学科教育教学的基本规范、要求和规律，逐步提高学科教育教学质量、效益和效率。同时，要把教学研究当作教育科研做，用学科教育科研、教学研究照亮、引领学科教育教学的具体实践，并借此调准学科教育教学方向、提高学科教育教学的层次和水平。

学科教育教学是学校工作的中心，是学校实现培养目标的主体性工作。这就要求我们的教研工作，不能为教研而教研，而是要立足于整个教育、区域教育、学校教育的高度展开，不断拓展领域、创新方式及其相应的机制，这是教研工作应有的境界。

(2017年6月5日)

初中教研工作的特殊要求

长期以来，对于做好教研工作和教研员都有基本的、一般的要求。而有一般要求，就可能有特殊要求。对于初中教研员，我认为，就有一些特殊要求。这些特殊要求，是由初中学段的特殊性、初中教师的特殊性及其面对的教育对象——初中生的特殊性决定的。

一是初中学段的特殊性。小学后、高中前，承上启下，但恰恰是基础教育学段链中的薄弱环节、是“细腰”。初中的现实处境有点不上不下、两头受压。小学常常认为自己的学生在初中学坏了，高中则指责初中没把学生教好。初中价值何在？初中不强，谈何基础教育强；“细腰”不壮，谈何基础教育现代化。因此，基础教育要“强腰”，要提高初中教育教学质量，初中各学科教研员责无旁贷。初中教研工作要有紧迫感、责任感和使命感，要研究初中教育及其各学科教学的特殊性、把握规律性，提高学科教研工作的针对性和实效性。

二是初中教师的特殊性。小学教师的上拔、高中教师的下放，结构不优、整体不强。这种状况，过去为甚，现在略有改观。但是，初中教师仍然面临发展的困境。小学教师的快乐能被人看到，高中教师的辛苦会被人想到，唯独初中教师的辛苦别人觉察不到。调查表明，在多数人印象里，小学教师活泼美丽，高中教师扬眉吐气，只有初中教师多少显得有点垂头丧气。初中教师强，才有初中教育教学强。因此，基础教育“强腰”，首先要强初中教师。作为初中教研工作，要研究初中教师的特殊性，要让初中教师全面认识初中教育的特殊地位和作用，增强他们的自信心，提高他们工作的自觉性；要研究初中各学科的特殊性，促进和引领初中教师的专业发展，以提高初中教师队伍整体水平。

三是初中学生的特殊性。处在青春期的中学生，面临自身的成长压力、学业压力、竞争压力、升学压力，叛逆、冲动、情绪不稳。初中面临学生教育之困。有初中老师说，小学生因为年龄小比较听话，高中生因为自我管理能力强不需要耳提面命，唯独处于青春期的初中生向来不好管。初中教育对象的特殊性，客观上对初中教师的要求也更高，造成初中教育教学质量和效益提高的难度因此也更大。但是，正由于初中生的特殊性导致的对初中教师的高要求，使得作为初中教研员的学科指导和研究更具价值、更有意义。初中教研工作要充分认识到这一点。要研究初中学科，要研究初中教师，更要研究初中学生，还要研究这三者对初中教育教学质量和效益提高的影响力及其差异，并以此确定促进、引导初中教师专业发展的方法、步骤、重点。只有这样，才有可能造就一支懂得初中学生、擅长初中教育的初中教师队伍，确保每一位处在青春期的初中学生树立正确的世界观、人生观、价值观，也只有做到这一点，才有真正意义上的初中教育教学质量和效益的提高。

（2014年9月20日）

教研员要做好“三员”

组织举办教研员培训班，是促进全省教研员专业发展，提升教研队伍整体素质，深入推进教学研究工作，不断提高全省基础教育水平的需要。轮训全省各级教研员，既是对教研员队伍建设的高度重视，是对教研员的一份关心、厚爱，也是寄予了厚望。

一是及时宣传党和国家的教育方针政策，做好宣传员。教研员是中小学教师队伍的重要一员，是中小学和幼儿教育的教学业务骨干，是中小学和幼儿教师所倚重的专业发展引路人，是“老师的老师”。江苏省现有约2500名教研员，承担着全省中小学和幼儿教育学科教学指导、教学研究的重任。因此，关心每个教研员的成长，充分认识教研员价值、发挥教研员作用，是各级教育行政部门、教科研部门工作的题中要义、责无旁贷。

同时，我认为，在整个教育体系、教师队伍中如此重要的地位，决定了每位教研员要及时学习、正确理解、全面把握国家和省教育改革发展的方针政策（如立德树人、教育均衡、教育公平、教育现代化等等）对教师教育、教学研究和学科教学的新要求，并及时传达到每个老师，帮助他们正确理解把握这些新要求，明确自己所教学科的方向及其在落实方针政策中的最为基础、不可或缺、不可替代的地位和作用，让他们认识到自身的价值、体悟到所担当的责任和使命，进而自觉优化、创新学科教学方式，不断提高学科教学质量和效益，为实现方针政策规定的教育教学各项目标任务作出最大贡献。

二是全面要求科学指导学科教育教学工作，当好指导员。教研员是教师专业发展的促进者与领导者。教研员的根本任务就是促进或领导教师改善自己的专业实践。实践也表明，一个称职的教研员就是要围绕教师的专业实践，以“课”为核心，创造性地开展备课、上课、课后反思等一系列工作，积累经验；同时，注重教材及其教法、考试和评价的研究，高质量高水平指导教师备课、上课、课后反思等，促进学科教师的专业成长，提高以学生学业成绩为中心的教育质量。为此，可以说，教研员是学科教学方向的引领者，学科教师教学工作的指导员。

但是，由于教师学科教学的兴奋点一般都在以上好“课”为核心所需的专业发展上，忽视学科教学各环节既教书还得育人的基本要求，许多一线的学科教师常常忘记自己首先是个教师，见“物”不见人、只传授学科知识和技能。显然，这与教育方针政策要求、与教师职业规范相背离。这就要求每个教研员指导学科教学的一系列工作，要从只注重教师学科知识和技能传授的教学方式方法手段的单一指导，登堂入室，跃升到全面的指导，也就是，既科学艺术地指导学科教师教学方式方法手段的运用等，又善于根据各学科的特点，促进每个教师将学科教学与育人有机结合、并同时落实到学科教学的各个环节，保障立德树人根本任务在学科教学中得到真正重视、有效完成。只有做到这一点，才能称得上是科学的学科教育教学指导工作，才是一个合格教研员。

三是适应立德树人深化课程改革新要求，做好研究员。教研员，顾名思义，是教育教学的研究人员。但在实际工作中，我们往往自觉不自觉地将它窄化为仅仅是某个学科教学的指导者，而这实际上是矮化了教研员的职业形象。

教研员首先应该成为研究员，要成为教育教学研究的行家里手、专家学者，否则，至多只能成为有些经验的工匠，缺乏研究的功力、学者的底蕴、个人的魅力，号召力、影响力和指导力难以持续。

教研员首先应该成为研究员，这也是做好宣传员、指导员的基础和前提。教研员要成为本学科的令人信服的专家，个人魅力经久不衰，还有这样几点必须做到。

一则立德树己、诲人不倦。要完整地理解个人魅力的内涵，作为“老师的老师”，不仅要在理论水平、实践能力两方面都为老师所信服，而且要修身养性、树立“师范”形象，以自己良好的德行、谦和的姿态，耐心于宣传、指导老师的平凡工作，进入诲人不倦的境界。

二则学习把握、研究转化。要及时而又持之以恒地学习，敏锐而又准确地把握党和国家关于人才培养、教育教学改革发展的方针政策对教研工作的新要求，研究寻找将新要求全面落实到教研工作中的有效方式和途径，转化为促进学科教育教学质量和效益提高的动力。

三则不断总结、拓展创新。要善于总结自己的教研实践并上升到理性高度加以认识，从中找到规律，形成新的理论指导实践，进一步深化实践，提升层次。要适应深化课程改革、落实立德树人根本任务的新要求，跳出教研看教研，以问题为导向、以研究为引领，理清教研思路、拓展教研领域，创新教研方式、打造教研品牌，不断取得教研工作的新进展新成效。

（2014 年 9 月 17 日）

教研组与教师成长

这届中学数学教学高级论坛的主题是“建设优质教研组,促进教师专业成长”。作为学科教学研究成果展示、经验交流、问题探讨的全省中学数学教学高级论坛,其视角、关注点聚焦于教师专业成长,这是由教师在整个教育改革和发展中的地位与作用决定了的。

教师是发展“更加公平更高质量教育”的决定性因素,是“开启世界未来的钥匙”。谁重视教师,努力提高教师的地位待遇,谁就抓住了教育改革发展的根本和关键,一所学校的教育质量提高就有希望,一个地方的教育就有实现更加公平更高质量目标的可能。就学校教育质量提高而言,关键在于校长课程领导力、教师课程理解力、执行力的增强,在于各学科教育教学方式方法手段的优化,而根本在于教师的专业成长。

教研组,即学校内研究教学问题的基本组织。学校建立教研组的目的意义、教研组的发展历史及其作用发挥情况大家都很清楚。而当下的教研组其实早就不是单纯的集体备课组织了,大都已经成为名副其实的教学研究组织,是校本教研的主要组织,是影响学校教育教学质量和水平的重要组织。它既是教师专业能力增进的重要平台,还是教师形成专业归属感与学科崇拜的渊薮。

多年来，江苏省涌现了很多在数学校本教研工作方面做得很出色的普通高中学校。这些学校在优秀教师成长、优秀课评比、青年教师教学基本功大赛、创新人才培养等方面的工作，一直在同层次学校中保持领先地位。这些学校在加强教研组建设、促进教师专业发展方面都有自己的追求，有先进的理念，有典型的经验，有突出的人物，有公认的成果。我们教科研机构应组织力量，把这些学校加强教研组建设、促进教师专业发展的实践进行系统总结，供全省普通高中学校分享，推动全省所有普通高中数学学科教研组建设水平、高中数学教师专业发展水平不断提高。

2011年以来，江苏省在基础教育领域组织推动了一系列重大教学改革项目，其中尤其以2011年启动实施的普通高中课程基地建设、2016年开始实施的前瞻性教学改革项目为标志，昭示了江苏省基础教育改革和发展真正进入了内涵发展、质量提高、品质提升的新阶段。加上新近被普遍关注、广泛热议的《中国学生发展核心素养》，可以说，普通高中学校教育教学工作面临前所未有的新使命、新目标、新任务、新要求。我们不能无视、更不能回避，而是要及时学习、把握，积极研究、转化，主动实践、总结，不断提高学校内涵发展的层次、水平和品质，实现全面而又持续提高学校教育质量的目的。

而在落实新要求的每一项工作的推进过程中，倘若忽视、轻视教师队伍的现实状况，而不是在有效地促进教师专业发展基础上动员每一个教师参与，那么，我们的工作就可能是盲目的、事倍功半的。务必要重视每一个教师的专业发展、主体作用的发挥，建设好每一个学科教研组，并充分发挥教研组在调动每一个教师积极性主动性创造性方面不可替代的作用。因为，没有教师的专业发展，一切新要求在学校的落实终将大打折扣，也就没有真正意义上的学校教育教学质量的全面而持续的提高。事实表明，学校工作的宗旨应该是：服务一切教师、服务教师一切、一切服务教师、一切依靠教师！

（2016 年 11 月 17 日）

第三节　学科教研活动的追求

化学教研活动的主要任务

第三届全省中学化学教研活动专题研讨会的目的十分明确,就是为了进一步提升中学化学教研工作的质量与效益,加强江苏省中学化学教研队伍建设,提高教研员和优秀教师在指导教学、教学研究与教学评价等方面的能力。研讨会的内容也很丰富,主要有:中学化学课程与教学现状及走向,基于科学风险认知和决策能力培养的中学化学教学,基于核心素养和学科关键能力培养的中学化学教学,基于实验创新的中学化学教学,中学化学教研工作策略及名师工作室建设,区域或校本教研工作的转型与创新,“教学新时空·名师课堂”的开发与利用,中学化学微课程资源建设等等。为了达成研讨会的目的,研讨会设计的活动形式也不少,有主论坛、主报告,有分论坛以及专家点评,还有演绎主题、着力导向的公开课等。这是全省中学化学学科的一次重要活动。

这样的专题研讨活动应该具备三方面的功能。

一是揭示化学学科教学规律。基于课程标准的化学学科教学无疑是有规律的。而揭示学科教学规律是教研工作的基本要求。如果没有规律的揭示,没有让我们的每一位老师掌握、运用规律,并转化成课堂教学的质量和效益,这就是我们教研工作没有达到基本要求。规律在哪里?谁来揭示?我认为,规律是客观的,关键是谁能揭示。揭示规律的无疑是我们的专家、教研员以及我们的老师。就老师而言,一旦掌握了、遵循了规律,甚至能驾驭规律了,他就可能成为优秀老师。很多名师的成长轨迹无不如此。应该说,每一位名师都有自己的独特性,但也有共同之处,这就是对规律的把握直至驾驭,就是"登堂入室"。我们教科研部门和教研员不能只满足通过赛课、基本功大赛等活动,发现优秀教师;也不能只满足利用已经评选出来的特级教师、教授级教师作为各项活动的专家评委;而是要通过这样的活动,着力研究揭示学科教学的一般规律,并通过多种途径传递给所有的老师,特别是青年教师,促进他们的专业成长,促进更多教师成为名师。专家的报告、专家的点评、公开课等,应该有这样的价值追求。

二是交流化学学科教学成果。无论参加这次活动的各市、县(市、区)化学教研员或是兼职中学化学教研员,还是学校化学教研组长、教务主任或者分管教研工作的副校长,都在自己的时间空间里、在化学学科的教育教学工作中,在实践和理论研究两个方面,不断有新进展、新成果。因此,专题研讨会应该是全省化学中学学科教育教学实践及其研究新进展、新成果的发布、交流和推广平台。要让与会者乃至全省化学老师准确把握中学化学课程与教学现状及其走向，准确定位自己的实践层次，明确自己的方向，找到提升自己的路径，明了中学化学核心素养及其落实的基本方式方法手段，及其对于中学化学实验教学创新的要求，等等。一句话，就是要围绕研讨会内容，交流实践和研究成果、问题和困惑，并借助专家的点拨、集体的智慧，找到释疑解惑、解决问题的良方；同时使得与会者拓宽视野、开阔思路，提升化学学科教学、学科教研的层次和水平。这应是我们组织专题研讨会追求的基本目标。

三是引领化学教研提升境界。各位都是一线的中学化学学科教学的管理者、指导者、实践家，各位的日常工作都离不开化学学科教学和研究两个方面。相信各位不仅是带着实践和研究的新成果而来，还都带着问题和困惑及其解决它们的期待而来。因此，我们这样的专题研讨会，应通过专家报告、交流研讨、专家点评、公开课，告知大家传承发扬化学学科优良教研、教学传统的新路径，以及创新化学学科教研、教学的新要求、新举措、新领域、新成果。研讨会应该成为与会者化学学科教学和研究的“饕餮大餐”。当然，还应该成为全省中学化学学科教学和研究的“风向标”“指南针”。这应是我们组织专题研讨会追求的境界。

（2015 年 12 月 24 日）

体育教学研讨活动要落实的“三性”

作为教研工作的一种机制创新,“长三角教研发展共同体”得到了长三角三省市教育工作者的普遍认同,因此,教研活动迅速延伸至有关学科。长三角地区中小学体育特级教师教学研讨培训会,就是这一机制发生作用的产物。三省市中小学体育学科的老师们、教研员已经成为“长三角教研发展共同体”机制创新实践的先行者。当然,作为为某个学科老师和教研员创设的区域性交流与研讨平台、合作与发展平台,有三个方面的要求必须落实。

一是针对性。要针对区域内都面临的亟待解决的问题组织活动。活动中展示的成果应可以在异地转化或部分转化,交流的经验可以相互借鉴,研讨的问题应该给与会者有所启发,最好能够交给与会者解决问题的“钥匙”,即思路、方式、方法和手段。

二是时代性。要及时把握党和国家对教育、对学校、对教师、对学生的新的要求,并在活动中及时组织研讨、展示、观摩等,引导教师在具体的学科教学实践和研究中努力加以落实。例如,大家都关注《中国学生发展核心素养》的落地,这是中国教育工作者的一种高度自觉,是基于对国家发展、民族振兴面临的国内外形势研判基础上的主动作为的结果。学生发展核心素养,对于学校、老师、学生都是一个系统性的新要求，是时代的呼唤。但是，关键在于落实，尤其是在学科教学中的落实。令人欣喜的是，我们这届论坛做出了积极主动的回应。本届论坛的主题就是：基于学生发展核心素养的有效教学。

三是成长性。一方面，活动的组织，从形式到内容都应体现发展特点；另一方面，要组织能够切实促进教师专业成长的相应活动，主题选择要体现教师专业成长的逻辑和规律；围绕主题组织的各项活动，要使得教师带来的问题得到解决或者部分解决。

(2016年11月16日)

小学数学课堂教学观摩活动的使命

长期以来,通过多途径、多形式的科研和教研活动,带动、促进一线教师专业发展,是江苏各级教科研机构的重要职能、重要任务和坚持不懈推进的工作。从教研方面看,仅省级层面的教研工作就有:全省性的优秀课评比观摩研讨活动,课程教学课题研究,名师名校和学科教学的主题研讨会、论坛等,青年教师教学基本功比赛,“教学新时空:名校课程、名师课堂”网络教研;有与省教育厅所属有关机构合作开展服务基础教育学校的课堂教学展示、教学研究论文评比;还有与其他兄弟省市合作开展的教学研究活动。

华东六省一市小学数学课堂教学观摩研讨活动是一项品牌教研活动。一项学科教研活动能够持续举办十八届,不仅经久不衰,而且日益广受欢迎。原因在于华东地区是全国小学数学教学的高地,还在于每次活动的准确定位与精心设计。这个地区拥有的共同的教研理念与教研文化已经深深植入了这一活动。我们共同拥有的教研理念和文化,既散发着浓厚的草根气息,又反映了时代的深刻要求,大家用自己的课堂实践诠释着对当下的理解、对未来的展望。为此,完全有理由相信,基于已有的基础,特别是大家更加精诚的合作,华东六省一市小学数学课堂教学观摩研讨活动,一定能够成为创生经典课例的平台，成为教学研究成果展示和交流的舞台，成为小学数学老师和研究者思想碰撞的学术盛会。

尽管信息和互联网技术的高速发展，引发了一些人士关于传统学校教育形态式微的预言，但是，教育之所以为教育的特殊性，同样使得我们不仅无法忽视，而且必须一如既往地高度重视传统的学校教育、班级授课、课堂教学。我们同样可以做这样的预言：在今后很长的一个历史时期内，学校教育仍将是教育的基本且主要的形态，班级授课制仍将是教学实践的主要形式，课堂仍将是学生学习的主阵地，上好课仍将是每位老师的基本追求也是立身之本。为此，今天这样的教研活动无疑仍将是不可或缺、历久弥新、广受欢迎的。通过这样的教学研讨活动，积累起涵盖小学数学教学的每个领域、各种重要知识节点、诸多教学难点的一节节经典课例，可以为广大教师的日常教学提供有力的实践范例，从而为提高教学质量奠定坚实的基础。

这次活动的主要形式是观摩、研讨。观摩的是课堂教学，实际上是好课的展示，同时在客观上形成了一种比赛的氛围。一定的环境氛围决定事物形态的形成及其发展路径。据了解，这次带着好课来参加展示、比赛的老师，每个人背后都有一个团队，不仅如此，更为重要的是，各兄弟省市的不少地方，这种“个人加团队”的磨课形式，已经逐步发展形成了一种校本教研的模式，即以课例的团队研究引领校本培训，引领青年教师的发展。今年 8 月，教育部在上海召开的“上海中小学数学教育改革经验交流会”上，有专家认为上海的经验可以归结为三条，其中之一便是“强而有力的教研与教师队伍”。上海之所以能够形成这样强而有力的教研与教师队伍,研究课、琢磨课的普遍实践是一个重要而有效的途径。

这次活动,还要聚焦小学数学教育教学的重点、热点和难点问题研究。随着课标的修订,我们都很关注从“两基”到“四基”、从“两能”到“四能”目标任务和要求的变化。这些目标任务和要求,归根结底还是要通过课堂教学得以落实。最近,大家普遍关注的热点是核心素养问题,在这次活动的观摩课里大家一定可以看到老师们对数学核心素养的理解、把握和落实的积极尝试。因此,课例研究,常常是热点问题的案例化研究,这种研究直接指向实践,具有更为重要的引领发展的意义。沿着这一思路推演:今天这样的观摩研讨活动,如果每次在小学数学教育教学的热点、难点和重点问题解决上有所聚焦、有些突破,那么,我们这个地区的小学数学教育教学层次和水平就有希望取得更大更快更好的提升。

(2016年11月16日)

教学基本功比赛的初心

重视并积极组织和大力推进基础教育青年教师教学基本功比赛等活动，本质上是重视教师专业发展的反映，是善于领导教育工作、善于抓住教育工作的标志。

教师是教育改革和发展全部追求的根本所在、决定性因素。谁重视教师、重视教师的专业发展，努力提高教师的地位待遇，谁就抓住了教育的根本和关键，这个地方的教育就有希望，就有实现均衡、公平、优质教育发展目标的可能。组织基础教育青年教师教学基本功比赛，正是基于这样的认识、把握和期待。因此，作为青年教师教学基本功的展示活动，有自己追求的价值。但要在真正意义上实现它应有的价值，必须“不忘初心、方得始终”。

组织全省基础教育青年教师教学基本功比赛，目的是：以比赛引导教学，促进广大教师坚守课堂，更新教育理念，创新教学方法，优化教学过程，争取良好效果，做到热爱教学、钻研教学、建树教育、终身从事教育事业；同时，推动学习型个人建设、促进教师专业成长，促使每位教师在实战中凝练教学主张，并升华为教学理念和教学思想，形成鲜明的个性风格。

在全省基础教育青年教师教学基本功比赛第二轮的最

后一年的比赛行将完成之际,试问:这样的目的有没有达成?它应有的价值目标有没有实现?

我的判断是:只是达成了部分目的、实现了部分价值,这样的教学基本功展示活动还有许多方面的工作该做到位而没能做到位,因此,该发挥的作用还没有发挥出来。这就要我们总结、反思,努力实现其价值目标,努力达成设定的全部目的。而主要是要处理好这样几对关系。

一是全面动员与全面促进的关系。青年教师教学基本功比赛,不仅仅是青年教师的事,而应该是所有学校的事、全体教师的事。组织者的目的十分明确,以青年教师的教学基本功比赛带动所有学校全体教师重视教学基本功、锤炼教学基本功、提高教学能力。因此,每所学校都要因势利导、全面动员,组织当年有赛事的学科的全体教师参加,通过比一比、赛一赛,相互切磋,促进每一个教师的教学基本功都能有所提高。

二是全员参加与选手选拔的关系。每一个教师都有提高自己教学基本功的责任和义务,这是教师职业特点决定了的。学校应动员每个教师参加。从市、县(市、区)到学校的选手选拔,应该以学校层面的全员参加为基础。县(市、区)应组织学校推选上来的教师进行交流、切磋、比赛,一方面从中选拔参加市一级比赛的选手,另一方面要通过组织相应学科教师观摩、研讨比赛,使之成为教师教学基本功提升的又一次机会。市里同样可以这样组织,这又让老师们获得了一次学习的机会。不能只凭借平时对教师的了解,为了省事,把几个基本功较好的教师逐级送上去比赛，就万事大吉。这是典型的“为比赛而比赛、为成绩而成绩”。

三是层层打磨与把握规律的关系。很显然，为了学校和一个地区的荣誉，组织学科教研员和专家与参赛教师一道打磨每一个参赛项目，是很有必要的。事实上，由于每位参赛教师原有的教学基本功已经相当好，经过打磨，提高会更快。这也是每次比赛时，出现伯仲难分局面的原因所在，也正是组织的专家常常与选手数量相差无几的原因。但是，这样的打磨（集体智慧的呈现、贡献和结晶）过程，如果能够有人把它记录下来，加以分析、整理，必定是一次对学科教学规律的很好把握；事后，通过合适的途径和形式，尽快为这个学科的全体教师所把握，将是多么的有意义。当然，在条件许可的情况下，也可以组织相应学科的教师观摩打磨的过程。

四是比赛选优与示范引领的关系。毫无疑问，组织这样的比赛的目的之一是：选拔优秀青年教师、引领全省各学科的教学工作。实际情况也是如此。这些年，许多在比赛中获奖的教师已经成为所在学校、地区乃至全省范围相应学科的骨干和带头人。那么，我们组织比赛的目的是否到此就全部达到了？显然没有。获奖教师就无可挑剔了？显然不是。获奖老师要继续修行、继续提高。对于在比赛中获奖的教师，一方面自己要有对自己之所以获奖的全面正确的认识：自己的学习、磨炼是基础，学校和教育部门的支持帮助是保证，身边同事们的认同是环境、是氛围；因此，要在日常工作中，将自己的积累毫无保留地与同事们共享，并在此过程中不断提高自己。另一方面,学校和教育部门要充分发挥获奖教师的作用,通过多种途径和形式,引领所有教师专业成长、教师学科教学水平提高。这是获奖教师的责任和义务,也是组织这样的比赛的初衷所在。

组织教学基本功比赛是手段,选优、示范、引领,并借助信息化、互联网和智能技术,实现比赛效应和效益的最大化、加快教师专业成长是目的。

教育系统的所有工作,特别是有关教师的工作,来不得半点虚假、形式主义或只求政绩、唯名是图,任何这样的行为都是反规律的,是对教育的反动。因为,教育面对的是人。学生等不起、公平而有质量教育要求的落实等不起,20 年、30 年以后的国家竞争力、民族复兴、中国梦的实现等不起。

(2016 年 7 月 7 日)

教学基本功比赛的着力点

教育大计，教师为本。青年教师是教育的未来和希望。教学基本功是教师的基本素养。提高教学基本功是提升教学质量的基础和前提。开展全省基础教育青年教师教学基本功大赛，是全省普通中小学校青年教师展示自己学科教育教学能力和水平的大舞台，也是对全省各地基础教育阶段青年教师队伍建设成果的一次检验，应该充分体现其宗旨要求，并在这样三方面着力。

一是认识意义，形成共识，高度重视比赛活动。组织举办全省青年教师基本功比赛，不是为比赛而比赛、作秀搞形式。无论是组织者、参赛教师，还是每个评委都要充分认识举办这样的比赛，根本目的是培养和造就一批能够在教学理论与教学思想等方面起引领作用的优秀青年教师，并以此带动每位教师综合素养和业务能力的提高。因此，应高度重视这项比赛活动。一方面要科学周详地设计比赛各个环节的工作，把每项工作的细节做实、做好，把这项赛事打造成品牌，做优、做强、做出影响；另一方面在比赛过程中，要及时总结青年教师教育教学的新鲜经验、宣传推广，还要及时发现问题、研讨解决办法，为青年教师提供借鉴，带动、促进全省每个青年教师的专业成长。

二是坚持标准，全面评价，切实保障比赛品质。参与比赛活动的全体同志，都要严格要求自己，规范言行，遵守规程。各位评委要坚持标准、规范打分，做到公平、公开、公正。参赛选手都是由学校到县(市、区)、再到市，层层选拔出来的优秀青年教师。各位专家要以有利于全省学科教育教学改革发展、有利于优秀青年教师成长、有利于青年教师队伍建设、有利于教师队伍整体水平提高为出发点，在评比中，不仅要看选手的临场发挥，还要看选手学科教育教学的基本素质；要注重评价选手长期积累的教学理论及教学思想，还要注重评价选手的基础能力和发展潜力，做到综合评价、全面考量、建立正确导向。

三是按照程序，规范操作，严格遵守工作纪律。在每次基本功比赛的准备过程中，都对参赛选手资格逐一进行核查，在比赛时间上与各市进行沟通衔接，还就比赛方案及程序设置多次征求各市意见，并形成共识。在此基础上，比赛组委会印发了评比规程、比赛方案和各小项比赛标准。全体评委应认真学习领会、全面把握要领，熟悉程序、规范操作，按照工作手册要求，遵照“坚持标准、严格把关、好中选优”原则，严守评分要求，确保评出高质量高水平的成果。

(2014年11月25日)

优秀课评比的特点和任务

优秀课评比是江苏省教育科学研究院教研室组织的传统的学科评比项目，是全省优秀教师展示自己实力、获得迅速成长的重要平台。多年来，有一大批中青年教师在评优课活动中脱颖而出，逐步成长为特级教师、名教师、学科带头人等江苏省基础教育领域的佼佼者。尽管有些机构也组织类似的优课评比，但江苏省教科院教研室举办的这项活动，具有组织严密、操作规范、评委权威的特点。遵循“重在研究，强化交流”宗旨，优课评比将评优活动与教学研究、现场观摩、学习研讨有机结合，努力实现优课评比效益的最大化、持续化。

优秀评比还有这样几个基本特点。

一是提前公布执教课题，让参赛老师充分准备，既能够确保所上课的质量，同时使得准备过程成为对教材教法研究、研讨的过程。

二是组织教师现场观摩，同时由江苏省教科院“教学新时空”网络平台进行现场直播，全省教师都可以通过网络观摩现场赛课情况，教师在听课过程中还可以实时交流研讨。

三是聘请专家现场点评，每个段落赛课结束后，由专家进行点评，肯定优点、指出不足。在整个活动结束前，还请专家就整体情况进行总评。

四是延展赛课后续效应，评比活动结束后，所有参赛老师的教学录像、教学设计文本、课件及执教者的教学反思，都放在网站上供广大教师点播、下载学习。

优课评比的这些特点和效益显现最大化、持续化的优势，反过来又促使我们认真检讨这样一类评比活动全过程的工作，真正实现效益最大化、持续化的目标。在现有工作基础上实现这样的目标，有这样几方面的工作需要进一步做好。

一是广泛发动全员参与。组织这样的评比活动是"宝塔式"的建构过程，组织者一般会要求各地动员学科老师全员参与，并在此基础上进行层层选拔。但是，实际状况常常是：某一层次的组织者，将自己在日常工作中发现的比较优秀的教师，临时组织在一起，为了拿到一定名次，进行集中培训、打磨，然后就来参赛了。这无疑也是一种"应试"。这样的应试，是背离组织者初衷的。这样一类优课评比活动，各地应该让所有的学科老师知晓，每所学校都应组织由相应学科全体老师参加的赛课评比活动。各级教科研机构组织这样的评比，目的是形成一种倒逼机制，促使学校主动积极地组织并参与活动。这样的活动是促进教师发展基本而有效的方式和途径。而首先由学校组织这样的活动，是其他各层次组织相应活动氛围营造的需要，是提升活动组织化水平、提高评比活动品位、不断评选出真正的优课的需要。为此，应努力把这类评比活动组织成为全员参与的活动，否则，其原初目标就难以达成。

二是着力解决实际问题。通过在规定时间内的赛课,评选出优课,固然十分必要,但我认为,这应该是活动组织的目的之一,而不是全部。在赛课中,要发现具体问题,通过专家点评指出问题,并提供解决思路和方法,让在场的所有老师领会,以免在日常教学中再出现这些问题;要让参加观摩的老师,带着问题来,获得现场上课老师的启发、专家的指点;还要让分散在各地的、通过"教学新时空"即时收看赛课实况的老师们,实时与上课的老师、在场的专家进行互动,找到解决自己面临问题的答案。也就是说,这样的评比活动,要有强烈的问题意识,把解决学科教学中存在的具体问题,作为贯穿活动全过程的红线。可以想见,每隔一年组织的优课评比活动,如果能够有效地解决好现场赛课老师、观摩老师、收看赛课实况的老师们面临的不同层次的问题,那么,将会得到真正意义上的广泛响应,将会成为真正有效地促进教师专业成长的平台,将会迎来学科教育教学质量的全面提升。

三是努力揭示优课规律。应该说,组织这样的活动,评优无疑也是显在目的之一。但是,如果为评优而评优,显然矮化了评优的目标指向、贬低了评优的价值意义。优课所以成为优课,事实上就是优课老师先于其他老师,解决了学科教学中一个个不同方面、不同层次的问题,才达到的境界。其中有经验可以总结、有规律可以探寻。即使已经被评为一、二等奖的优课,也是相对而优,也有问题存在。专家对这些优课的点评,一般都是在充分肯定的同时指出存在问题。

解决优课本身存在的问题,可以想象,难度会更大,因此,需要专家点拨。而这其中也有规律可循。对于这两方面规律的探寻、把握,并把解决学科教学不同方面、不同层次问题的规律为我们的老师掌握,应该是评比活动首要的而又必须明确的基本目的。如果把这样一类提高性评比活动,组织成为能够带动全省相应学科老师共同探寻规律、认识规律、把握规律的普及性活动的话,那么,不仅将会实现评比活动效益最大化、持续化的目标,而且,将会真正达成这样的评比活动应该达成的理想境界。

(2014 年 10 月 24 日)

第四章

教学园地的“天光云影”

第一节　儿童文化的回归

创设安放儿童心灵的生活空间

把“儿童自主学习——生活空间作为课程”作为小学科研基地学校活动的主题，很有意义。儿童自主学习，一般都能准确理解和把握，而把“生活空间作为课程”需要费些思量，我是这样理解的。

首先，何为生活空间？只有对生活空间有了清晰的认知与理解，才能对生活空间从课程的视角进行开发与利用。有学者认为，“生活空间主要是指在某个时刻或较长的时间内，影响个人行为的因素或力量的总模式，也就是每个人在关键时刻或较长的时间内，心理上参与的那部分物质的和社会的环境。人类发展的每一个阶段都有其相应的生活空间”。生活空间不仅仅包括我们的物质活动，也包括心理活动。简单地说，儿童的生活空间就是儿童时刻都需要的物理和心理(精神)空间。物理空间好理解，心理空间在这里我把它理解为:在某个时刻或较长的时间内,儿童特定的心理状态以及学校和成人社会应该给予的安放(或者叫做适应、顺应)这种心理状态的空间,包括物理的、言行的环境。我想,这就是我们为什么要遵循教育规律、儿童身心发展规律的原因所在。这也就是教育区别于其他领域以及相应职业的本质所在。教育是人学,尽管有规律可以遵循,但人是千差万别的,家庭不同、个性各别、心理各异,这就决定了为每一个儿童准备适宜他成长的生活空间,将是一项多么复杂的工作、又是何等高的要求。在实际工作中,我们想到了,努力去做了,却要么没有做好,要么知难而退了,于是,我们满眼都是清一色的课堂、千篇一律的要求。

其次,生活空间作为课程。在这里,生活空间作为课程,主要是指进行课程资源的开发与利用。学校课程必须与学生的生活空间产生联系,才能激发起学生的学习兴趣。课程资源的开发与利用要与儿童的生活空间相符合。否则,这样的课程实施结果,必定是事倍功半,甚至南辕北辙。为此,真的教育、教育的真本领就在于,真正地了解、把握儿童的身心发展的一般规律以及(每一个儿童的)特殊规律,进入儿童在某个时刻或较长的时间内的生活空间,了解、熟悉他们生活空间的形态,为他们心灵的安放、成长及与之相宜的知识的增加、能力的提高,提供适宜的课程。可见,这里的"生活空间作为课程",是指要依据儿童生活空间特点,进行有针对性的课程资源的开发与利用。

再次,明确生活空间作为课程的最终指向。把儿童的生活空间作为课程，目的是促进儿童的自主学习。为此，在把生活空间作为课程资源进行开发与利用时，要注意课程资源能否激发儿童自主学习的欲望。可以想象，把远离儿童生活空间、超越儿童生活空间、甚至是与儿童生活空间格格不入的课程强加给儿童的作为，都是反规律、反人性的，是会得到惩罚的。这种惩罚不仅表现为儿童不能得到全面的发展，而且会造成整个民族的“侏儒化”——民族生存、发展和创新能力的泯灭！于是，我们说，只有适合于儿童生活空间的课程资源的开发与利用，才能促进儿童的身心发展，才能激发儿童的兴趣，儿童才可能去主动接近它、把握它、探究它、驾驭它，并最终运用它为人类、为自己造福。

(2014 年 12 月 5 日)

儿童文化回归与教育者的责任

一、什么是儿童文化

一般而言，儿童是指 0—14 岁年龄段的孩子，是处在学龄前的婴幼儿、小学阶段的学生。

在关于文化的几百种概念解释中，很难找到一种最贴切的可以作为“儿童”一词的后缀、组成儿童文化的概念。

通常所说的儿童文化是指在儿童生活中普遍存在的价值观念、行为方式、语言习惯、思维态度、知识系统等方面的总和，是儿童与同伴交往过程中形成的、并以儿童自己的思想和行为来决定其价值和标准的文化。其核心是儿童的价值观念，其他各方面是特定儿童价值观念的外在表现。在儿童早期，其价值观念主要受成人影响；随着年龄的增长，儿童逐渐形成了自己的比较稳定的价值观念，以及在其指导下形成的行为方式、语言习惯、思维态度等。

而美籍德国犹太哲学家汉娜·阿伦特在《过去与未来之间》一书中的解释，则启发了我关于儿童文化的新的认识。她说，“文化，在词语和概念上都起源于罗马。文化一词源于 colere，意思是培养、居住、照料、照管和保存，它首先涉及人与自然打交道的方式：培养和照料自然，直到让它变成适于人类居住的地方。”我们都知道，作为自然之物的人类新生代——儿童，不也是自然的造化？不也是需要培养和照料？因此，关于儿童文化是什么的解释也就可以简洁很多，即：对于作为自然之物并逐步社会化过程中的儿童的养育和照料所需遵循的方方面面。

二、为什么要回归儿童文化

我们本以为养育、照料、引导儿童成长、社会化的实践已经成为一种文化，现在却要“回归”，这表明儿童文化要么并没有真正形成过，要么遭到了破坏，而且时间很长了。不幸的是，事实果真如此。

幼儿教育被一句“不能输在起跑线上”的话误导，以致所有幼儿园被社会和家长裹挟着与小学进行所谓的幼小衔接教育，小学化倾向甚嚣尘上。

小学教育阶段，我们有多少老师在潜意识中真正有着与学生平等的思想，而没有成人的指气颐使、教师的师道尊严、布道者的优越感？我看不多。于是，就有灌输式、填鸭式教学，为考试而教、题海战术和假大空的评价方式等等的被诟病至今的不一而足的问题。

汉娜·阿伦特在同样的书里说道：“所有从黑暗中涌出的生命，无论天生有着多么强烈的冲破黑暗的倾向，它的生长都需要黑暗的庇护，不单单植物生命是如此。”这段话的下文,她是要表达对儿童隐私保护的重要性的。但我要借用一下,这种具有庇护功能的“黑暗”,恰恰是在儿童期内儿童生命成长所需要的特殊的“土壤、阳光、空气和水分”。而她又紧接着说了这样一段话:

“现代教育,就其试图建立一个儿童世界而言,破坏了生命成长发育的必要条件。但是说这种对儿童成长的伤害是现代教育的结果,听起来确实颇为怪异,因为现代教育始终认为它的唯一目标就是为孩子服务,(以)抵制过去那些没有充分考虑孩子内在天性和需求的教育方法。”这不是在说我们今天的教育吗?可这是她在1961年出版的书中说的。

三、怎么回归儿童文化

关于如何回归儿童文化,在参加这次活动的科研基地学校组织的教师沙龙、学校的总结思考性文章中,有不少在深刻认识儿童文化回归重要性的基础上,提出了许多合乎规律的想法和途径。这些都让我们脑洞大开、眼前一片光亮,对于我们学校,特别是我们科研基地学校充满了信心。

在浏览各学校的总结思考性文章时,我记住了这样几个词。

一是“俯身”。但看到后,我立即认为,不应该是俯身,俯身有情愿与不情愿之分,俯身很“累”,特别是老师大都身高于学生,而应该是“平身”,要平身!为的是与孩子们“平起平坐”,成为孩子们的朋友。

二是“蹲下”。有老师说要蹲下,我以为,蹲下的确是更好的姿态,但蹲下要讲究时机。蹲下,也是英国诗人华兹华斯的“儿童乃是成人的父亲”这句话的写照。

三是“对话”。对话就得平身,目光要与学生平视。此时,老师内心那份成人的“尊严”应该荡然无存,才能进入目光平视、灵魂与灵魂交流的境界。

有一位老师在本校“儿童文化回归——改善师生对话关系”主题沙龙上讲的话,我特别赞赏。这里照单全部引用。

她说:(赞同)儿童文化回归的老师,他(她)应该把学生当成孩子,把别人的孩子当成自己的孩子,把自己当成孩子。她还就这三句话做了具体阐释:

(1) 要树立正确的儿童观,回归儿童文化。要认识儿童,尊重儿童,理解儿童的需要,我们的教育教学行为要顺应儿童的成长需要。

(2) 要有一颗博大的爱心。心底无私,包容悦纳每一个孩子,视如己出。爱自己孩子的是人,爱别人孩子的是神。虽然我们无法自夸为“神”,但这一定是我们的精神追求。

(3) 蹲下身子,放下架子,做回孩子。要以平等的视角融入儿童的世界,与他们平等对话,成为“平等中的首席”。

受这位老师的启发,我情不自禁地还是想引一段汉娜·阿伦特的话:

“由于孩子还不熟悉这个世界,他必须缓慢地被引入;由于他是崭新的,必须留意让这个新人和原有的世界顺利接轨。不论哪种情况下,教育者都作为一个世界的代表,站在年轻人面前，他们必须为这个世界承担责任，即使他们自己没有亲手建造它，即使他们自己也私底下或公开场合里希望它是另一个样子。这种责任不是任意强加在教育者身上的；它隐含在年轻人被成年人引入一个持续变化的世界的事实当中。任何拒绝为这个世界承担连带责任的人，都不应当要孩子，也不能允许他们去教育孩子。”

（2016 年 11 月 25 日）

认知能力发展与有效教学

一年一度的江苏省初中研科基地学校综合学术活动，是基地学校围绕总主题或分主题实践和研究成果的展示交流平台，是每所基地学校逐步走上“科研兴校”之路、成为科研示范学校的需要。这次活动的主题“基于认知能力发展的有效教学”，是由大家共同商量而定的，想必是每所学校都关注、在有的学校已经实践得比较充分并取得了相应的成效。因此，基于大家各自的思考或实践基础上的研讨、交流，必定有利于每所学校这方面实践和研究的深化。也正因此，正确地理解、把握主题的内涵及其本质规定性，并切实地转化为实践，就显得十分重要而又必要。对于主题，我有这样三方面的理解。

一是全面认识认知能力。认知能力是指人脑加工、储存和提取信息的能力，也就是我们通常所讲的智力，如观察力、记忆力、想象力等。我们认识客观世界，获得各种各样的知识，主要依赖于人的认知能力。据此衡量，我们日常的教学可能都难以称得上完整的“有效教学”。因为，我们的教学往往过多地注重学生记忆力的增强，以记住满堂灌的知识，而轻视、甚至忽视观察力、想象力的培养。当然，在座各位谁也不会认为自己的教学是“无效教学”。由于学生观察力、想象力差、甚至不具备,只能被动地接受知识、成为知识的容器。我们追求的“有效教学”应该是有利于学生认知能力的全面发展。而实施“有效教学”的首要任务之一,就是要全面认识、把握和落实认知能力的全部内涵要求。

二是科学看待认知能力发展。研究表明,在儿童青少年时期,个体经历着生理上的成熟发展,同时,随着学习和经验的积累,儿童青少年的认知水平也不断出现高低分化。但总体而言,不同年龄和认知水平的儿童青少年个体伴随大脑结构的发育,认知能力都在发展变化。也就是说,学生认知能力发展快慢,与他们的年龄及其已经具备的认知水平直接相关,三者的排列组合有多种结果。因此,我们每天面对的学生是一个复杂的群体。他们的差异,一方面要求我们施以不同难易程度内容、不同方式方法的教学,另一方面使得我们在有限的时空内试图施以的教学面临巨大挑战。学生的认知能力参差不齐,学生认知能力的发展因多种原因不会到达同一水平。这是需要我们正视的问题。正确的做法是:尽最大努力给予认知能力发展水平不同的学生以适合的教育教学,并促进每个学生认知能力发展,就可谓“有效教学”了。

三是正确处理认知能力发展和有效教学的关系。关于两者及其相互关系的研究很多,想必大家都有学习和思考的体会、实践经验和成果。关于认知能力,前面已有涉及。关于有效教学,大家都知道,从它被提出来(20 世纪上半叶)之日开始,就备受推崇,形成了一整套理论体系和实践策略,从而增强了教育教学的科学性、学科性。对于两者关系,我的有点“望文生义”的理解是：毫无疑问，认知能力发展与有效教学是相互促进、相得益彰的正相关关系。简要罗列几点具体理解。

其一，认知能力在一定水平基础上的发展，总是表现为向上的、提升的状态或结果，而促进、促使这种状态或结果形成的教学才是有效教学。

其二，有效教学的实施，使得处在不同认知水平上的学生的认知能力都得到应有发展，这样的发展不会是整齐划一的同等速度的发展，而是快的更快、较快的变快、慢的变得较快。

其三，有效教学应该是在尊重学生认知能力差异基础上的教学，因此，衡量有效教学效益大小的标准是不同认知基础水平的学生都获得了认知能力的最大、最快发展。

其四，有效教学应是师生间的双向互动，在这种互动中，教师发现自己实施有效教学的知识和能力欠缺、了解学生认知能力的新的差异，并积极地弥补欠缺，提高有效教学水平。

其五，有效教学的主阵地在课堂，教师应立足课堂教学、丰富并娴熟地运用课堂教学策略，特别是在有限时空条件下针对学生个体差异的教学策略，以实现不同学生同一时空下的认知能力的共同发展。

（2018年4月19日）

构建学生心理健康教育的新模式

健康的心理素质是人全面发展和社会全面进步的重要基石。提高全民族的身心素质首先要提高青少年的身心素质。我国社会转型、江苏省基础教育改革发展,已经对心理健康教育工作提出了新的更高的要求。关注和重视未成年人心理健康,是促进学生健康成长的需要,也是推进素质教育、加强和改进青少年思想道德建设的必然要求。

我国社会正处在转型过程中,人们的文化观念、生活方式、思想意识都发生着剧烈变化。中小学生身处其中,他们的心理负荷遇到了前所未有的考验,在复杂社会现象面前的迷茫、升学压力增加、家庭变故等等原因,导致了部分青少年的厌学、说谎、自私、任性、耐挫力差、焦虑、抑郁等种种外显的和内隐的心理或行为问题。这些问题不仅严重地影响着青少年自身的健康发展,也给正常的教育教学工作带来巨大的困扰,直接影响着学生及其所在家庭的幸福乃至社会的安定。这些年来屡屡发生的学生杀害教师事件,很大原因在于学生的性格扭曲、心态失衡。学生心理不健康的危害有时是致命的。因此,在中小学校开展心理健康教育,培养学生良好的心理品质、健全的人格,十分紧迫、意义重大。

当然,心理健康教育也为我们提供了一种新的教育视角。以往教师较多关注学生的表象化行为问题，并把这些问题等同于品行问题，忽略了学生的心理需求。而心理健康教育，要求教师以一种理解和接纳的态度来看待学生及其行为，并发现这些行为背后存在的心理需求，从人性化的角度去理解和教育学生。显然，加强心理健康教育，对于建立相互支持、理解和信任的良好师生关系有着十分重要的意义。中小学校要进一步明确目标，理清思路，突出重点，狠抓落实，把心理健康教育当作新时期学校德育的重点工作，当作未成年人思想道德建设工作的一件大事，认真抓出成效来。

但是，从目前的实际情况看，全省中小学心理健康教育工作还存在这样几个方面的问题。

一是发展不平衡。区域之间、区域内学校与学校之间，心理健康教育工作发展不平衡。城区学校开展相对较好，而在农村学校和一些薄弱学校中，工作落实不到位，有的还处在空白状态。

二是重视度不够。很多学校根据要求建立了咨询室，制定了制度，设计了活动课，但仅是做些表面安排，没有真正重视，没有开展实质性工作。从调查了解的情况看，有的学校并没有真正扎实地开展心理健康教育工作。

三是认识有偏差。有的学校认为心理健康教育就是帮助个别有心理障碍的学生，忽视了全体学生良好心理品质、学习习惯、学习方法和学习能力等非智力因素的培养，没有与学校教育教学工作有机结合。

四是针对性不强。学生心理研究普遍缺乏针对性，研究共性的多，研究个体的少；理论研究多，结合实际研究少。

五是师资力量弱。虽然经过培训，心理健康教育教师得到有效补充，但是仍没有达到每校 1 人的基本要求。在一些薄弱学校，甚至兼职教师都没有。绝大多数学校的心理健康教育教师仅仅经过初级培训，专业水平有待提高；多数心理健康教育教师承担着繁重的课业任务，难以保证有更多的时间和精力投入心理健康教育。

学校心理健康教育是一种预防性、发展性、整体性的教育。学校开展心理健康教育，要找准切入点，动员全体教师共同参与，结合中小学生的身心发展特点，以学会学习、人际交往、升学择业以及适应性为重点，采用灵活多样的方式，着力构建学校心理健康教育新模式，促使学生人格健全发展和心理素质全面提高。

总体而言，面向中小学生的心理健康教育要体现全员(面向全体学生，是全体老师的任务)、全程(从小学入学开始至高中毕业)、全科(各学科教育教学中的渗透)、全时空(在实施教育教学的全部时间、空间里以适宜的方式渗透)的要求。具体地说，可以从以下几方面着手。

一是以课程为阵地，扎实推进学校心理健康教育。学校要充分利用综合实践活动课程、校本课程，开设心理健康活动课，做到团体辅导活动课程化、系列化。心理活动课不是教学生学习心理学知识，而是要设计符合学生年龄特点的团体活动，通过长期的孜孜不倦的引导，培养学生适应环境、直面挫折、感知幸福、体验成功的心理素质。应通过心理健康活动课对学生进行学习心理、学习技巧的训练，引导他们勤学、乐学，激发他们的求知欲、进取心、责任感和竞争意识，促进学生健康学习、有效学习，不断提高学生学业水平、实现提高教育教学质量的目的。

二是以培训为依托，大力提高教师心理健康教育素养。各级教育部门应通过举办校干培训班、骨干教师提高班、基础培训班等途径，促使校长观念的真正转变，不断提高全体教育工作者的心理健康教育素养。中小学应抓好抓实心理健康教育工作，逐步建立在校长领导下，以班主任和专兼职心理辅导教师为骨干，全体教师共同参与的心理健康教育工作格局。学校可以通过引进专职教师、培训兼职教师、面向全体老师普及心理健康教育知识和技能等途径，让每一位老师增强心理健康意识，把心理健康教育的理念、方法渗透到学科教学中，实现真正意义上的教育教学质量的提高。对于培训过的教师，学校要切实提供条件，充分发挥他们的作用。同时，要特别关注教师的心理健康，践行“以人为本”理念，采取各种减压措施，让教师补充心理营养，不断提高教师的生存质量，进一步营造和谐乐教的校园氛围。

三是以学生组织为基础，建立健全学校心理健康教育网络。在学生的成长发展过程中，很多学生更乐意向伙伴、向同龄人倾诉，进行心理求助。要利用这一特点，把心理健康教育工作与“学生成长伙伴”有机结合，以学生为基础，鼓励在班级、学校两个层面上，建立心理互助类学生社团组织，设立学生心理员，建设一支以学生为骨干的心理健康维护队伍。借助学生间良性的互相帮助、互相影响，通过师生沟通，及时发现学生中存在的问题和心理隐患，进行全程、全员、全方位的心理维护，使学生真正成为心理健康的主体。

四是以科研为先导，全面提升心理健康教育水平。各地、各中小学校要积极开展专家引领、同伴互助等活动，同时走出去、请进来，加强校际交流与合作，相互取长补短，提高学校心理健康教育的质量和效益。要依托课题研究和论文写作，通过课题教学研讨、各种心理辅导活动等，促进心理健康教育水平的全面提升。

在我国各个领域正在深化改革、社会转型的过程中，我们每个成年人，特别是我们每位教育工作者，为了每一个孩子的健康成长，都应该做点什么。如果说，为每个孩子做点什么，这是我们每个人的义不容辞的责任和义务的话，那么，我们现在就应行动起来。在已有工作基础上，百尺竿头更进一步，认认真真做好今天的工作，科学谋划好明天的工作。孩子是国家的未来、民族的希望。孩子能否健康成长在很大程度上取决于我们做得怎么样。也就是说，我们的工作直接关乎着国家的未来、民族的希望。我们应充分认识自己工作的价值，充分认识学校心理健康教育的意义，让全省学校心理健康教育惠及每一个孩子。

（2014年6月12日）

第二节　教学转型的路径

教学中对话与交往的一般原则

这次初中科研基地综合活动主题是“教学中的对话与交往”,还设立了“立足学生的活动设计、多样化的对话与交往方式、教学中对话与交往的意义与价值、教学中对话与交往的适切性”四个专题。无论主题还是专题,不难看出其中的核心词是:“对话”“交往”,其他如对话和交往的活动设计、方式、意义和价值,显然是因为在教学中的对话和交往而产生、存在。对此,我有这样几点理解。

一是教学中的对话与交往是人与人之间的。大家会想,这话怎么说,教学中的对话与交往当然是人之间,是老师与学生、学生与学生之间的。但是,教学中的对话与交往,还有师生分别与环境、师生共同与环境的对话与交往。在具体的教学场景里,我们每位老师都做到“目中有人”了?不是有很多老师把课堂当作“漏斗”、把学生当作“容器”,一味地向学生灌输知识吗？我这样的反问，是想提醒我们的老师应时刻保持清醒的头脑，充分认识每一个学生都是不能小觑和低估的个性化、情感化的存在，我们只有尊重每个学生的个性和情感，创设平等、民主的课堂氛围，才能张扬其个性、焕发其灵性、呵护其成长、促进其发展、保障其幸福，才能有真正的教学质量可言。

二是教学中的对话与交往应是平等的。大家又会说，这是什么话，教学中当然是老师与学生的平等对话与交往。然而，实际的教学场景中，我们每位老师做到了吗？在当下高考、中考压力层层向下传递而且不见减轻的现实状况面前，老师们在所有的教学时空里，能够淡定地按教学规律、按学生身心成长规律实施教学吗？能够真正地意识到学生是与我们一样在人格上完全平等的、心智正在成长的人吗？只有老师们不畏惧压力、善于控制自己的负面情绪，平视学生、平等对待学生、平等对待每一个学生，才可能不急不躁、心平气和、个别化地引导学生学习，丰富其知识、赋予其技能、开阔其心胸、拓展其视野、远大其抱负。

三是教学中的对话与交往应是双向的。大家还是会说，这又是什么话，教学中的对话与交往当然是双向的，否则就不叫对话与交往了。但是，在具体的教学情景里，我们每个老师有没有话语霸权行为？有没有老师只管问、学生只有回答份儿的问题？学生相互间、学生与老师间的交流有没有障碍？如果有这些情况，就表明，教学中还没有真正意义上的对话和交往，是老师在一厢情愿地教、学生在被动地学。教学中真正意义上的对话与交往，应该是这样一种境界：师生间、生生间无不在交换对知识、对人生、对社会的理解，其间充盈着智慧的火花、创造的激情、生命的朝气、生活的憧憬、家国的情怀；应该是这样一种结果：教学相长。

(2016年4月8日)

教育质量监测的功能发挥

作为以促进教学质量和效益提高为主要目的的教育质量监测在我国是一项起步时间不长的工作。在江苏也只有十年时间。但是,回顾一下,还是有些值得记取的地方。

一是起步较早。2006 年,江苏省教育厅与教育部基础教育课程教材发展中心达成协议,加入全国性“建立中小学生学业质量分析、反馈与指导系统”项目,并约定每两年测试一次。在 2007 年教育部成立基础教育质量监测中心后的 2008 年 3 月,江苏省基础教育质量监测中心在江苏省教育科学研究院正式挂牌成立。这是国内第一个省级基础教育质量监测机构,表明江苏把质量监测工作纳入基础教育发展的整体布局。

二是覆盖面广。为了全面掌握全省义务教育质量状况,从加入全国性学生学业质量监测项目开始,测试范围就覆盖全省所有的县(市、区),形成省、市、县三级学生学业质量分析报告。在建立质量监测中心后,按照约定,江苏省在 2008 年、2010 年和 2012 年继续参加了全国的学业质量测试,测试规模逐年扩大。

三是独立监测。2014 年,在全国性“建立中小学生学业质量分析、反馈与指导系统”项目终止后,江苏省首次独立开展义务教育质量监测工作。参照国际经验，我们选取了本学段具有代表性的三年级和八年级学生作为测试对象，测试内容三年级为语文、数学，八年级为语文、数学、英语和科学（由物理、生物、地理组成）。所有参测的学生、所有参测学校的校长和相关学科教师都参加问卷调查。全省实际参加测试和问卷调查的样本学生数为 213685 人，占两个年级学生总数的 16.08%。测试结束后，省中心提交省级报告 1 份、市级报告 13 份和全部县区的报告；还向 12 个县区的 383 所小学和 228 所初中提交了学校层面的分析报告，共 753 份。

四是开发工具。2014 年，省中心成立了小学语文、数学，初中语文、数学、英语、物理、生物、地理和问卷等九个工具研制小组。组长由省教研室相关学科教研员担任。每个小组 7—12 人，小组成员由教研员、特级教师、教授级教师和一线教师组成。为了保障各小组工作常态化，省中心还为小学语文、数学，初中语文、数学、英语、科学和问卷组各配备了 1 位学科秘书。

五是跟进研究。十年来，全省义务教育质量监测项目实施的覆盖面和质量数据的连续性均居全国首位。但是，与项目实施的根本目标还有很大距离。实施义务教育质量监测，根本目标是为地方、学校和学科教师提供改进的依据。没有广泛的、逐步深化的跟进式改革，就会造成项目实施在人力物力财力方面的浪费，更会在改革重点的确定、改革特色的形成、发展方式转型等方面失去的机遇。为此，2012 年，省中心与无锡市锡山区、滨湖区和淮安市洪泽县推出“基于测试分析提升区域义务教育质量”合作研究项目,在区域、学校、学科三个层面推进教育教学改革,建立新型教学模式及相应的管理制度,促进教师专业发展,改进课程教学生态,提升区域义务教育整体质量。为进一步调动地方和学校参与跟进式改革的积极性,提高组织化水平,省中心从今年开始,以“基于测试分析的跟进式改革”为总题,每两年左右一轮,在市、县、学校三个层面,设立若干重大研究项目,采用申报或委托方式,全面推进跟进式改革研究。去年 10 月,省中心组织专家在市、县、学校报送的 53 个项目中评出 29 个,其中高校委托项目 2 项、市、县、学校各 9 项。

以上这五个方面的特点和做法,既是江苏省中心过去十年监测工作的总结,同时还启发了今后一个时期监测工作更上层楼的思考和计划。

一是进一步降低服务重心。监测的目的是为教育教学改革提供质量信息服务。以往服务的对象主要是县一级教育行政和教科研部门。为了积累经验,省中心 2012 年在滨湖、锡山、洪泽三个县区进行了以学校为单位提供质量分析服务的第一次尝试。2014 年,又与泰州市、南京市栖霞区、镇江市京口区、南通如皋市等 12 个县(市、区)合作,扩大试点范围,为他们的每一所学校提供服务。尽管这样,还是无法服务更多学校。为此,可以在两个方面努力:其一是适当增加测试成本投入,扩大抽样范围,增加全样本测试地区的数量,让更多的学校成为测试对象;其二是开发专门的软件和网络平台，实现质量信息服务网络化，让每一所参加测试的学校借助于网络环境，能够即时、自动地生成本校的质量分析报告。

二是提高科学评价的专业化水平。在事业发展整体水平的评估方面，尽管已经进行了多年的探索实践，但是在学生质量的科学评价方面，专业积累还远远不够。在这方面需要重点做好两件事。一是加强机构建设。除省中心的力量需要不断加强外，各市也应从本市实际出发，加快质量监测专业机构建设。目前，仅有苏州市建立了专门机构，连云港、南通等市把质量监测作为教科研部门的一项职能。二是扩大专业培训范围。科学评价的专业化问题不解决，科学的质量观就很难得到普及。目前，县区一级甚至在设区市层面，科学评价的专业培训需求很强。今后一段时间，应增强与国内外相关机构的交流合作，有计划地组织经常性、全覆盖的培训活动，提高学生质量评价的专业化水平。

三是确保反馈工作及时到位。在每次测试结果省级集中反馈会后，都会派出专家向各市和部分县区反馈测试结果。多年的情况表明，大部分设区市都会积极组织市本级层面的反馈，但是，市向县区一级的分析反馈工作基本是缺失的，主要原因是没有专门机构、缺乏专业人员。为此，应加强设区市级层面相关人员的培训，不断壮大各地专业人员队伍，以保证测试结果及时反馈到位。

四是加强研究服务决策。2006—2014 年，全省共组织 5

次覆盖全省的学生学业质量监测,积累了大量有价值的数据。由于专职人员少等相关因素,一直未对这些有价值的数据进行研究。应组织专业人员梳理数据,形成全省义务教育学生学业质量跨年度比较的若干研究报告,为教育行政部门的决策提供服务。

(2016 年 3 月 25 日)

教学方式转变的新要求

本次论坛的主题为:转变教学方式,提升核心素养。围绕主题安排的活动,想必对于大家转变教学方式、实现教学目标有些裨益。当然,实现真正意义上的教学方式转变,显然不是一次论坛就能促成,而是需要大家在已有探索和实践的基础上,明确新要求,百尺竿头更进一步、并持之以恒,方能久久为功。

一是转变教学方式要有深厚的家国情怀。教学方式是育人模式的关键,直接关乎怎样培养人,决定了能否完成好教学任务、实现教学目的和培养目标。因此,转变不利于学生实践精神、创新能力和社会责任感培养的教学方式,显得十分紧迫。

国家改革开放以来巨大成就的取得,得益于经济体制、科技体制与教育体制的变革。这几年正在实施的大众创业万众创新的国家创新驱动发展战略,如果没有真正意义上的教育的深层次变革,必定难以持续、难以取得实质性成效。教育,以致我们的教育文化,如果不做深层次的变革,支撑国家发展、民族振兴的创新能力,必定难以为继、更难获得持久的提升。而教育的这种适应性改革,最为必要而又显在的是教学方式的转变。可见,转变教学方式已经不再是一种教育思想、教学理念指导下的具体的教育内部的变革,而是与国家发展、民族振兴、社会进步休戚相关的,需要身在其中、又起着决定性作用的每一位老师,增强转变教学方式的责任感、使命感和紧迫感,从自己做起、从现在做起。

二是转变教学方式要有壮士断腕的勇气。一般而言,作为完成教学任务而采用的教学方式,包括教师教的方式和学生学的方式。转变教学方式,十分重要、十分紧迫,但是,真正做起来又谈何容易。

现行的教学方式是在考试教育文化长期的浸淫中形成的。现时的我国教育领域,各种教育思想、理念、主张层出不穷、天花乱坠。在这些思想、理念和主张指导下的局部的、个别的所谓新实践、新探索、新成果不断涌现、充斥视听,然而,整体的、普遍采用的教学方式还是老旧的、传统的。于是,教学方式几乎还是千科一面、千师一式。因此,即使有"举世皆浊我独清,众人皆醉我独醒"的那么一部分老师,勇于独立潮头、"标新立异",结果也可能"风必摧之"。但是,我们在承认这种现状的同时,还是深深地期待着我们的骨干教师、学科带头人,以自己的智慧、勇于遵循教育规律,选择有利于学生实践精神、创新能力和社会责任感培养的方式进行教学。

三是转变教学方式要有落细落实的功夫。如何转变教与学的方式,这方面的研究是洋洋大观不一而足、实践也是层出不穷举不胜举。因此,转变教学方式不是没有基础、没有路径,而是要在进一步明确目标的基础上,沿着既定路径,坚韧不拔地下好落细落实的功夫。

转变教学方式的目标:“要注重培养支撑终身发展、适应时代要求的关键能力。”今年 9 月,中共中央办公厅、国务院办公厅发布《关于深化教育体制机制改革的意见》强调,“要在培养学生基础知识和基本技能的过程中,强化学生关键能力培养。”这里的关键能力具体指认知能力、合作能力、创新能力、职业能力。这些能力的培养无不需要特定的教育教学方式方能完成。

转变教学方式的路径:建立以学生发展为本的新型教学关系,积极倡导“自主、合作、探究”的学习方式。从总体上看,目前仍占主流的是重知识、轻能力,重传授、轻思考,重理论、轻实践的传统教学方式。因此,两办《意见》强调要建立以学生发展为本的新型教学关系;改进教学方式和学习方式,变革教学组织形式,创新教学手段,改革学生评价方式;要切实减轻学生过重课外负担。

转变教学方式的任务:就是要解决过于强调应试导向、学生实践能力整体偏弱等问题。应按两办《意见》要求:提高课堂教学质量,严格按照课程标准开展教学,合理设计学生作业内容与时间,提高作业的有效性,鼓励教师创新教学方法。

(2017 年 10 月 19 日)

第三节　教学转型的探索

语文教育的江苏境界

本届“苏派语文教育论坛”的主题——“苏派语文的教学新思维”，表明了江苏“语文人”突破藩篱的冲动、求变图新的意愿。创新是我们这个时代的命题，是事物变化发展的第一动力。江苏语文教学新思维中以下三方面应有一定的位置。

一是努力把江苏教育的品牌“擦得”铮亮。前些年，省教育行政部门主官提出研究“苏派教育”要求。此后，不仅有专门的专家团队立项研究，而且有机构专门建立了苏派教育研究中心、并正在筹建苏派教育实验学校。同时，全省各地有一批同志也开始关注苏派教育。近些年，有了一些研讨、争论，其中以苏派语文教育的研讨、争论较为热烈。但是，我们注意到无论是关于苏派教育、还是苏派语文的研究总体上没有形成氛围，成果不多、也不厚重，命题本身和初步的研究结论也颇具争议。是命题没有价值、不值得研究，还是研究功力不够、不能出笼空前的成果，我看都不是。

江苏教育的区域特色是显在的。一方水土养一方人。一方区域文化孕育了一方教育。研究区域教育特色，首先要研究区域文化。区域文化是区域教育特色形成的背景和土壤。我们生活、工作的江苏省域是一个行政区域，不是一个整体性的文化区域(板块)。已有研究表明，江苏省域范围内不同的地理区域文化特征各不相同。例如，有金陵文化、吴文化、维扬文化、(古)楚汉文化、(现)苏东海洋文化等区分；仅仅洒落江苏各地的地方戏曲就有14种之多、有“吴韵汉曲江淮调”之别。就是这些区域特征明显的文化，也在长期的各自的流变、相互交融中，相互辉映、相得益彰。同时，省域内的这些特征明显的区域文化，又与山东、河南、安徽、浙江、上海等接壤省市的区域文化交汇，还与不接壤省份、与其他国家和地区的文化交流互鉴。于是，试图反映江苏区域整体特色的苏派教育研究，无疑应该既研究江苏省域内各文化区域的教育特色，又要研究各文化区域之间，及其与其他省市、其他国家和地区文化交流互鉴对该区域教育特色形成的影响，还要在此基础上凝练江苏整个区域教育的特色，或者叫做特质、风格、流派。但是，这必须是江苏特有的，哪怕是一个词、甚至是一个字，都行。比如，全国各地都认为，江苏人干事“实”“实在”。“苏派语文教育”的个性揭示莫不如是。而苏派语文教育的研究要一马当先。苏派语文教育的个性被真正揭示之际，就是江苏教育品牌真正的灿烂之时。期待大家的实践和研究成果。

二是聚焦学生的生命成长和终身发展与幸福。这里的“思维”二字，我想不是作为“人类高级认识活动”的思维来理解，而应理解为对语文教学的新思考，以及在新思考指导下的新实践。大家在这方面的思考，无疑比对苏派教育、苏派语文的思考要全面、深入得多，在这方面的实践更是林林总总、丰富多彩，不胜枚举。特别是语文教学被“改革”“尾随”后，语文教育教学改革的样式开始五彩缤纷、目不暇接。

语文教学无论有多新的思维、多新的实践，要关注、要聚焦、要实现的目标只有一个：为学生的生命成长和终身发展与幸福服务。语文教学所有模式、方式、方法、手段的扬弃，应该无不是为了达成这个目标。因此，研究苏派语文、苏派语文的教学新思维，就是要揭示什么是不畏、不唯流俗的属于江苏的“真语文”，而不是最终在为考试而教的压力面前，成了“银样镴枪头”的语文。

教育的对象是人，是“宇宙的精华、万物的灵长”的人类。教育是人学。教育小品文作家肖川先生说得好：“良好的教育一定能够给无助的心灵带来希望，给稚嫩的双手带来力量，给蒙昧的双眼带来光明，给孱弱的身躯带来强健，给弯曲的脊梁带来挺拔，给卑琐的人们带来自信。”

有言道，“利尽苍生是语文”。语文不仅仅是语言文字，更多的是思想、情怀和文化，是对生命力量的召唤、人格魅力的感化、灵魂的洗涤。语文是正义，是人性，是真诚，是品德，是激昂向上的精神，是回归生活、回归人类的本真。

美国2014“国家年度教师”肖恩·麦库姆说:“教育不是为了已经完成的世界”。我们说,语文教学要从注重知识和技能,走向注重生命,为学生的生命成长、终身发展、终身幸福奠基。

三是提升江苏中学语文教学境界。时代是一条川流不息的河。江苏中学语文教学要有新思维、新实践,才可能有新境界。而这种可能成为现实,需要在这样两方面下功夫。

一要深入研究凝练特色。苏派语文就是我们自己的、大家的语文。我们一线语文教师都有责任和义务,借助教育、文化等理论的支撑,不断总结、研究、深化自己的语文教学实践,发现、发展自己的、区别于其他老师语文教学的独特之处;立足于自己学校所在的县域甚至市域,研究语文教学的区域特色。有了大家的研究,加上专门机构、专家团队的研究,并集腋成裘,才有真正意义上的苏派语文。江苏中学语文才可能具备被广泛认可的特色、个性或者风格。只有民族的才是世界的。也只有是江苏的,大家出省、出国讲学、交流,才能受到欢迎。

二要深化实践提升境界。王国维说:“言气质,言神韵,不如言境界。有境界,本也。气质、神韵,末也。有境界而二者随之矣。”他把境界提升到“本”的高度,阐明了境界的极端重要性。教育的境界决定教育的高度。语文教学有无境界,决定了语文教学能否形成独特的气质和神韵,即特质、风格。语文教学境界的高低,取决于语文教学有无新思维、新实践。语文教学新思维的形成有两个立足点:江苏区域文化及其教育文化传统、其他区域的优良教育文化。在这两者基础上形成的语文教学新思维，是语文教学实践深化的先导。形成语文教学的新思维，还要克服语文教学中的保守性、公式化、标准化、功利化和形式化倾向。在这样的新思维引领下，语文教学的实践才能不断深化、不断提升境界。

（2015年10月23日）

语文教育论坛的任务

在网络世界,论坛是指一种交互性强、内容丰富而及时的电子信息服务系统,用户在 BBS 站点上可以获得各种信息服务、发布信息、进行讨论、聊天等等。而在网络以外的现实世界中,“论坛”是指一种有一定规格、有长期主办组织、多次召开的研讨会议。“苏派语文教育论坛”,应该是一种研讨会。通过多种途径和形式,让参加者围绕论坛主题,分享个人观点、发布最新信息、交流思想、讨论问题、相互启发、渐成共识,这是江苏“语文人”共同建设精神家园、增强归属感、实现语文教育目标任务的需要。因此,办好论坛、提升论坛层次和品位、影响力和号召力,是大家的共同义务和责任。当然,我认为,还应考虑这样几个方面的要求。

一是要以问题为导向。论坛围绕主题,展示江苏语文教育新成果,形成语文教育新思路,发挥总结、宣传、引领作用,提升语文教师专业素养,促进教师专业成长,因此,得到了全省各地语文教师的广泛响应,效应显而易见。但是,无论是论坛主题的确定、还是围绕主题在有限时间内安排的专家讲座、示范课、交流研讨等,都有必要尝试回答当前语文教育中普遍存在的重点热点难点问题,甚至在场老师们在日常语文教育中的困惑。语文教学风格的形成、优良传统的发扬光大、智慧的生成，固然是必须的目标追求，甚至是对一个语文教师的基本要求。但是，语文教学因时而现的普遍问题、语文教师因时而遇的日常关切，无疑应该是我们这个论坛必须着重关注的。问题是时代的声音，我们必须回应。

二是要与实践相呼应。在我们关注并旨在通过相应途径，促进语文教师形成教学风格、继承创新传统、生成教学智慧的同时，还不得不甚至更要关注“语文教育因时而现的普遍问题、语文教师因时而遇的日常关切”。这一点，如果能够成为大家的共识的话，那么，论坛就要与实践相呼应，必须进一步深入语文教育实践一线，了解微观层面的属于语文教学基本操作中普遍存在的、因时而现的重点问题，了解中观层面的属于语文教学风格、智慧和传承创新等因时不变的难点问题，了解宏观层面的属于语文教学工具性和人文性有机统一所要求的因时而变的热点问题。这三个层面上的问题都是语文教育实践一线的急切呼唤。我以为，论坛要及时加以呼应，在专家讲座、名师示范课、交流研讨中，让在场的老师找到答案、配到“钥匙”。

三是要有理论之创新。实践论告诉我们，实践中问题的解决过程，就是实践向前发展、深化、提升层次和水平的过程，用于解决问题的理论也随之得到完善、发展。实践永无止境，问题层出不穷，理论创新不止。语文教育问题解决的过程，就是语文教育实践的发展过程，也应是语文教育理论不断完善、发展的过程。因此，我们不能满足于上述三个层面问题的解决，而是要借助论坛，请专家帮助大家厘清运用理论解决实践问题的思路，请名师介绍解决实践问题的经验，引导大家交流研讨、互动碰撞，将解决实践问题的经验，上升到理性高度加以认识，做出规律性把握，发展形成新的语文教育理论。语文教育实践不止，语文教育理论发展永续。我们“语文人”应该不辱使命。

（2014 年 10 月 17 日）

数学实验的意义

"初中数学实验"是中小学数学教育改革和发展的必然产物，是一个"高大上"的新名词。它是江苏中学数学教育工作者积极创新的成果，标志着江苏初中数学教育进入了一个新的发展阶段，预示着江苏初中数学教育层次和水平将有新的提高。

《基础教育课程改革指导纲要》在"以学生发展为本"的教育理念中提出："要改变过于强调接受学习、死记硬背、机械训练的现状，倡导学生主动参与、乐于研究、勤于动手"。《义务教育数学课程标准(2011 年版)》也提出：学生的数学学习内容要"有利于学生主动地进行观察、实验、猜测、验证、推理与交流等数学活动"。《义务教育数学课程标准(2011 年版)》提出了"数学教育的新目标"——数学基本活动经验，明确了"数学活动经验的积累是提高学生数学素养的重要标志"。

数学实验是通过动手动脑"做"数学的一种学习活动，是学生运用有关工具(如纸张、剪刀、模型、测量工具、作图工具以及计算机等)，在数学思维活动的参与下进行的、一种以学生人人参与的、以实际操作为特征的数学验证或探究活动。数学实验注重操作与实践，可以有效地改变学生数学学习方式，变“听数学”为“做数学”，变“看演示”为“动手操作”，变“机械接受”为“主动探究”。学生在数学实验活动中，主体意识得到了发展，体验到发现知识的乐趣，积累了数学活动经验，思维能力得到了提升，拥有了创新的机会。

此前主要是有一些高校，借助软件平台开展数学实验活动，而江苏省教科院教研室的研究团队，经过五年潜心研究，深入实践，打造了全国首创的“初中数学实验手册”。这是江苏基础教育改革发展的重要成果，也是数学教师践行新课标理念的有效载体，昭示了江苏教育人敢为人先勇攀高峰的豪迈气概、创新创造不断进取的教育情怀。至此，中学实验教学不仅物理有实验、化学有实验、生物有实验，初中数学也有了实验。这对于培养学生的创新意识和实践能力、积累数学活动经验、提高数学学习成绩，乃至提升全省基础教育质量意义重大。

（2014 年 8 月 16 日）

数学实验教学的独特优势

在去年第四届全省初中数学实验教学专题研讨会上，我基于对数学和数学实验教学的一般理解，简要谈了“数学实验教学是有难度的工作、数学实验教学是一种创新、数学实验教学意义重大”这三个问题。

一年过去了，初中数学实验教学研究和实践都有了新的明显进展，比如，成功申报了省教育厅基础教育前瞻性教学改革重大项目，组织了数学实验创新案例设计评比等等，这些都是令我们为之高兴的。特别是伴随党和国家关于教育改革发展新目标、新任务的提出，在实现新目标、完成新任务的过程中，数学实验教学的研究和实践，将彰显更为重要的价值、独特的优势、特殊的担当。

党的十八届五中全会通过的《中共中央关于制定国民经济和社会发展第十三个五年规划的建议》(以下简称《建议》)，在“坚持共享发展，着力增进人民福祉”部分对提高教育质量进行了新的部署，按照党中央新的要求，“十三五”时期的教育事业发展，将以提高质量为主线，以促进公平为重点，以深化改革为动力，以加强法治为保障，在显著提高国民素质和人力资源开发水平方面迈上新的台阶，确保全面建成小康社会目标顺利实现，并为实现中华民族伟大复兴的中国梦打下坚实的基础。

不久前,联合国教科文组织在确定 2030 年世界全民教育目标时,建议各成员国“确保提供 12 年免费的、公共资金资助的、公平的、有质量的初等教育和中等教育,其中至少包括 9 年义务教育且能产生相关学习成果”,集中体现了全球教育政策的共同价值取向。

无独有偶。12 月 10 日,美国总统奥巴马签署、在此前一天经由美国参众两院高票通过、长达近 400 页的《每一个学生成功法》。这部“新法”的重要目标和主旨内容是,确保教育质量提升和促进教育公平。

大家会说,这不是多年来一直这样说的吗?

但是,以往讲提高教育质量,是作为一般目标要求,是内涵建设的必然结果。现在是我们党站在如期全面建成小康社会的战略全局高度作出的重大部署,是规划教育工作时的第一句话、而且是标题、并作为目标任务直接提出来的。这既表明教育改革和发展的一切工作都要有质量要求、都要为提高教育质量服务,又表明在新的历史条件下,“提高教育质量”被赋予了新的内涵和要求。

讲教育公平也是讲了多年,但大多是讲宏观、中观层面上的教育公平,用词以“平等”“均等”“均衡”为多。即使讲教育公平,更多是反映在理念上的追求。而在《建议》中提出来,不仅是前所未有,而且是紧随“提高教育质量”之后。我理解,现代化的教育一定是公平的教育。把“质量”和“公平”相提并论,一方面表明,在今后一个历史时期内,教育公平将成为教育改革和发展一切工作的出发点和归宿,一切工作都应体现教育公平的要求，要为促进教育公平奠基；另一方面表明，这里讲的公平，是有质量的公平，是要逐步实现全社会渴望的“公平的有质量的教育”：也就不仅仅是人人有学上，而且是人人能接受到质量基本均等的教育。

可以想见，在发展“公平的有质量的教育”这一新的历史任务面前，整个教育系统将面临前所未有的改革发展新要求。但是，归根结底，无论是单纯的教育质量还是“公平的有质量的教育”，最终要落实到各学科的教育教学工作中，落实在各学科每一节课的课堂里。而数学实验教学在提供“公平的有质量的教育”方面具有得天独厚的优势。

首先，有利于提高每个学生的数学学业水平。数学实验教学针对初中学生喜爱动手操作，喜爱将知识与现实生活以及自己的经验联系起来，喜爱挑战性、新颖性、开放性事物等心理特征，让每个学生动手做数学实验，能有效调动学生热爱数学、学好数学、用好数学的主动性和积极性。由此，数学学习不难了、学生不再畏惧数学了，提高每个学生的数学素养和数学学业水平成为可能。

其次，有利于提高数学教育教学整体质量。历史和现实都表明，无论教学内容如何改、教育技术何等现代化，在所有学科中，数学的地位不会变，数学难学的特点不会变，大多数学生畏惧数学的状况不会变。因此，在每个学生数学学业水平提高基础上的数学教育教学整体质量的提升，仍将是难题。而随着数学实验“化抽象为具象”优势的发挥，我们看到了破解这一难题、整体提高数学教育教学质量的希望。

第三,有利于实现课堂教育教学公平的理想。班级社会学的研究表明,整个教育系统中,最为隐蔽而又最触目惊心的教育不公平现象存在于班级教育中。我国学校的班级中学生学业水平的“橄榄型”结构成因,大家都有真切的了解。学科老师关注多、鼓励多的学生的学习积极性、学习潜能一般会得到充分调动,随之这部分学生的学习主动性也比其他学生强,这些学生也最有可能成为“好学生”;而由于班额大和其他因素的影响,老师往往很少顾及属于中间层次的多数学生;此外的一小部分学生则无暇顾及,长此以往,这部分学生就成了“后进生”。而数学实验教学使得数学学习变得形象、直观、明了,学生易学、易懂、易掌握、易运用,老师从“好学生”那里省下的时间,可以用到后面两部分学生身上,特别是“后进生”身上。这样的课堂教学无疑将有效提高每个学生的数学学业水平。这样的课堂教学不仅是公平的,而且是伴随质量逐步提升的“有质量的公平”。

数学实验教学在“提高教育质量,促进教育公平”方面的以上优势,进一步表明了数学实验教学的意义重大,数学实验教学研究和实践的价值连城。为此,期待通过这次专题研讨会,以及数学实验创新方案设计优秀作品的展示,大家增强信心,相互启发,不断提高数学实验教学研究和实践的层次与水平,全面提升每一个初中学生的数学素养和数学学业水平,为江苏基础教育成为“公平的有质量的教育”,作出我们应有的贡献。

(2015 年 12 月 18 日)

数学实验教学隐喻的期待

全省初中数学实验教学专题研讨会,此前已经举办过三届。从第二届开始,同时举行初中数学名师论坛(此前已经举办过两届)。第三届专题研讨会、第二届论坛之后,还举办了全省初中数学实验研讨暨培训会、《数学实验手册》培训会。这次又是专题研讨会与论坛同时举行。据不完全统计,2011 年—2014 年 11 月,参加历次省级专题研讨会、论坛(实质是培训活动)的老师和教研员已经达到 2845 人次,参加 9 个设区市组织的《数学实验手册》培训的老师和教研员达到 2116 人次。在这里,我作这样的统计,主要是为了说明这样几个问题。

一是数学实验教学是有难度的工作。短短几年里,安排如此大密度的培训活动,统一大家的认识,增强大家的自觉性,帮助大家掌握要领,恰恰说明数学实验教学的实施是有一定难度的。我理解,难就难在:我们的老师是在没有数学实验要求的时代接受中学数学教育的,即使在大学期间或者工作之后的继续教育过程中有过数学实验的经历和经验,也认识到数学实验教学对于学生数学素养提高的重要性和必要性,但在具体的数学教学工作中,由于思维定式,自觉不自觉地忽视或轻视数学实验教学;难在没有数学实验教学的刚性要求，例如，主管部门没有具体的考核标准和要求，准第三部门(监测机构、教研和科研部门)没有评价和测量的工具；难在没有促使学校和老师们真正重视数学实验教学的动力机制，例如，中考、高考数学中数学实验内容的进入尚待时日。正因为有难度，就有名师率先垂范的要求，这次名师论坛的主旨就是，“初中数学实验的设计与呈现”。凡事都有难度，有难度并不可怕。攻坚莫为难，重要的是大家必须充分认识到数学实验教学的难度，不掉以轻心、不草率从事，主动寻求科学理论指导，不断提高实验设计水平，不断完善实验教学过程，实现不断提升实验教学质量的目的。

二是数学实验教学是一种创新。数学实验教学在真正意义上的实施，即普遍而有效地实施，难度显而易见。但是，知难而进、突破难点就是进入创新的境界。这种创新一般要求在理论和实践两个方面的同时推进。如果说，2011 版《义务教育数学课程标准》要求教师在概念教学中注重知识的生成，引导学生从已有的知识背景和活动经验出发，提供大量操作、思考与交流的机会，让学生经历观察、实验、猜测、推理、交流与反思等过程，进而在增加感性认识的基础上，帮助学生形成数学概念，是一种理念创新；那么，针对初中学生喜爱动手操作，喜爱将知识与现实生活和自己的经验联系起来，喜爱挑战性、新颖性、开放性事物等心理特征，在数学教学中让学生动手做数学实验，调动学生热爱数学、学好数学、用好数学的主动性和积极性，则是一种实践创新。这样的理论和实践创新的特点，在过去几年的工作中得到了充分的体现。例如,成立“初中数学实验的理论与实践研究”课题组开展研究,在此基础上组织编写《数学实验手册》,去年在部分学校试行,今秋开始在全省七年级正式使用。我想,既然是创新性工作,大家就是在“吃螃蟹”。现在的要求是,既然“吃”了这只螃蟹,我们就要把它吃出美味来,而不是囫囵吞枣;也就是大家要共同努力,在创新的理念指导下,实现真正意义上的实践创新,把数学实验教学这一创新成果真正转化为学生的数学素养。

三是数学实验教学意义重大。美籍华裔物理学家丁肇中在诺贝尔奖颁奖典礼上仅仅200字的讲演中说:得到诺贝尔奖,是一个科学家最大的荣誉。我是在旧中国长大的,因此,想借这个机会向发展中国家的青年们强调实验工作的重要性。中国有句古话“劳心者治人,劳力者治于人”,这种落后的思想,对发展中国家的青年们有很大的害处。由于这种思想,很多发展中国家的学生都倾向于理论的研究,而避免实验工作。事实上,自然科学理论不能离开实验的基础,特别是物理学更是从实验中产生的。我希望由于我这次得奖,能够唤起发展中国家的学生们的兴趣,而注意实验工作的重要性。

我国传统文化中糟粕实在不少,例如,“鄙薄技术工作为微不足道”、轻视士农工商、看不起“引车卖浆之徒”等等,无不是鄙视动手劳作的写照。而矛盾的是,我国的“四大发明”又恰恰是古代劳动人民手、脑高度一致基础上的伟大创造。但是,可悲的是,瑜不掩瑕,这些糟粕性的观念、行为,在当今社会仍然十分流行，以致影响我国社会的进步、经济的发展。因此，可以说，数学实验教学，既是数学教学的又一次变革，是从单纯的演绎、推理的枯燥境地走出来的具有重要意义的实践创新，也是在不经意间呼应了实验物理学家丁肇中以自己获奖“能够唤起发展中国家的学生们的兴趣，而注意实验工作的重要性”的期待，还是在数学课堂里悄悄地进行着的对于传统观念的反叛行动。于是，我们说，数学实验教学的意义十分重大，数学实验教学工作价值连城。

(2014 年 12 月 17 日)

第五章
“素养跑道”的构筑

第一节　课程变革的目的

课程变革与适合的教育

去年以来，全国各地都在落实十九大精神，加快教育现代化。江苏省领风气之先，在20世纪90年代初就开始推进教育现代化建设。至今近30年的教育现代化实践，促使江苏教育发展水平得到切实提高。伴随中国特色社会主义建设进入新时代，江苏省教育进入了以内涵提升、特色建设为主要目标的高质量发展的新阶段。这也是江苏教育现代化建设的新阶段。新阶段应有新目标、新任务、新要求。江苏省根据国家和本省现代化建设的新目标、新任务，提出了为经济社会发展和人民群众提供“适合的教育”的新要求。

总体上看，提供“适合的教育”，要求在体制机制、结构布局、教育教学等方面进一步深化改革。学校是教育的终端，学生是学校的终端。因此，学校是向学生提供“适合的教育”的责任主体。学校的变革状况如何，直接影响到能否为每个学生提供“适合的教育”。而学校能否提供“适合的教育”，取决于学校课程设置。因此，这次全省中小学科研基地学校综合学术活动的主题确定为“指向适合教育的学校课程变革”，适逢其时、很有意义。在此，我简要谈几点与主题相关问题的理解。

一是适合的教育呼唤学校课程变革。从一般意义上讲，当一个事物被强调要重视时，往往说明它不被重视或不被真正重视。适合教育的提出，分明也是在告诉我们，当下的学校教育不适合、至少是不完全适合学生。学校教育的这种不适合或不完全适合，尽管不是学校不作为或作为不力的单一原因造成，但是，学校在力所能及的范围内不作为或作为不力，就不能视而不见了。

目前学校课程建设的现状是：较大比例的学校其实没有真正意义上的课程变革或课程建设可言，只是围绕国家和地方课程的主要载体——教材，照本宣科，把教材等同于课程，以完成教材赋予的知识传授任务为满足；有部分学校设置（或称之为“开发”）一些属于校本的但游离于国家和地方课程的环境与活动类课程；还有少部分学校从“贴金”“点缀”等功利出发开发所谓的校本课程……这些作为，是学校在为学生提供教育，但不能说是提供了“适合的教育”，至多说是适合部分学生的、或部分适合学生的教育。

“课程是素养的跑道”。学校应开发、设置适合于不同素养水平学生的不同的课程，才能实现每个学生素养的进一步提高。适合的教育呼唤学校课程变革。

二是适合的教育是学校课程变革的归宿。学校因学生而产生。当今学校被赋予了“一切为了学生、为了一切学生、为了学生一切”的神圣职责,也由此决定了学校与非国民教育机构(比如党校、在线教育机构、社会培训机构等)的区别,即学校提供的是教育(含教学,服务对象特指儿童青少年)、而不仅仅是教学。课程是学校为实现培养目标而选择的教育内容及其进程的总和。而提供适合的教育首要的是选择适合的教育内容。因此,变革学校课程的归宿是提供每个学生适合的教育。

然而,当下大多数学校的实际情况是难以令人满意的。大多数学校不仅做不到为每个学生提供适合的教育,而且即使是实施的“大一统”的所谓教育也不是完全意义上的教育,而是“教学”;甚至有不少学校还自觉不自觉地“滑”向为了部分、甚至少数学生而“教学”的境地。其中原因不外乎内外两个方面。外在原因不可忽视、不容小觑、不易消除,内在原因的消除尽管无不受到外在原因的影响、甚至掣肘,但是,更多地在于学校能否坚守并切实履行自己的神圣职责、在于学校是否敢于勇于遵循规律大胆作为。而在学校的这些应有作为中,变革课程其实是常规之举。

我们都知道,每个时代都要求学校赋予学生适应本时代要求的教育,每个时代的学生都要求在学校获得为自己终身发展和幸福奠基的教育。因此,学校课程变革应以为每个学生提供“适合的教育”为旨归。

三是适合的教育期待的学校课程变革。以上两个方面的简要论述表明，发展适合的教育是学校的本质决定了的，是学校的使命所在，变革课程则是学校完成好使命的需要。但是，适合的教育所期待的学校课程变革又有质的规定性。

适合的教育，是以学生为中心的、满足每个学生个体发展需求的教育。它要求学校在努力做到不折不扣地执行国家课程、地方课程的同时，应根据国家和地方课程留有的空间，针对学生的个性化需要，开发校本课程、丰富课程资源；应根据学生的发展需求，校本化开发和实施国家课程、地方课程；应根据提高学生综合素养的要求，统整相关课程，开发综合性课程（如“STEM＋”课程）；等等。这样的课程建设，不是碎片化拼装，而是结构化、系统化构建，每个学生都能在学校提供的成体系的课程中获取自己所需要的知识、技能和方法，并在其中浸淫形成正确的情感、态度、价值观。这样的学校课程是适合的教育所期待的。

适合的教育所期待的学校课程变革，在江苏省教育现代化建设进入新阶段的今天，显得尤为迫切。但是，课程变革并非易事，对于一所学校而言，既要充分调动本校老师的积极性、创造性，又要善于进行学校间的借鉴和协同，还要科学地利用外力、外脑（专家）。而具体的课程变革如何进行、从哪些方面着手，有一些普遍做法，但应该因校制宜。想必我们科研基地学校已经有不少有价值的实践和成果。这次活动中大家应充分交流、相互学习借鉴，把指向适合教育的课程建设水平提高到新的阶段。

（2018年4月25日）

把握课程建设的规律

这届全省高中物理名师论坛的主题确定为“高中物理课程建设”。确定这个主题,我想是由课程的重要性及其功能作用决定了的,表明了论坛组织者对课程重要性及其功能作用的深刻认识。

第一,加强课程建设是教育教学工作的一项基础工程。课程包括课程目标、结构、内容、实施、评价等方面。课程是学校教育教学工作的蓝图和依据,决定了学生素质发展的方向与水平。学校能否优质、特色发展,关键取决于课程的顶层设计水平,取决于学校对于国家课程、地方课程的执行力,取决于学校校本课程的开发能力和执行力。因此,重视课程、加强课程建设、提高课程执行力,无疑是教育教学工作的基本任务,是教科研部门、学校和每位老师的基本职责。

第二,把握课程建设规律是提高课程建设成效的需要。物理,即万物皆有理,这个理,就是规律。各学科课程的建设,无不有各自的规律可循。而各学科课程建设的规律,又无不深蕴于课程建设的各个具体环节之中。那么,如何发现、把握课程建设的规律呢?我想,这在我们这个论坛内容和形式的设计中就能够找到基本答案。

一是围绕主题,由专家立足国际视野,为大家揭示高中物理课程建设的规律,帮助大家理清思路,并进行方法指导。只有把握课程建设规律,思路清晰、方法得当,才能实现提高课程建设成效的目的。

二是通过经验交流与成果展示,相互学习、相互借鉴,相互启发、相互照亮各自课程建设中存在的阴影(薄弱环节或缺失环节),课程建设各环节的轨迹逐步清晰,直至通透明亮,至此,课程建设的规律不言自现。

三是现场观摩与研讨问题及其解决策略。现场观摩课堂教学,不仅仅是为了观其精彩之处,更多的应该在其中发现一般课堂上不易发现的问题,在场各位老师同时对这些问题进行揣摩,共同寻找解决之策。问题的解决之时,应该就是课程建设重要环节——课程实施规律的呈现之际。

第三,提高课程执行能力是实现课程建设目标的关键。无论是既定课程实施、还是课程改革,都是为了实现课程建设的既定目标。学校及其老师是课程实施的主体。主体的课程意识、课程执行能力强不强,直接关系到课程建设目标能否达成。因此,实现课程建设目标,关键在于不断提高学校及其老师的课程执行力。江苏省教育厅从 2011 年开始在全省推进普通高中课程基地建设。目前,在全省范围已经建立了覆盖普通高中所有学科的课程基地 146 个。建设高中学科课程基地,目的就是推动一批基础较好、特别是师资力量较强的高中学科,在一定条件支撑下,加快提高课程建设能力和执行力,创新实践、积累经验,为面上所有学校提供示范和引领,为深化全省普通高中课程改革、推动普通高中更高水平、更有特色的发展提供导向。

课程是国家意志和社会选择的体现，是教育教学活动的基本依据，是学校一切教学活动的中介，是实现学校教育目标的基本保证，也是管理与评价学校的标准。增强课程建设的自觉性，更好地把握建设的规律性，不断提高建设的层次和水平，为完成好立德树人根本任务作出应有贡献，高中物理不在例外。

（2014 年 11 月 20 日）

课程建设、课堂教学与学生发展

江苏省基础教育发展正处在一个重要转型期。江苏省教育厅从2011年开始启动了一系列基础教育重大改革、发展和研究项目。今天的活动正是在这样的背景下进行的。提炼前瞻性教学改革项目成果、打造淮安教育品牌,对于引领淮安基础教育的内涵发展具有重要的导向作用。去年和今年,淮安市申报的前瞻性教学改革项目,主要围绕课程建设、课堂教学、学生发展这三个主题。我就这三个主题谈几点想法,参与研讨。

一、"课程"是学校最重要的产品,课程的开发和建设对教师的思维方式、课程意识和能力带来巨大挑战

20世纪,美国的科尔曼教授通过大量的实证调研,形成了著名的《教育机会均等报告》。在报告中,他提出,影响教育公平的关键因素是学校的课程,所以说,课程是一个学校最重要的产品。课程是一种机会。课程是影响学生未来发展的"跑道"。学校校本课程开发对于学生的个性发展、主动发展具有重要意义。今年,淮安市申报的前瞻性教学改革项目中,城南乡中心小学的《小学剧课程建设的实践探索》就是

关于学校课程建设的课题。

近年来,全省中小学校在课程开发和建设中,积极探索,热情高涨,但也面临巨大挑战,主要表现在以下几个方面。

一是对我们惯性思维方式的挑战。无论是课程还是教学,我们的惯性思维都是“成人本位”“教师本位”“学校本位”。在课程开发中,怎样学会从学生出发,对学生的课程需求进行科学评估,尊重学生的兴趣愿望,调查和了解学生的课程满意度等,都是我们需要培养的“课程新思维”。

二是对教师课程意识与能力的挑战。课程的开发需要教师从“教学意识”上升到“课程意识”,需要充分发挥教师的创新能力,需要教师从学科的“专家”走向综合的“杂家”。教师的眼界决定了课程的边界。

三是对学校原有管理制度的挑战。改革改到深处,必定需要制度的跟进。在原来的中央集权制课程管理制度下,学校没有课程制度,只有教学制度。在实践中,我们发现,很多学校描绘了令人激动的课程蓝图,在实践中却很难落实。原因是组织管理制度没有改革,没有办法激发教师、学生的主动参与,再好的课程也只能是空中楼阁。

二、课堂教学改革要聚焦“教学结构”的深层变化,真正实现“课堂的翻转”

江苏省关于教学改革的实践探索和研究一直如火如荼。从区域改革看,淮安市的十大改革模式研究与推进在全省颇有影响，连云港市的“建构式生态课堂”、徐州市的“学讲计划”、苏州市的“苏式教学”、泰州市的“生态课堂”等，都是目前正在进行的生动的改革实践。从教师个人的教学改革看，李吉林的“情境教学”、邱学华的“尝试教学”、于永正的“五重教学”、孙双金的“情智教学”、薛法根的“组块教学”等，在全国都有重要影响。

但是，我们还是必须清醒地认识到，基础教育的教学形态总体上仍然没有摆脱传统教学的束缚。特别是在日常的课程教学中，我们发现教学的深层结构仍然没有发生根本的变化，“五步教学法”仍然是我们课堂教学中最主流的教学方式。“组织教学、复习旧课、讲解新课、巩固新课、布置作业”是在捷克教育家夸美纽斯和德国教育家赫尔巴特的理论基础上，由苏联教育家凯洛夫系统化的一种教学模式。在“五步教学法”中，课堂教学的主要线索就是“教师的讲”。

在去年的江苏省教育学会年会上，八十多岁高龄的尝试教学法创始人邱学华先生就提出了这样发人深省的困惑：“上个世纪七十年代我们就提出了先学后教，学生先尝试，教师再指导，为什么几十年过去了，我们的课堂教学还是没有能够翻转过来呢？”

这是一个令人深思的问题，其中的原因非常复杂，在这里我不具体展开。但我认为教学模式在改变课堂教学的深层结构方面，具有重要的功能。因为，清晰的模式和程序有利于教师改变根深蒂固的教学观念和巨大的教学惯性，有利于促使传统课堂教学中老师讲学生听的陈旧教学样态发生真正的变化。淮安的“初中循环—差异教学模式的建构和实践”已经探索实践了多年、取得了包括论文专著等方面的很多研究成果。作为全省第一批前瞻性教学改革项目,我们要思考的是这一模式的未来生长点在什么地方?我认为可能有以下三个方面。

一是“学”的模式。当前,比较盛行的各种教学模式基本都强调“先学后教”,这类模式的主要亮点是解决了“教”和“学”的关系问题,保证了教师的让位、学生的参与。但是,尽管每个步骤和流程都强化了教师的教学行为和学生的学习行为,而对学生学习的内在思维过程与特点、方法与策略,以及教师教学的具体方法和技术的研究还不够深入。比如学生自主学习能力的形成要经历怎样的心理发展阶段?怎样根据学生思维的发展特点设计有效的问题链?学生合作意识与能力的形成机制是怎样的?怎样指导学生掌握合作的具体技能和方法、开展有效的小组合作?怎样针对不同学生存在的学习问题进行个性化的指导等。也就是说,在教学模式的建构中,我们对“怎么学”这一维度的建构还有很大的空间。

二是学生的愿望。目前对于教学模式的讨论几乎都是我们老师在自说自话,学生基本没有发言权。对于这样的教学模式,学生的学习体验是什么?学生喜欢这样的教学模式吗?我们有没有通过一些个案研究去追踪这样的教学模式给学生带来了什么样的改变和深远的影响?有没有去听听学生对这些模式的意见和建议?

三是课程内容的"偏好"。在真实的教学实践中，没有能够脱离课程内容的纯粹的教学，但是二元对立的认识方式造成课程与教学概念的割裂、研究的相互分离。教学模式的建构大都是脱离课程内容进行的，这样的教学模式在具体的教学情境下会有很多的局限性，无法体现学科的特点，无法体现学生的差异，也无法体现教师教学水平的不同。所以，结合具体的课程内容，分学科、分课型、分学段、分类型地建构更为具体、更具情境意义、更具有整体性的教学模式，也是重要的研究课题。

三、"学生发展"是课程、教学、评价研究的起点、终点，也是难点

目前，"核心素养"概念受到了越来越多的关注。关注学生的核心素养、关键能力，就是要把课程教学的专业重心转移到对学生的理解和认识上。

淮阴师范学院第一附属小学的《小学生学习目标能级序列构建的实践研究》，江苏省淮阴中学的《普通高中审美素养培育的生态重构》，江苏省楚州中学的《构建"自探互教"学习共同体——基于提升学生核心素养的实践探索》，都是聚焦于学生发展的研究。

据我们对多年来中小学申报的教科研课题的统计，可以发现：关于"怎么教"的课题占了大部分，关于"怎么学""学生发展特点研究"的课题相对总是最少的。主要原因：一是

我们受传统教育思维的影响极深，虽然我们经常把“为了每一个学生的发展”挂在嘴边，但在潜意识中，在教学实践过程中，我们对学生的关注还是远远不够；二是因为作为课题研究的对象——人是非常复杂的动物，研究起来具有相当的难度。

当前，关于核心素养、关键能力的研究正在逐渐形成一种热潮，我觉得这是好事。但是，我们的学校在这样的热潮中也要保持清醒的头脑。怎样在纷繁复杂、不断变化的概念漩涡中，通过研究，清晰勾勒自己对于学生发展的认识。如果没有对学生的深入研究，我们的课堂教学改革和学校课程建设要么是无源之水、无本之木，要么就是南辕北辙、挂羊头卖狗肉。

总之，我们说，课堂教学改革、学校课程建设、学生发展其实是三个密切相关的主题，今天的活动为我们创设了一个很好的研讨、学习、交流、碰撞的机会。希望大家在研讨过程中，能够做到：

一是层次要上升，不仅要关注“前瞻性项目”成果的提炼，还要站到教育内涵发展、质量提高、公平实现的高度思考问题；

二是重心要下移，不能只停留在思辨的层面，还要沉到课程、教学改革的实际情境中，沉到学生真实的发展中，考虑我们的项目推进。

（2016 年 4 月 22 日）

变革课程，成就每一个学生

这次科研基地学校综合活动的主题——“课程变革成就每一个学生”,是一个常说常新的主题。我有这样几点基本的认识。

课程需要变革。课程是知识的载体,是实现教育目的的重要途径,是组织教育教学活动最主要的依据,是集中体现和反映教育思想和教育观念的载体。因此,课程居于教育的核心地位。但现实的教育中,固有的知识本位、学科本位问题没有得到根本的转变;课程结构单一,学科体系相对封闭,难以反映现代科技、社会发展的新内容,脱离学生经验和社会实际;学生死记硬背、题海训练的状况普遍存在;课程评价过于强调学业成绩和甄别、选拔的功能;课程管理强调统一,致使课程难以适应当地经济、社会发展的需求和学生多样化发展的要求。这些问题的存在,制约了素质教育的实施,严重影响了人才培养的质量,推进课程改革十分必要。

变革基于学生。课程的受众群体是学生,学生的发展与课程体系紧密联系,可以说,有什么样的课程就会有什么样的学生。长期以来,我们的课程往往限于国家课程的实施,许多学校较少真正重视校本课程的开发与实施,要么校本课程种类少,难以适应学生多样化的需求;要么校本课程强调高大上,脱离学生基础而难以实施。课程的丰富性不仅仅反映学校的课程建设水平,更直接彰显了学校教育定位的准确与否。因此,课程的变革必须基于学生的基础与多样化的需求。

变革在于归真。基础教育课程改革已经进行了十几年,虽然取得了较多的成果,但在实践层面上,仍然普遍存在违反教育规律、漠视学生实际需求、超越学生基础的现象。课程变革就是要还原教育的本真追求,赋予适合学生的教育,真正培养社会进步需要的人才。对于学校与教师来说,进行课程变革需要做好以下几方面的工作。

一是强化课程意识。每位校长和教师都应该具有先进的课程理念,具有较强的课程敏感度,能够进行自我建构与课程开发。课程意识意味着“教师即课程”,教师是课程的动态建构者、课程的生成者。

二是提高课程能力。每位教师都应该建立大课程观,着力提高自己的课程设计、课程资源开发、课程编制、课程实施、课程管理和课程评价等能力。这些能力的提高需要教师持续地学习,需要不断地反思。

三是优化课程实施。课程实施不是简单的教材呈现,需要教师根据学生的学习基础、个性特征、兴趣爱好以及教师自己个体的教学特点与风格进行。优化的出发点就是凸显学生的主体地位。

四是改进课程评价。要以发展性评价和过程性评价为主,关注学生的未来发展潜力,关注学生学习的过程,淡化对成绩与结果的过分追求。

(2014年12月2日)

统整课程，促进学生整体发展

课程统整不仅是知识的整合,或者说是重新安排学习计划,而是一种课程设计理念与课程组织手段。课程统整有其深厚的哲学背景及脑科学研究的依据。脑科学的研究认为,人类对于知识的习得不是将外化的抽象的科学知识机械地灌进自身,而是以“模组”的方式进行复杂的学习。课程统整能协助学生创造“模组”,将知识和生活联结起来,促进其联结、组织和更深入地理解所学知识,并迁移到另外一个情境。

十几年来的课程改革目标就是要“改变课程结构过于强调学科本位、科目过多和缺乏整合的现状,整体设置九年一贯的课程门类和课时比例,并设置综合课程,以适应不同地区和学生发展的需求,体现课程均衡性、综合性与选择性”。这就要求我们关注课程的统整问题。

我们以为,课程统整对于学生发展的意义就在于其整体性。因为,过往分科色彩强烈的教学带给学生的是碎片化的知识传授,学生是一种被动的接受与枯燥的习得,教师是机械地灌输与忠实地执行所谓的人类抽象的外化知识,学生的学习完全沉浸在科学世界,而与自己的生活世界相分离,知识的获得变得那样的不可一世且与现实生活脱节,繁难偏旧的现象在所难免。这对于学生生动活泼的学习与个性的和谐全面发展是一种阻碍。消除这一阻碍,对于小学生尤为重要。因此,课程统整对于学生的整体全面发展是有着非常重要的意义,主要表现为,统整后的课程提供的是学生成长与发展的机会,好的机会自然可能带来好的发展。

不管我们是否意识到了,课程统整在学校层面不同程度地真实地发生着。课程统整关注知识的统整、经验的统整与社会的统整等多个方面。知识的统整是衡量课程有效统整的基本条件之一,社会统整是课程统整的长远目标,经验统整是有效达到知识统整与社会统整的关键步骤和重要手段。因此,教师在实施课程统整的进程中,应当关注学生的经验统整,主要包括学生生活经验的统整、知识经验的统整与认知经验的统整。关注学生的生活经验的统整能够很好地调动学生学习的兴趣与积极性。当然,学生生活经验的统整的主要目的也是为了学生知识的统整。关注学生知识经验的统整意味着学生的学习是有着自己的知识经验基础的,老师的责任在于更好地将新知同化或者顺应到学生的内心中去。关注学生的认知经验统整,意味着老师的课程实施要注意到儿童的年龄特征与认知特点,不同阶段的儿童的学习特征是不同的,不同学习风格的儿童获得新知的方式也是不同的。教师的课程实施就是要观照儿童的心智演化的自然过程,对于不同群体的儿童的经验予以不同的观照。只有这样,儿童才有可能整体地全面地发展。

(2015 年 5 月 8 日)

第二节　课程实施的品位

加强幼儿园游戏课程建设

幼儿园课程游戏化建设已经成为江苏学前教育改革和发展历史进程中内涵建设、质量提升的标志性事件,政府、社会和家长对幼儿园课程游戏化项目的实施充满了期待。因此,对于项目园的骨干教师——课程游戏化实践的主体力量,有这样几点要求是显在的。

第一点,认识课程游戏化建设的重要意义。2014 年、2015 年江苏省教育厅已经组织评审确定了两批课程游戏化建设项目园。到“十三五”末全省将建成幼儿园课程游戏化建设项目 300 个左右。推进幼儿园课程游戏化建设、实施课程游戏化项目,总的目的是:进一步贯彻落实好《3—6 岁儿童学习与发展指南》,提升幼儿园内涵,提高保教质量,因此,意义非同一般。

一是落实幼教基本要求。2010 年以来,江苏省学前教育进入快速发展、跨越发展的历史新阶段,初步建立了"广覆盖、保基本、有质量"的学前教育公共服务体系。但总体上看,学前教育保教质量有待进一步提高,以游戏为基本活动、保教结合、寓教于乐的要求还没能得到真正有效的落实。推进游戏化课程建设和实施,无疑将有力地促进学前教育基本要求的真正落实、质量的不断提高。

二是提升幼教课程品质。游戏化课程是幼儿园课程的重要组成部分和显著特征。把游戏化课程突出出来、并强化实施,是幼儿园课程建设和实施的一般要求,也是提升幼儿园课程建设品质、提高幼儿园课程实施水平的需要。

三是发挥游戏课程作用。游戏化课程从幼儿生活和经验出发,体现了游戏的精神,即一日生活中把时间、空间更多地还给幼儿,让幼儿成为自主、主动的活动者、学习者。游戏化课程将使得幼儿园课程回归生动、丰富并充满活力。

四是促使教师专业发展。游戏化课程的建设和实施过程也是教师专业能力提升的过程。游戏化课程要求教师从游戏的视角,审视和改进幼儿园课程实施方案。这在客观上有利于教师设计活动、组织活动、创设环境、观察幼儿等能力的提高,促进教师树立正确的儿童观、游戏观、课程观并转化为自己的保教实践。

五是促进幼儿快乐成长。游戏是幼儿处世行事的最有活力和最恰当的方式之一,也是幼儿最自发和最天然的活动方式之一,因此,它是幼儿园教育的基本活动,是促进幼儿全面发展的重要形式。实施幼儿园课程游戏化项目,是引导幼儿园树立正确的儿童观、游戏观和课程观,遵循幼儿身心发展规律和幼儿教育规律,构建幼儿园课程体系,促进幼儿身心健康、快乐成长的需要。

第二点,明确课程游戏化建设的基本要求。游戏化课程与构成幼儿园课程体系的其他重要课程一样,它的建设和发展是有规律可循的。而这些规律,规定了游戏化课程建设要体现幼儿学习规律、反映幼儿园教育的基本遵循,要落实一些基本要求。

确立游戏化课程意识。游戏课程是寓教育于生活和游戏的具体载体和途径。通常,幼儿园课程内容并不是没有游戏,但是,让游戏课程化、课程游戏化,在实践层面上是从未明确地提出过的要求。因此,项目园要增强课程意识、课程游戏化意识,增强游戏化课程建设和实施的自觉性、创造性。

纠正幼教小学化倾向。相当长一个时期以来,我国"考试教育"层层传递的压力,扭曲了幼儿教育。幼儿园课程的小学化倾向日益严重。幼儿园课程应是适宜幼儿成长的课程。游戏是儿童的天性。课程游戏化是对于当今幼儿教育小学化的矫枉过正、是纠偏,要求我们珍视游戏和生活的独特价值,建设和实施游戏化课程,最大限度地支持、满足幼儿通过直接感知、实际操作和亲身体验获取经验。

提高幼儿园课程能力。幼儿园课程显然不唯游戏化课程。推进游戏化课程建设和实施,一方面要拓展课程游戏化的途径与方式，提升教师游戏化活动的规划设计能力、组织实施能力、观察分析能力、诊断改善能力；另一方面要把课程游戏化建设与幼儿园课程体系建设结合起来、统筹推进，从整体上提高幼儿园及其教师的课程开发和执行能力。游戏化课程建设与幼儿园课程体系建设是相辅相成、相得益彰的。

第三点，探索课程游戏化建设的有效途径。《3—6 岁儿童学习与发展指南》指出，幼儿是在游戏与生活中通过直接感知、亲身体验、实际操作来学习的。这是幼儿学习的基本规律，是幼儿园教育的基本遵循，也是加强游戏化课程建设的依据。而以此来衡量面广量大的幼儿园的保教工作，还有不小差距。即使是在座各位所在的幼儿园，也要在现有良好的基础上，百尺竿头更进一步，继续积极实践、深入探索。

完善课程游戏化方案。围绕环境布置、区域设置、活动组织以及生活起居等方面，从适宜性、游戏化、生活化出发，完善、优化现有课程方案，形成以游戏为基本活动方式、涵盖幼儿全部发展领域的幼儿园教育课程体系。

创设游戏化课程环境。环境是课程游戏化的关键因素、物理空间。要根据游戏化课程实施的需要，适时、动态地改造、调整幼儿活动的室内室外、显性隐性环境，创设游戏化课程实施的真实场景。

开辟游戏化活动区域。以尊重幼儿兴趣爱好、激发幼儿自主活动为宗旨，根据游戏化课程实施需要，开辟数量充足、种类多样、材料丰富的游戏区域。在游戏区域的活动中，教师要善于观察、适当介入、有效指导，保障活动效果。

丰富游戏化课程资源。以游戏为基本活动、以幼儿为主体，开发具有本园特点、有效促进幼儿学习与发展的课程。同时，注重游戏活动中实物、信息等资源的积累，逐步建成内容科学丰富、管理有序、应用高效的游戏化课程资源库。

（2016 年 4 月 25 日）

实施好起始年级英语课程

按照国家课程方案要求,全国所有小学从三年级起开设英语课程,有条件的地方可以从一年级开设。目前,江苏省各地都有一些学校在一年级就开设了英语课。苏州市从2008年开始,全市所有小学都开设了英语课。目前,全省有近30万一年级学生学习英语,但各地在课时安排、教学内容和教学要求把握等方面存在差异。这在客观上不可避免地影响小学低年级英语课程实施及其教育教学质量。为此,有这样几方面的工作需要落实。

一是保障课程开设的基本条件。凡在一年级开设英语课程的地区和学校,首先应确保学校有质量合格、数量满足需要的师资,要按课标要求安排规定的课时,明确统一的教学要求,保证小学英语课正常而有质量地开设。务必不要凑合、勉强行事,绝不能没有条件就开课。如果这样,必定是以牺牲教育质量、学生的应有成长为代价,换取无须换取、更不该换取的东西。

二是提高英语教师的课程执行力。应以提高课程执行力为核心要求,进一步加强小学英语师资队伍建设和英语教学方法的研究。担任低年级英语教学的老师们要深入学习、领会《义务教育英语课程标准》,增强课程目标意识,在自己的教学工作中贯彻、落实课标的精神、理念与要求;要认真研究教材、吃透教材,研究教法和学法,针对低年段学生的认知特点进行科学合理的教学设计,不断提高小学英语课堂的教学成效。

三是加大区域统筹和指导工作力度。各地教研机构应在充分调查研究的基础上,统筹安排与低年级英语课程开设相关的方方面面的工作,确保开课所需的各项条件按需按时到位。应加强低年级英语课程教学的分类、分层指导和评价,做好过程性监测,及时发现问题、及时纠偏,及时总结经验、及时推广。应加强教材研究,做好一二年级与三年级的教学衔接,防止出现断链现象。同时,应防止不能被目前的幼儿园小学化绑架,把一年级英语前移至幼儿园,而将二年级的下移至一年级。课程标准是国家意志。这样做,是违背国家意志,违反教育规律的。

四是加强交流合作共享经验。语言的学习贵在基础、也难在基础。一年级是起始年级,如果一年级英语课程实施不力、不到位,教师课程执行力弱,那将贻害后续各年级的英语课程实施,直至阻滞学生本应该有的发展。为此,各级教研机构应高度重视一年级英语课程实施工作、教材把握及其教法研究。可以通过总结、交流、研讨、观摩等途径,引导教师在正确的轨道上前行。同时,要加强全省、各市、各县(市、区)区域内、区域间的交流,相互学习、共享经验,相互借鉴、共同探索,努力打牢全省小学低年级英语课程实施工作的基础,并借此进一步促进全省小学英语教育教学质量的提高。

(2015年7月3日)

落实义务教育音乐课程标准的一般要求

今天在座的都是音乐教育工作者，大家都熟悉音乐教育史，因此，都知道音乐自从成为一门课程进入我国中小学课堂，就像音阶，伴随时代发展开始了它高低交错、峰谷起伏的旅程。但总体看，我国中小学校音乐课程、音乐教育发展显示的是上扬的轨迹。今天摆在大家面前的《义务教育音乐课程标准(2011 年)》，就是充分认识音乐的价值功能、高度重视音乐教育的时代产物。在 2001 年课标实验稿经过十年实践检验基础上形成的 2011 年修订版，在保持实验稿基本结构框架的前提下，对义务教育阶段音乐课程的教育价值、课程性质、课程基本理念、课程设计思路、课程内容标准与实施建议等方面进行调整、修正或重新改写。这些调整、修正或重新改写的内容也是我们执行这一课程标准需要重点关注的。当然，执行《义务教育音乐课程标准(2011 年)》还有些一般要求。

一是充分认识国家课程标准的重要性。国家课程标准是教材编写、教学、评估和考试命题的依据，是国家管理和评价课程的基础；课程标准体现了国家对不同阶段的学生在知识与技能、过程与方法、情感态度与价值观等方面的基本要求；规定了各门课程的性质、目标、内容框架，并提出了教学和评价建议。课程标准表明了一个国家和民族对基础教育教学质量的期望。国家期望研制发布的各学科课程标准得到有力有效的执行，真正培养出以本民族文化为自豪、并具备由本民族文化涵养而成的价值观的现代公民，而不是数典忘祖、甚至辱没本族本国的人民公敌。

课程标准规定的基本素质要求是教材、教学和评价的灵魂，也是整个课程的灵魂。这是各个国家都极为重视课程改革，尤其是极为重视课程标准研制工作的重要原因。英美等国从未停止过国家课程标准的研制和适时修订，都是组织全国最强的力量、投入大量人财物力研制各科课程标准。今年上半年就有消息称，美国大学委员会将改革 SAT 考试、并于 2016 年开始施行。考试阅读题中加入了美国建国纲领等政治文件选段，这就要求考生研读《独立宣言》《权利法案》等，并谙熟其中“天赋人权”“社会契约”等美国主流价值观。这样一来，教材中就要增加这些阅读练习，无疑将对学生的价值观造成影响。无论主观愿望如何，在客观上是对美国主流价值观的宣传。这是十分高明的美国价值观的又一波强势的、不动声色的全球落地。（我所知道的最近的两波，一是遍地开花的肯德基、麦当劳、美国大片；二是 2008 年金融风暴前叫你眼馋的各种金融衍生品，做空吃空，丢掉实业，此后，再来帮你“收拾”烂摊子。）可见，看似单纯的国家课程标准背后，客观上存在国与国价值观的碰撞、文明的冲突、争夺下一代的竞争。

二是正确把握义务教育课程标准的个性。2011 年版义务教育课程标准是国家课程标准的重要组成部分，但又有这个阶段的个性特点。表现在结合学科特点和学生年龄特征，强化立德树人要求——有机渗透了科学发展观、社会主义核心价值体系，突出了中华民族优秀文化传统教育，增强了民族团结教育的针对性和时代性，强化了法制教育的内容；特别强调能力培养——丰富了能力培养的基本内涵，明确了能力培养的基本要求，强化了实践和实验要求；与时俱进创新课程内容——充分反映了科技进步新成果，引导学生科学判断我国社会发展中出现的一些问题；力争实现减负目标——精选了内容、减少了学科内容条目，有些学科直接删去了过难的内容，有些学科降低了一些知识点的学习要求，有的学科对难度较大又不宜删除的内容、以“选学”方式处理，有些学科按照学生的认知特点、适当调整了不同学段的课程难度。

2011年版《义务教育音乐课程标准》的特点在于，既尊重音乐人文性、审美性、实践性的学科特点，又尊重义务教育阶段学生的身心特点。义务教育阶段是儿童和青少年生理、心理的快速发展期，也是人类接受音乐教育、涵育音乐素养、促进身心健康发展的重要时期。为此，根据义务教育阶段学生不同年龄段的心理发展水平和音乐认知特点，2011年版义务教育音乐课程标准分学段设计了梯度渐进的课程学段目标及相应的课程内容。

三是全面落实义务教育音乐课程标准要求。对于义务教育音乐课程标准，无论是认识它的重要性、还是把握它的个性特点，根本目的是增强执行的自觉性、把握执行的规律性，做到落实的全面性。

一要增强责任感使命感。课程标准是国家意志的反映。作为音乐教育工作者，大家开始从事教研或教学工作的第一刻，就在客观上无条件地承担了国家和民族赋予的责任和使命，那就是在我们每一天的工作中、每一节课上，都必须针对不同学段学生的身心特点、春风化雨般地让他们浸润在主流价值观中，艺术地进行知识和技能的传授、考试和评价等等。而这又倒逼我们增强责任感和使命感，在自觉做好属于我们份内常规工作的同时，加强音乐教育教学研究，不断提高音乐教研工作的层次和水平、课堂教育教学的质量和效益。

二要切实加强课程建设。课程标准是对学生接受某一阶段教育结果的具体描述，是教育质量在特定阶段应达到的具体指标。而音乐课程标准要求的达成度如何，很重要的一条衡量标准是依据课程标准进行的音乐课程建设的层次和水平。国家和地方两级课程尽管规定性较强，但均留有一些开发、建设的空间；而校本音乐课程开发就是“海阔凭鱼跃，天高任鸟飞”了。各位音乐教研员、音乐老师要充分挖掘地方的、民族的音乐资源，开发校本音乐课程，丰富课程内容和样式，赋予学生更多的情感体验，帮助学生习得音乐的核心素养，让学生既喜欢音乐、又喜欢音乐课，让我们的每一个孩子都拥有一个和谐的心灵、幸福的人生。

三要努力做好本职工作。按照2011年版义务教育音乐课程标准编写的相应教材，已经成为我们组织教研、开展教学的基本依据。但是，长期存在的艺术（音乐）教育不被重视，师资短缺、课时不足、课程执行力差等等问题，严重影响了国家音乐课程标准要求的达成。为此，我们每个教研员必须加倍努力，宣传课标要求，坚决执行课标规定；同时要拓展教研领域、创新教研方式，促进音乐老师专业成长。我们每位老师必须坚守课标底线、上足课，提升课程执行力、上好课。有所为才能有所位。我们相信，通过大家的共同努力，义务教育音乐课程标准要求一定能够达到。

如果说，义务教育音乐课程标准以它的法定性质、法的规定性，为我们开辟了一条到达音乐教育被高度重视、音乐教师品德高尚业务精湛、音乐教师队伍数量充足结构优化、音乐课数量达标质量上乘的理想境界的话，那么，这样的理想境界的实现，还要靠我们全体音乐教研员、全体音乐老师共同的坚持不懈的努力。当然，在这个过程中，还要善于借助省教育学会等群众团体的力量和资源，相得益彰，加快实现我们共同的愿景。

（2014 年 11 月 26 日）

小学游泳课程建设的基本路径

这次全省小学游泳课程建设推进会将由部分小学特级教师和骨干教师进行游泳教学展示，还将组织普及游泳运动、基本实现小学生人人会游泳目标、游泳教育的学校管理、课程实施和服务保障等问题的研讨。

关于中小学设立游泳项目、中小学开设游泳课、中小学生人人都必须学会游泳的各种讨论由来已久，但是伴随中小学生乃至大学生溺亡事故的频繁发生，整个社会在伤心、懊恼之余，对于在中小学开设游泳课应该是不再有分歧了。尽管大家都明白其重要和不可或缺，但实现中小学开设游泳课目标还有诸多条件的限制。因此，今天这样的活动非常必要、十分重要。但是，如何弥补由于组织晚了、少了的遗憾？特别是如何把游泳的知识、技能、精神，因地因校制宜地真正赋予我们的每一个学生，这是需要我们通过研讨、交流形成共识的主要方面，也是活动的主要任务。

显然，通过多种形式、多种途径的游泳教学，让学生掌握相应的知识、技能，这是基本要求，但是，这只能称之为游泳教学，而不是游泳教育。如果只是追求游泳知识、技能的传授、掌握，而不是追求游泳所蕴含的特定的精神价值的赋予，那么，这样的游泳教学或美其名曰的游泳教育是不可持续的、难以达到一定的层次和水平。如果我们追求游泳的教育目标，即追求游泳知识、技能和精神在游泳课上的高度统一、同时赋予，我们就应该着力于游泳课程建设。从这个角度讲，这次活动聚焦的主题——小学游泳课程建设——是很有价值的。而从课程建设和实施的角度看，有这样三个方面必须给予高度重视，并切实加以落实。

一是建设具有地域特色的游泳课程。课程的体系性、计划性等特点，决定了课程化是推进游泳在小学普及的充分必要条件。应组织专家研制课程标准，系统化设计小学阶段游泳教学的目标任务、途径方法等。组织专家和一线教师编写简明扼要的教材与教参，以及科学而又符合实际的测试与评价办法。游泳对场地要求不高，池塘、河溪、湖泊、江海、游泳池等均可，但各地的这些水域特点各不相同，所在区域的地理特征也异彩纷呈，因此，课程内容既可以丰富多彩又可以各具特色。基于此，应针对不同地区人们对于水的认知和亲水程度、水域的分布特点、水环境及其卫生状况等，在游泳课程实施上体现不同的要求。

二是建立一支社会化的师资队伍。师资是课程实施的核心而又关键的因素。游泳课程实施需要一支数量足够、德才兼备的师资队伍。鉴于通过正常途径培养满足要求的难度很大、甚至不可能，因此，小学游泳师资来源应该是社会化的，师资队伍建设的模式应是开放式的，队伍组成应该是专兼结合、有偿与志愿结合的。这样一支游泳教师队伍的建设，既要发挥政府和教育行政部门的主导作用，又要争取所在社区、企业等社会组织以及有识之士的支持;还要发挥游泳专业人员、业余爱好者等的积极作用,组织他们经过相应的教育培训,成为小学游泳教学重要的可借助力量。

三是营造具有项目个性的课程文化。不同的运动项目内蕴着不同的知识、技能和精神价值,而这在客观上为不同的运动项目形成有个性特点的课程文化创造了条件。游泳的亲水性被赋予了水文化(人类创造的与水有关的科学、人文等方面的精神与物质的文化财产)的意蕴;游泳的实用性(在军事、生产、生活服务、健康上的使用价值)天然地具备了丰富的人文内涵;游泳的竞技性是速度、技巧与耐力的比拼,是既恪守规则又永争第一的精神写照。可见,游泳显然完全具备形成自己个性的课程文化的基础。问题在于,我们不仅要认识到这一点,还要因势利导地建设游泳课程文化。

游泳与人类几乎同时产生,与人类生产、生活和抵御不测要求如影相随。无论是个人健身,还是人们自我保护;无论是培养学生亲水意识,还是以此让学生充分认识水与人类的关系;无论是赋予学生相应知识、技能,还是组织比赛、弘扬其精神价值;无论是学校学生,还是成人社会……从如此等等方面看,游泳都是一项特色鲜明、广受欢迎的运动。游泳需要的条件也不苛刻,因此,游泳的普及具备天然的优势。只要大家真正形成共识、做好顶层设计、建立课程体系、科学实施课程、努力创造师资以及其他必需的保障条件,小学生掌握游泳知识技能、弘扬游泳精神价值的目标将指日可待。由此，我们这些人也就为孩子们的终身发展和幸福奠定了一个方面的极为重要的基础。而这也正是我们这些学校体育教育工作者的责任、使命和价值所在。

（2017年7月14日）

普通高中课程基地建设的基本问题

推进高中课程基地建设,从一般逻辑看,要说清楚这样几层意思:一是高中课程基地内涵是什么?与传统学科实验室等的区别和联系是什么?二是为什么要建高中课程基地?解决什么问题?目标是什么?三是建成什么样?怎么建?四是建成后如何运行?如何最大限度地发挥作用?

站在今天这个时间点上,也就是江苏省启动普通高中课程基地建设工作近六年时间的今天,从“不能忘记为什么出发”“不忘初心”的角度,课程基地建设仍然有这样几个基本问题需要厘清。

一、建设课程基地为什么

2011 年 6 月 7 日江苏省教育厅印发的《关于启动普通高中课程基地建设的通知》指出:“课程基地是以创设新型学习环境为特征,以改进课程内容实施方式为重点,以增强实践认知和学习能力为主线,以提高综合素质为目标,促进学生在自主、合作、探究中提高学习效能,发掘潜能特长的综合性教学平台。”

课程是国家、地方和学校为达成人才培养目标而选择的教育内容及其时序安排。在总结第八次课改实践经验基础上、于2011年开始启动的普通高中课程基地建设工作,是江苏基础教育课程改革走向深入的标志性事件。课程基地建设是第八次课改在江苏的进一步深化,是具有江苏特色的新一轮课程改革,是促使江苏基础教育在新的历史条件下、新的起点上发展得更好的上乘选择、必由之路。如果我们没有认识到这一点,课程基地建设的成效将大打折扣。

课程改革处在教育改革的核心地位。在第八次课改实践基础上的课程基地建设,是为了完成第八次课改没有完成的任务、实现第八次课改尚未实现的目标,进一步提高校长课程领导力、教师课程理解力和执行力,进一步提高课程建设和实施水平,真正落实立德树人根本任务,培养具有创新精神、实践能力和社会责任感的中国特色社会主义现代化建设者和接班人的需要。

二、课程基地建设目标是什么

《关于启动普通高中课程基地建设的通知》明确了:普通高中课程基地建设的内容和主要任务:创设具有鲜明主题的教学环境;突出核心教学内容的模型建构;建设促进自主学习的互动平台;开发丰富而有特色的课程资源;形成教师专业成长的发展中心;形成学生实践创新的有效路径。

我们认为实践这些内容、完成这些任务,最终是要达成一定目标的。但是,《通知》没有直接说出来,而只是在开篇时说:建设普通高中课程基地是“为落实国家、省中长期教育改革和发展规划纲要精神,深化基础教育课程教学改革,推进普通高中特色建设”。不过,这仅仅是目的。在讲了内容和主要任务后,《通知》又指出:“建设课程基地旨在不断改进教学方式、引导学生高效学习,促进教师专业成长,推动学校特色发展。通过课程基地建设,有利于改变长期以来普通高中应试导向、千校一面的现象;有利于引导学校将工作重点集中到强化教学环节、提高教育质量上来,减轻学生过重的学业负担;有利于纠正重课内轻课外、重知识轻能力、重书本轻实践的现象,以多样化学习,激发学生学习兴趣,挖掘学生实践潜能和创造潜能,办人民满意的教育。”这里还是没有直接表述为目标!可见,当时在研制这个文件时是经过反复考量的,也从中见得研制者对这项工作的推进难度是有充分认识、对其成效的预期是留有余地的。任何符合教育本质要求和发展规律的工作,明确地提出相应的目标是完全可以的。充分认识到推进的难度,是树立我们对于相应工作的科学态度的需要。

可以把课程基地建设的目标简洁地表述为这样几个方面。

1. 构建校本化课程体系

课程基地学校要有把相应学科的国家课程、地方课程校本化的勇气和作为,构建具有本校特色的校本化课程体系。

2. 建设课程文化

无论是基地物化环境的创设与营造、保障基地最大限度地发挥作用的制度建设,还是基地学科特有精神价值的提炼、外化,无不是文化建设之举,必须着意为之,不能草率从事、浮光掠影。

3. 改变教与学的方式

教师真正成了导师,教得轻松、又有自主发展的时间和空间。学生学得自如,自如是自主的发展、更高境界;学得自如才能考得自信,才能有学生整体的学业水平提高。

4. 构建创新人才培养模式

在前三个目标基本实现的基础上,基地建设要有开放的视野和胸襟。要善于上挂高校(国内外的)和科研院所、横联企业和社区,广纳高品质资源,创设适宜方式,涵育英才苗子。

三、课程基地建成什么样

《关于启动普通高中课程基地建设的通知》要求:“课程基地建设要体现课程先进理念和有效实践结合,坚持因材施教、学思结合、知行统一,在科学性、实践性、互动性、实效性上下功夫;体现破解教学难点与载体创新结合,以学生为主体,面向全体学生,紧扣课程内容、手段运用、方法创新,形成开放、创新、互动的教学创新载体;体现先行先为与分享共享结合,省级课程基地要围绕解决做什么、怎么做的问题,先行试验、总结提升,通过多种形式建立便于向其他学校和社区开放的共享平台。”一定学科的课程基地的基本样态应该是这样的。

1. 课标、教材要点难点与基地要素统整的样板学科

基地学科要大胆假设、敢于善于“吃螃蟹”,努力建成与同类学科、不同学科统整的领军学科、示范学科。一是引领本校其他所有学科课程建设和实施水平的进一步提高;二是为进一步提高全省普通高中学校同一学科课程建设和实施水平提供示范。

2. 核心素养落实的先行学科

核心素养的落实,应通过各学科课标和教材的修订与实施、教师培训、课堂教学、考试与评价方式和内容的改革等一系列工作的整体努力才能真正加以落实。从这个角度看,课程基地在落实核心素养过程中,承担着并必须不折不扣地完成好的十分重大而光荣的使命。否则,就名不副实了。

3. 学生兴趣生发和保持、流连忘返之地

课程基地呈现的物化形态是课堂的一部分,或者课堂就在其中;既可以是课堂,也可以是课堂的延伸。课程基地应是学科文化的氤氲之地、学科精神(科学的、人文的,自然的、社会的,政治的、经济的)旗帜的高扬之所。课程基地应是学生学科兴趣的生发之地、延续之所,是学生自然地克服学科学习心理障碍、进入自如学习境界的地方。课程基地应是学生忍不住动手、创意被激发、创造性萌动之地,是学生一旦进入就流连忘返之地。因此,课程基地不应是单纯的学科发展史馆、学科设施设备陈列馆或展示馆。课程基地可以是学科实验室,但不应仅仅是学科实验室或空间变大了的、多了些

设施设备的学科实验室。

4. 高质量、有特色、有文化的课程建设和实施高地

高质量，就是课程基地学科学生的学业水平整体提高并长期保持在较高水平；同时，造就了一批兴趣得到发展并成为特长生的学生，这些学生是本基地创新人才培养的成果与标志、是特色所在。有文化，就是建成了具有本校课程基地学科特色的高品质的课程文化（包括物化环境、课程制度、精神特质）。只有大多数课程基地达成了这三重境界，才能涵育具有江苏特色的学校文化、教育文化，培养具有江苏气质的全面发展的人。

四、课程基地怎么建设

怎么建设课程基地，《关于启动普通高中课程基地建设的通知》指引的路径比较清晰：“各地要充分认识课程基地建设的重大意义，将这项具有开拓性意义的改革切实抓好。要采取有效措施，指导所有学校、所有课程的规划建设，以课程基地建设丰富和拓展课外活动，切实减轻学生过重负担，提高教学质量和育人水平，使素质教育落到实处。各市也可比照省做法，建设一批市、县级课程基地。”“课程基地建设的责任在市、县和学校。各地要切实保障课程基地建设所需经费，在省级财政资金的引导和激励下，切实发挥地方财政和学校对课程基地建设投入的主体作用。省将制定课程基地项目经费管理办法，加强项目的管理。”具体从以下几方面

着手：

1. 营造环境、争取支持

学校要善于宣传课程基地建设的目的、目标和成效，在校内，让所有学科的老师都了解、认同、关心、支持课程基地建设；在校外，营造良好舆论环境，正确导向政府及教育行政部门、社会（高校、科研院所、企业、社区、团体和民间组织等）和家长，争取各方的、各种形式的持续支持。

2. 科学规划、有效实施

坚持整体规划、分步实施原则。规划的品质要高、立意要远，实施要精细。在实施过程中，不仅相应学科的教师应直接参加，还应动员其他学科的教师参与，让课程基地建设工作真正成为学校行为、全体教师的事。

3. 明确类别、分类建设

目前，分布在249所普通高中学校的278个高中课程基地，总体上可以分为两大类：一是学科类课程基地，二是非学科类课程基地。

如果按课程性质划分，可以分为：理科类、文科类。江苏省教育厅今年《关于组建普通高中课程基地学科联盟的通知》中，设立了语文、数学、外语、人文、自然科学、技术、生命与健康、艺术、文化等9个学科基地联盟，估计主要是考虑联盟数量的相对均等分割，以便于开展工作。如果是从性质方面考虑的，似有进一步科学分类的余地。

如果按设置场所划分，还可以分为：校内、校外课程基地。

无论哪一种分类都无妨，重要的是学校应把握本校课程基地的特点，依据相应的规定性进行建设。

学科类课程建设有一些必须的遵循：即按照学科特点和规律，加强三级课程统整，提高实施水平，建设课程文化。一般而言，学科课程是长期以来得到重视的建设对象，相对来说基地建设任务较轻，不过，学科课程文化建设不是轻而易举的。

非学科类（大多是校本类）课程基地建设，有一些特殊性。就目前而言，大多数学校的校本课程是国家课程、地方课程的补充、完善或延展。由于对校本课程重要性的认识不够，因此，对于它的特定的建设要求和实施研究不够，多数学校的总体建设水平不高。

非学科类校本课程实施的时间和空间要求也比较特殊。因此，要按照校本课程的特点和规律，在提高建设和实施水平的同时，还应在其他相近的学科中渗透、反映，这样的要求显然是高的，具体实施中会有困难的。而这正是校本类课程基地的特殊价值所在。

4. 体制要新、机制要活

课程基地建设可以是学校单独作为一个主体，也可以是多个主体。如果是多主体共同建设，或者是建在校外的基地，那么，体制就必须适应建设形式的要求，以保障基地的高质量建设。与体制相应的运行机制也应相应地同步建立，以确保基地运行的高效而持续。

5. 开门建设、服务社会

如果形成了基地建设的新体制以及与之相适应的运行机制,那么,基地建设的形态必定是开放的,建成后的运行也必须是开放的,包括向本校其他学科、兄弟学校、社区开放等等。但是,这怎么说都有些被动的感觉。学校是社会的,集社会资源建成的基地,理应面向社会,成为整个社区文化资源的一部分。因此,与其被动,不如以主动积极的姿态和行动,开放式建基地,开放建成的基地,使之成为其他学段教育、社区教育、科普工作的高品质的资源所在,以赢得基地建设和发展需要的更多更好的资源。

6. 积极引进、校本改造

在我们致力于高中课程基地建设的当下,各种课程研究和实践成果无不是我们同时需要引进、学习、借鉴的。如被大家所熟知的 STS、AP 课程,风靡全球的 STEAM 课程等等。但是,无论是何种课程的引进、学习、借鉴,除了与课程实施相配套的硬件设施外,务必要进行校本化改造。因为,课程是国家意志,是价值观的载体,特别是人文类课程。积极引进、本土化、校本化改造是必须坚持的原则。

围绕高中课程基地建设的以上认识显然还不够全面深刻,走向全面深刻,无疑有待于时间及期间的实践的深入。当然,正如多少年来高中教育在“考试教育”境况下对于教育理想境界的追求从未停止过一样,高中课程基地建设的明天一定是值得期待的,并愿它是“迟桂花”。此刻,我眼前跳出了白居易《大林寺桃花》诗:“人间四月芳菲尽,山寺桃花始盛开。长恨春归无觅处，不知转入此中来。”山高地远温度低，山寺桃花晚些开，这是好理解的吧。而高中课程基地建设，是课程建设的高层次目标，承载着高中教育的理想，因此，经历若干年的实践、探索后才逐步走上应该走上的建设之路、逐步达成目标，也是常理。

(2016 年 12 月 14 日)

通用技术课程：价值、机制和品位

通用技术课程作为第八次课改的成果,既是我国普通高中培养创新人才苗子的任务使然,也是针对我国分科教育过度、不利于创新人才培养状况进行修正的一种努力。然而,在实际工作中,这门课程的受重视程度、开设的情况,显然是难以乐观的。因此,通用技术课程的“柳暗花明”有待于一些基本问题的解决。

一、认识价值,高度重视

1. 国家意志的体现

新的国家课程标准关于普通高中技术课程是这样表述的:普通高中技术课程是与九年义务教育中的信息技术教育和劳动与技术教育相衔接,以提高学生的技术素养为主旨,以设计学习、操作学习为主要特征的基础教育课程,是国家规定的普通高中学生的必修课程。在我国普通高中课程结构中,技术是一个基础的学习领域。

国际社会普遍认为,技术教育是未来社会成员基本素养的教育,是开发人们潜能、促进人的思维发展的教育,是人人都必须接受和经历的教育。

2. 观念转变的良机

我们的传统文化中充斥着糟粕性的东西，比如，鄙薄农工为“微不足道”，视工匠类技术活为“奇技淫巧”，轻视“引车卖浆之徒”等等，这些观念无不还在当今社会流行，深刻地影响我们的教育观、人才观、价值观、世界观、人生观，与当今我们要提倡、弘扬的社会主义核心价值观相背离。

一度央视连续报道了多位“大国工匠”的事迹和绝活，正是在建立一种正确的导向。近些年来主要国际组织也提出了一些教育新理念。2012 年 5 月，经济合作与发展组织发布了《更好的技能、更好的工作、更好的生活：技能政策的战略方针》报告，提出：“技能已成为 21 世纪经济的全球货币”，人们可以使用他们的资格和能力作为“共同的货币”在国家之间和不同工作之间自由流动。如果没有对技能足够的投资，人们就会游走于社会的边缘，技术进步不能转化为经济增长，国家再也不能在一个日益以知识为基础的全球社会进行竞争；技能差的人面临更大的经济不利的风险、更高的失业率和对社会福利的依赖；技能影响人们生活和国家福祉的方式远远超出了通过劳动力市场盈利和经济增长计量的范畴；技能对于消除不平等和促进社会流动也很关键。

通用技术课程是一个新增的普通高中课程学习领域，无论是教育管理者，还是一线教师、家长、学生，对这门课程的了解和认识有一个过程。观念转变要有一个过程。因此，一方面应通过宣传和有力的政策支撑（如列为考试或考查科目等）尽可能地缩短这个认识过程，另一方面应努力开设好这门课程并取得相应成效，以抓住这样一个很好的促进全社会观念转变的良机。

3. 学生全面发展的途径

普通高中阶段的技术课程以提高学生的技术素养、促进学生全面而又富有个性的发展为基本目标。它立足于学生的直接经验和亲身经历，立足于“做中学”和“学中做”。它以学生的亲历情境、亲手操作、亲身体验为基础，强调学生的全员参与和全程参与。每个学习者通过观察、调查、设计、制作、试验等活动获得丰富的“操作”体验，进而获得情感、态度、价值观以及技术能力的发展。

4. 教师专业成长的平台

通用技术具有高度的综合性，是对学科体系的超越。它强调各学科、各方面知识的联系和综合运用。这不仅是对学生的高要求，而且是对教师的高要求，是教师成长的新机遇。它是教师专业发展的有效平台。无论是这门课的老师，还是其他相关学科的老师，由于这门课的社会性、开放性、实践性特点，决定了以往囿于围墙内的教师，由此将真正地接触社会、实践和其他行业、产业，拓宽了视野、拓展了思路、增长了才干、丰富了阅历。

5. 学校改革发展的动力

通用技术教育既区别于专攻一技之长的职业技术教育，也区别于强调劳动德育功能加上技能培训的传统的劳技课程。它要培养学生的创新精神和实践能力、提高学生的技术素养。它的内容需要现代化，需要与国际上发达国家的技术教育接轨。通用技术课程是一门立足实践、注重创造、高度综合、科学与人文融合的课程。为此,通用技术课程实施的人、财、物的配置方式等,与其他学科都有所不同。这些在客观上成为学校教育教学改革强有力的推进器。

二、建立机制,全面推进

1. 用好国家机制

我国规定,技术课程成为高中八大课程领域之一,信息技术必修 4 个学分,选修 8 个学分;通用技术必修 4 个学分,选修 14 个学分。通用技术学业水平测试由各学校自主组织。

2. 借鉴地方机制

十多年来,南京市出台了《南京市普通高中通用技术课程改革推进规划》《关于加强南京市普通高中通用技术课程管理的意见》《普通高中通用技术实践室装备标准(试行)》;开展了全市通用技术课程实施的专项调研,组织了普通高中通用技术学业水平测试;开展了通用技术教师的新课程、专业技术培训,以及教研活动、评比活动、课题研究;召开了通用技术实践室建设推进会。目前,南京市所有学校开足、开齐了通用技术课程,普通高中已经 100%开设通用技术课程。南京市第 27 中学还把通用技术课程的建设和研究作为学生个性化发展、学校特色打造的重要工作,通用技术学科被评为江苏省高中课程基地。

3. 建立新的机制

新机制应是针对问题建立的。2008年,江苏省教育厅颁布了高中课改后的高考新方案,技术成为学业水平测试的七个项目之一,其中的信息技术与其他六个科目的测试由省里统一组织,但通用技术的测试由学校自主组织。现在看来,当时看似下放了测试权,但在课改实施之初这样做,在"不考不重视、一考必重视"的现实面前,的确是弱化、甚至放弃了这门新学科的发展,直至现在,全省普通高中通用技术课程开设的现状仍然不容乐观。

我们认为,在目前关于考试改革总体走向"少考"的大趋势面前,一方面应期待通用技术知识和技能进入高考内容,另一方面应呼吁进入省级统测,至少要由设区市级组织通用技术学业水平测试,由此,形成倒逼机制,促使学校开足课程、配强师资、完善设备、提高教学质量。

三、提升品位,打造特色

南京市第27中学在成为江苏省四星级普通高中后,寻求"百尺竿头更进一步"的新路径,其中就有"以开拓人的思维来探索学校的办学特色"的思路。而这正是该校正在着力建设的通用技术课程基地所应追求的目标。

技术的本质在于创造。通用技术是一门以创造为核心的课程。创造需要创造性思维,打造学校办学特色同样需要创新、创造性思维,否则,不是雷同就是落入俗套。因此,我们认为,27 中完全有思想基础、实践基础、学科条件,抓住建设省级通用技术课程基地的难得机遇,在建成高品质课程基地的同时,提升学校办学水平。或者说,借助通用技术课程基地建设的机遇,把学校办成有特色、有文化、高质量的知名高中。

1. 建成个性化的课程基地

全省目前已经在建的高中课程基地有 187 个,前不久又新评审了一批,共 234 个。全省有课程基地的普通高中又是一个洋洋大观的群体。对于具体的一个基地,无疑很容易淹没其中。因此,我们认为,应有的态度是不鸣则已、一鸣惊人,而个性化是唯一选项。

怎么才能体现个性?遵循基地建设的一般要求、一般规律,充分反映通用技术课程及其基地建设的特殊性,全方位展示 27 中通用技术课程基地的个性特质。

2. 建成高品位的课程基地

品位高,在于本质(规律)把握准确、全面;立意要高、要新;设计要独特、有创意;实施要精细、科学;管理要规范化、常态化。

3. 建成有文化的课程基地

任何技术在凝结一定的原理和方法、体现科学性的同时,都携带着丰富的文化信息、体现着一定的人文特征。

课程基地有文化在于:基地环境氛围,既具有学科的独特意蕴,又与本校整体格局和谐一致;基地文化特征,既是学科文化特点的反映,又是本校整体文化的有机组成、自然延伸;基地文化品位,既是本校文化的缩影,又是本校文化的新高地。

基地文化功能,既是本校文化的发展,又是本校文化继续提升品位的引擎;既可以是本校文化从无到有的标志,又可以是本校文化摆脱式微状态走向兴盛、富有特色和活力的象征。

(2015 年 5 月 30 日)

统整：综合实践活动课程的标志

综合实践活动课程是一门新兴课程，对学生全面发展意义重大。但是，第八次课改以来的实际情况表明，这也是一门很难推进的课程。为什么难以推进，原因有很多，其中的一个原因与我们这次活动的主题相关，就是缺乏“统整”。主要表现在两个方面。

一方面是顶层设计缺乏统整。作为一门新兴课程，至少需要教育系统内部各相关部门的统筹协调和共同扶持。但是，到目前为止，教育部还没有颁布正式的“综合实践活动课程纲要”，教师的专业化培养和配备也缺乏制度保障，教师的职称评定、工作量计算等都没有明确的规定。教育行政部门至今没有主动与这门课程实施密切相关的人社、财政等部门以及高校协调，为这门课程的实施提供配套的人财物方面的政策和制度保障。

另一方面是实施层面缺乏统整。这一点主要反映在我们每所学校。大多数学校安于、惯于分科教育，要么知道重要但无从着手，要么明了要求却缺乏行动，课程统整的理念和要求都很难落地，综合实践活动课程的推进因此也很困难。当前，学校的制度设计与人员配备主要是为学科教学服务的。综合实践活动课程作为一门打破学科界限的课程，需要整合各学科及其内外资源,需要不同学科教师的相互交流与合作。所以,即使顶层设计做到了统整,在实践层面,还必须有校长认识、行动的到位,这门课程才有可能得到真正有效的实施。

“统整”是最近几年来基础教育领域中的高频词。去年,江苏省教科院以“课程统整”作为主题,组织了一次全省小学科研基地学校的专题研讨活动。什么是统整?它不仅仅是一种技术或者策略,而首先应该是一种思维方式,就是用联系的、整体的思维来考虑教育中的各种问题,而与它对应的是割裂的、分析的思维方式。

为什么大家普遍关注统整?因为当前的中国基础教育受西方推崇的分析式思维的影响,分科课程在学校课程设置中占据了主导地位,学校的组织制度主要是一种科层制的架构。在这种“分科”与“分层”的布局中,每个人、每个部门都被“割裂”开来,看上去分工明确、责任到人、各司其职,有利于效率提高,但同时也带来了“各行其是”“各行其道”“互不相干”的后果:每个人的全局观念、整体意识、集体责任感不强,只关心自己学科的“一亩三分田”,视野狭窄,无视学生全面发展需要。

综合实践活动课程是一门打破传统格局的课程。它不是学科逻辑,也不是学术逻辑,而是一种生活逻辑、学生逻辑、整体的和综合的逻辑,着眼于学生的兴趣培养,关注学生问题的提出与解决,着力培养学生的综合能力,是一门基于“统整”思想的课程。美国课程专家詹姆斯·比恩认为:统整课程是一种将课程镶嵌于学生生命中的课程,它更容易为年轻人喜欢和接受，也容易为成年人批判和质疑，因为分科课程的背后不仅仅是一种分析式的思维方式，还关系到很多的经济利益和权力的博弈。

当前，学校教育的很多内容与综合实践活动课程都有着密切的联系。比如生涯规划教育、STEM 教育、学生社团活动、科技创新活动、公民教育实践活动等等。学生在校时间是有限的，教师的精力也是有限的，如果我们仍然沿用分科教学的思维去落实这些教育内容，教师、学生都将不堪重负，教育效果也将大打折扣。

其实，无论是生涯规划教育、STEM 教育、学生社团活动、科技创新活动、公民教育实践活动，还是综合实践活动课程的实施，都是指向学生的全面发展，都特别关注当下学生普遍存在的缺乏学习兴趣、缺乏探究意识与能力、实践动手能力和创新能力不足等问题。既然目的相同，何不加强统整、整合要素、综合施策？何不凝聚力量、精准发力、减负增效？

因此，我们应首先抛开鄙陋、狭隘的“门户之见”，不再用“学科思维”逻辑去划分这是品德学科的内容，还是科学学科的内容，而是以联系的、整体的思维，以开放的、包容的姿态，汇聚各方力量，统筹各种资源为综合实践活动所用，整合与综合实践活动课程相关的教育内容，进行整体规划和设计，更好地为学生发展服务。这是我们的义务、职责和使命。我们期待基于综合实践活动课程的具有中国特色的 STEM、STEAM 课程的出现。

（2016 年 3 月 24 日）

第三节　课程资源的作用

实施新教材面临的新任务

今年秋学期，全省小学、初中起始年级品德课将使用新修订的《道德与法治》教材，组织这次培训的基本目的就是帮助老师们把握和实施好这套教材。教材修订是教材建设工作的一种常态。但是，每次修订都蕴含着特定的意义、标志着教材又被赋予了新的价值目标，这在客观上进一步丰富了教材的价值追求，同时，对教材的把握和实施也提出了新要求。为此，把握和实施好新教材也就成为我们面临的新任务。

一要了解教材修订背景，增强责任感和使命感。这次品德课教材修订有着重大的现实动因。2014 年 12 月 13 日，习近平总书记在江苏调研时，首次提出“全面建成小康社会、全面深化改革、全面依法治国、全面从严治党”的论述。这也是新一届党中央治国理政的战略布局。在这一战略布局中，每一个“全面”都具有重大的战略意义，其中，全面建成小康社会是战略目标，而全面深化改革、全面依法治国、全面从严治党则是三大战略举措。

作为战略举措的依法治国，首先要以宪法治国，同时在法治轨道上推进国家治理体系和治理能力现代化。要做到这一点，必须采取有战略高度的具体行动。而从教育系统看，就是要从现在起，赋予学生法律知识、增强学生法律意识，培养懂法、守法的新一代公民，为全面依法治国战略举措的实施、小康社会全面建成奠定坚实基础。我想，教育部决定修订义务教育品德课教材，本意应该在此。

当然，这套教材修订的具体背景还可以追溯到2011年。在第八次课程改革推进至10周年的2011年，教育部颁布了修订后的2011版小学《品德与生活》《品德与社会》、初中《思想品德》课程标准。为落实十八大精神，2013年中共中央办公厅印发了《关于培育和践行社会主义核心价值观的意见》。2014年教育部印发了《完善中华优秀传统文化教育指导纲要》。今年，教育部根据“四个全面”战略布局，印发了《青少年法治教育大纲》。为了贯彻落实这一系列新精神、新要求，江苏省启动了小学和初中品德教材的修订工作，并根据教育部要求，将义务教育阶段的品德教材名称统一为《道德与法治》。

这次修订后的新教材，有机融入了社会主义核心价值观教育、中华优秀传统文化教育和青少年法治教育，更好地体现了国家的意志，具有鲜明的时代性。我们每位老师务必立足这次修订的重大而现实的背景,充分认识其战略意义和价值,增强责任感和使命感,将教材实施的各项要求落到实处,促进全省中小学生道德素养和法治素养的提高。

二要树立正确的教材观,忠于并准确地解读教材。要"用教材"而不是"教教材",这是大家熟悉的一种教材观。这种教材观改变了一些老师照搬教材、将教材奉为"圣经"的状况。但也有一些老师对于教材的态度是走向了另一个极端:随意解读、使用教材,从而降低了教材的地位,削弱了教材的功能作用。

一线教师处理教材,最重要的也是最基本的要求是:准确解读教材、依据教材实施教学。因为,教材是课程标准各项规定和要求的具象化,是实现国家意志的具体途径和载体;教材为教学提供了规范和标准,是提高教育教学质量的基本依据和保证;教材是众多专家、学者专业智慧的结晶。

我国近代著名教育家陆费逵说:"国立根本,在乎教育,教育根本,实在教科书。"教材是我们实施教育教学的基本依据。因此,应忠于教材,准确理解、全面把握教材,在此基础上再努力做到创造性地使用教材。

三要发挥示范引领作用,确保新教材顺利实施。这次培训是一次对"培训者"的培训,因此,受益的不应该仅仅是在座各位。各位是"种子教师",先学一步、学好一点,目的是要大家发挥示范引领作用。这次培训结束后,各地应尽快组织相应的培训,将《道德与法治》教材修订的新背景、增加的新内容、实施的新要求,及时让每一位品德课老师了解、理解和把握,确保全省各地、各学校在新学期都能顺畅地依据新教材实施品德课教学。

教材的修订对我们的品德课教学提出了新要求,但同时也是为德育课程建设提供了新机遇。为此,各地、各学校应借助这次新教材实施的契机,在总结已有实践的基础上,进一步深化本地、本校的德育课程改革,构建以实践为主导的具有区域特点、校本特色的德育课程体系,不断提升德育课程实施的层次和水平,为全面贯彻教育方针,促进学生的全面发展做出应有的努力。

(2016年8月17日)

用好音乐教材的应有共识

音乐是用有组织的乐音表达人们的思想感情、反映社会生活的一种艺术,也是最能即时打动人的艺术形式之一。音乐让人赏心悦目,并为我们带来听觉的享受。音乐是人们感情的语言。贝多芬曾经推崇“音乐是比一切智慧及哲学还崇高的一种启示”。海涅则强调“音乐也许是最后的艺术语言”。音乐如此种种的特点和功能,使得它成为美育教育的重要内容和手段。音乐所以能成为美育、成为艺术教育的重要组成部分,成为一门独立的课程,是其“天赋”使然。但是,在今天,我们对音乐、对音乐课的认识、理解、把握,务必不能仅仅停留在这个层次上。每一个教育工作者,至少是每个音乐教师、每个音乐教研员,都有必要充分认识在中小学阶段,实施以音乐、美术为主要内容的艺术教育,实现美育教育目标的重要意义和价值。这是用好音乐教材、实现音乐教育目的前提和基础。为此,有这样三个方面的共识需要形成。

首先,理解好、把握好、使用好新修订的《音乐》教材,是体现国家意志的需要。

什么是国家意志?有很多似是而非的解释。我理解的国家意志应该是指:国家对公民的要求与公民愿望的高度一致和契合。国家课程标准就是国家意志的体现,也是在国家层面上集中反映每个公民适应社会、服务社会、幸福生活所必须具备的知识、技术和素养。国家意志不可能一夜之间、轻而易举地成为公民的内在要求，其中需要桥梁。这个桥梁在教育系统就是我们的各级各类教育机构、每一个教育工作者。

《中共中央关于全面深化改革若干重大问题的决定》明确提出：“全面贯彻党的教育方针，坚持立德树人……”等一系列要求，还要求改进美育教学，提高学生审美和人文素养。为了落实《决定》要求，今年 1 月，教育部发布《关于推进学校艺术教育发展的若干意见》；此后，江苏省教育厅出台了《关于加快推进学校艺术教育发展的若干意见》。这些都表明了将艺术教育、美育的国家意志转化为每个学生素养的决心。因此，我们应理解好、把握好新修订的《音乐》教材，以实现国家意志与学生发展的高度契合。

第二，理解好、把握好国家有关艺术教育方针政策和具体要求，是使用好新修订《音乐》教材的前提和基础。

教育部的《意见》指出，艺术教育依然是学校教育中的薄弱环节，存在诸多困难和问题，艺术课程开课率不足、艺术活动参与面小、艺术师资短缺的状况没有得到根本改善，农村学校缺乏基本的艺术教育，艺术教育的评价制度尚未建立，并认为这些问题制约了艺术教育育人功能的充分发挥。为此，《意见》提出了课时和学分要求，明确了考核时间和具体要求，还指明了学校、特别是农村学校艺术教师补充的依据和路径等，明确将建立学校艺术教育发展年度报告制度。结合江苏实际，江苏省教育厅《关于加快推进学校艺术教育发展的若干意见》也有更为具体的要求和措施，比如，初中学生的艺术素养将列为学业水平测试范围，艺术素质考核结果计入中考总分。

国家和省级层面上这些关于艺术教育的具体要求和措施，似乎与我们具体的音乐教学有些距离。不过了解、理解、把握这些具体要求和措施，是在促进学生全面发展的全部学科教育中准确定位音乐教育教学，充分认识音乐教育教学价值和意义的需要。这些具体要求和措施，大多是以往没有提出过的。我的判断是，这标志着学校艺术教育的春天即将来临。当然，其中有些要求和措施，以往不止一次在国家和省级层面上提出过，由于各种各样的原因，没能得到有力有效的实施和落实。但是，站在今天这个时间点上，我们有理由相信，随着我国经济实现转型发展、国力的增强、社会的进步、公民提高自身素养和追求生活品质愿望的日趋强烈，这些要求和措施的落实到位是可以期待的。这些要求和措施的落实到位之际，就是全省学校艺术教育层次和水平再上台阶之时。

第三，理解好、把握好、使用好新修订的《音乐》教材，是促使每个学生获得全面发展的需要。

教材是教育理念、教育目标和教育内容的集中体现，也是实施课程标准的最重要载体。江苏一直十分重视音乐教育教学研究与教材建设，1981 年开始就根据部颁《大纲》编写、并不断修订中小学音乐教材，积累了不少经验。2011

年,又根据修订后的《音乐课程标准》对教材重新进行了全面的修订与编写。

新修订的《音乐》教材以人文内涵为依托,体现人文学科的共性与音乐教育个性的统一,努力体现学生获得音乐精神和音乐审美发展的主体地位,让学生在生动活泼的音乐艺术活动中享受音乐艺术、展现创造潜能,促进学生全面发展和健康成长。

新修订的《音乐》教材还充分体现教育创新的时代要求,以观念更新为先导,注重处理好内容选择的经典性和时代性关系,在倡导自主、合作、探究学习的同时,充分利用现代教育技术手段,为教材制作了有审美品位和艺术感染力的配套音响资料及多媒体课件,发挥音乐听觉艺术和表现艺术的优势,使音乐教学更加立体化,更富情景性,更有吸引力;也让教师的教学活动有更多选择,更为方便。

可以想见,这样的音乐教材,将有效提高音乐教育教学的质量和效益,使得学校艺术教育的质量提升成为可能,艺术教育“陶冶情操、和谐心灵、发展智力、幸福终身”等等这些功能作用将得到真正发挥,而这也正是每个学生获得全面发展所需要的。

(2014年8月26日)

用好英语教材的重要前提

根据教育部的统一部署,从2012年秋学期开始,全国义务教育阶段的起始年级贯彻、实施新修订的《义务教育英语课程标准》,使用修订审查后的新版中小学英语教材。而加深理解英语课程标准的精神和要求,是使用好修订版教材的重要前提,是深化江苏省英语课程改革、提高英语课程实施水平、进一步提升中小学英语教学质量的需要。

一是加深理解修订意义,提高执行义务教育课程标准自觉性。理解是接受的前提、行动的先导。只有深刻理解这次修订的意义,才有可能自觉执行义务教育课程标准,并把课标要求不折不扣地贯彻到具体的教育教学实践中去。

这次修订是深化基础教育课程改革的重要任务。全国第八次课程改革从2001年9月实施至今已有十多年时间。十多年来,我国社会的巨大变化和科学技术的快速发展,要求教育理念和课程内容与时俱进、不断更新。在教育进入内涵发展的新阶段修订和完善课标,是巩固和发展改革成果、解决实践中遇到的问题、深化基础教育课程改革、适应时代发展的必然要求。

这次修订是落实国家中长期教育规划的重要举措。2011年版《义务教育英语课程标准》修订,是根据《国家中长期教育规划纲要(2010—2020)》精神和要求进行的,具体表现在:突出德育为先、育人为本,充分体现社会主义核心价值观;强调以人为本、面向全体学生、关注个性差异;坚持能力为重,以语言能力的形成与提高为导向,以培养学生的综合语言运用能力为目标,注重发展思维能力,引导学生学会学习;合理设计教学内容,科学控制课程容量,减轻学生过重负担,深入研究、确定不同学段学生必须掌握的核心内容。

二是认真研读课程标准,提高理解和把握教材文本能力。英语课程标准规定的课程目标和要求是每一个学生应该达到的,也是教学和评价的依据。依据课程标准编写的英语教材,是学生学习最重要的载体,体现了新的教育教学理念。因此,我们应该深入领会课程标准的基本理念、课程目标、内容和要求;认真钻研教材,理解教材的编写意图,从整体上认识和理解教材在年级与年级之间、册与册之间、单元与单元之间的关系以及单元中各板块设定的教学目标,以避免在教学中把握不准教材教学内容的难度与广度、处理教材内容随意性较大等现象。特别是今年秋学期执教六年级的老师们,由于没有此前三至五年级 6 册教材的过渡,第一次使用新版六年级教材,更需要认真研读课标,领会和吃透新教材,尤其是教材中新版块的编写意图;同时,还要做好新旧教材的衔接工作。

三是深入研究课堂教学,提高英语教学效益和效率。由于长期以来形成的惯性,目前不少教师在课堂教学中仍然只注重书本知识的讲授,忽视向学生传授学习方法,忽视培养学生选择学习策略的能力,主要表现在教学方式单一,灌输仍然是教师的主要教学方法。对于在教学中如何发挥学生的主体作用,如何促进学生主动学习和探究,如何在有限的教学时间内进行有效教学,仍然研究得不够深、实践得不太好。

英语是一门实践性很强的学科。语言教学要充分考虑语言学习的认知规律,其中包括语言学习的语境、语言素材的真实性、语言学习循序渐进的过程等。十年课改,广大教师已经普遍接受通过体验、发现、合作、探究等方式进行英语学习的理念,也认同培养学生的学习策略、提高学生自主学习能力的重要性,然而,如何真正把这些理念落实到教学实际操作中去,需要我们英语老师努力探索和实践。

四是切实加强校本教研,提高教师专业发展水平。校本教研是提高教学质量、促进教师专业发展的重要手段和途径。在校本教研中,我们要特别关注这样两个环节。

一个环节是集体备课。集体备课是最直接最有效的校本教研形式,可以共享经验和智慧,共享个人开发的课程资源,共享同学科研究的成果,长期坚持,必定会有效促进教师的专业发展。

另一个环节是教学反思。教学反思是校本研修的一个重要环节,也是促进教师专业发展的重要途径。叶澜教授说过,一个教师写一辈子教案未必能成为名师,连续写三年教学反思,很可能会成为名师。目前,教学反思在江苏省中小学英语教学中已经成为许多教师教案的一个组成部分,期待各地、各位老师在这方面做得更好。

(2014年7月3日)

运用数字技术实现课程统整

课程统整是大家耳熟能详的概念。在学科分化十分明显的当下，课程统整是一个非常令人神往的课程建设的理想境界。当然，基于某一学科的课程统整，无疑也是如此。这次研修活动以“数字化时代的学科课程统整”为主题，把课程统整与数字化结合起来思考、实践，应该说，为我们进入这样的理想境界提供了可能的路径。于此，我有这样几点思考。

一是课程统整的价值及其难度。一般意义上讲的统整，是指将两个或两个以上，看起来不相同但却相关的概念、事物或现象组成一个有意义的整体。我们通常讲的课程统整，是指将学校课程中相关的、相近的课程及学习领域进行整合，通过增强各学习领域及各科目之间的联系，增强学科内、学科间的各种相互关系。

课程统整是一个过程，对于学校及教师具有重要的意义。课程统整是体现在教育教学行为中的新理念。首先，教师是直接的参与者；其次，教师变成一个整合型的教师，必然是一个由不适应到适应的过程；第三，课程统整的程度也可以是一个由低度统整到高度统整，再到完全统整的逐渐过渡的过程；最后，教师在课程统整的过程中才学会统整、体验统整。而我们的教师大多是接受了严格的分科教育后从教的，跨学科素养有待提高,实施课程统整需要的素养在结构上有欠缺。

统整是一个科学的理念,因此,不能为统整而统整。课程是素养的跑道。课程统整是为了用完整的课程培养完整的人。要从学生的实际需要和水平出发,联系学生生活实际,通过统整更好地为学生服务,帮助学生夯实基础、张扬个性、发展特长。要确立教师在课程实施中的主体地位,教师要站在课程的高度来看待教学,不能"坐井观天",只关注局部,而要有强烈的课程意识,在实施统整过程中忠实地执行课标。要考虑学科特点,进行统整不能做加法,额外增加学生负担;也不能简单地做减法,应首先优化现有各学科的资源,并合理有效地整合各种资源。这就要求我们的老师具备把握各学科课程资源并加以统筹整合的能力,而做到这一点,对于不少老师来说同样是不容易的。

二是教学过程运用数字技术的现状。人类处在数字化时代,信息领域的数字技术正在向人类生活各个领域全面推进。信息技术、互联网技术以及近些年发展尤为迅猛的智能技术,深刻地改变着人类社会的生产、生活样态及其结构,也都无不深刻地影响着我们的教育教学。大家知道,信息技术设备配置及其运用到教学领域,已经至少有 20 年的时间。随着教育信息化的推进,特别是"没有教育信息化就没有教育现代化"口号的提出,教育信息化以高强度的投入为支撑、以信息技术设施设备不断地更新换代为标志,不断提档升级。校园网、智慧校园建设以及这些年智能设备在一些学校的出现,无不表明教育也在主动地适应数字化时代的新要求。有不少学校试图利用信息技术、互联网技术和智能技术,实现进一步提高教育教学效率、质量和水平的目的。但同时,更多的学校是一拨接一拨地配置了这些设备,而使用及其应有作用的发挥则是十分有限,作为辅助工具的多;不少学校甚至因缺乏促进机制,教师怕用、时间长了就不会用,这些先进的技术设备成为新的蒙尘之处、成为摆设。能把它们与学科教学、特别是课堂教学有机结合的学校和老师不多,能有机融合、整合的更为罕见。

三是运用数字技术实现课程统整的一般要求。在信息数字化基础上发展而来的信息技术、互联网技术和智能技术,在教育领域的运用及其影响不明显的情况,被技术界认为教育领域是最顽固的堡垒。而就教育领域自身而言,尽管不可能出现前些年有人预言的学校将消失,但是,它们将在不同程度上改变学校组织形态、教育教学组织方式、学生学习和发展方式,则是势所必然。

为此,作为学校和我们的老师,一方面,与其回避时代要求、弃这些技术于不顾,或者仅仅作为迎接检查的摆设,或者至多作为辅助手段,不如直面新要求,主动熟悉新技术、运用新技术,直至能够驾驭新技术。另一方面,要总结本校在运用这些技术上的哪怕极为初步的实践、吸收他校的经验,建立有力有效的促进机制,鼓励所有学科老师不畏惧新技术、大胆地运用新技术,至少成为自己学科教学的有力的辅助工具和手段。再一方面,应支持鼓励教师把新技术与学科教学有机整合，并在教学设计中全面落实，使得新技术成为学科教学过程相应环节、达成相应目的(化繁为简、化难为易、化枯燥为生动、化抽象为形象)的不可或缺的因素。同时，运用新技术的功能优势，实施生活化、情景化的多学科知识和技能同时呈现的教学，直至利用技术支撑、组织跨学科教学，实现课程统整之目的。

(2017 年 12 月 25 日)

资源建设之于 STEM 教育

建立 STEM 教育资源中心，据我所知，在江苏省各区县中南京市玄武区是第一家。因此，今天的揭牌仪式，不仅是玄武区 STEM 教育实践和研究进程中的一个里程碑，同样也是全省 STEM 教育实践和研究进程中的一个标志性事件。

STEM 教育在我们国家的实践时间不长，但由于它在培养学生实践和创造能力、合作交流能力、批判性思维能力、解决真实世界面临问题能力、对于自然和社会的责任感等方面的目标追求，与我国正在努力赋予学生的核心素养和关键能力高度契合，因此，备受政府、社会、家长、学校和学生的推崇。对于目前的 STEM 教育形势，总体上看：政府在积极倡导，社会表现了极大关注，家长则大力支持，学校纷纷开始实践，学生踊跃参与。而其中值得关注的是国内外相关企业争先恐后地为我们的学校提供各种各样的 STEM 资源和教师培训，还组织各类各层级的比赛。我们一方面要感谢这些企业的支持，并期待他们更多更好的专业化支持；另一方面我们的教科研机构和学校要在多途径多形式迅速积累 STEM 资源、满足学校开展 STEM 教育需要的同时，使之真正教育化、课程化和本土化。从这方面考量，玄武区 STEM 教育资源中心的建立无疑是恰逢其时、意义重大。

STEM 教育是多学科融合的教育，目的是打破学科领域边界，促使学生能够综合运用多种学科知识，提高探究和解决实际问题的能力。这样一种目标指向持续增强国家创新能力的教育实践的有效推进，需要加快课程化步伐。至今，我们视野所及的美其名曰的“STEM 教育”，很多是非课程化的作为，是无以落地生根的“毛”。“皮之不存，毛将焉附”？因此，高层次、深内涵、重融合的软（“软资源”主要指专业的 STEM 教育者）硬（“硬资源”则是为实施 STEM 教育所需的场馆以及配套的设施设备）件课程资源必不可少。

建立 STEM 教育资源中心，既是 STEM 教育实践和研究水平整体提升的课程资源条件，也是组织各类培训和课程活动的基本依托。

（2018 年 5 月 4 日）

第六章

学科教学的新天地

第一节　学科素养的落地点

学生能力生根的关键

关于这次论坛的主题——“实现学科能力生根的学习过程优化”，有这样几点思考。

一是学科能力培养要落地。能力生根是指在教育教学活动中，切实把能力（基础能力、综合能力、学科能力）培养落到实处，为每个学生的成长、发展、幸福奠基。

学校设置的学科是学校课程的组成部分。它是按学科的知识结构和逻辑体系展开论述的，重在传授学科知识、发展学生的特定心理能力，即培养学生的学科能力。学科能力是学科教育与学生智力发展的结晶。学科能力既是人类智力与能力的一种表现形式，又是学科教学的具体追求，所以它又被称为学科教学与人类智能的合金，并反映在学生身上。学科能力以学科知识为中介，是一种结构，具有可操作性，相对稳定。因此，学科能力的培养要落实到“学科教育”

这块“土地”中，才有可能生根。

二是学习过程优化是关键。学科能力的培养落实到学科教育这块“土地”中，才有可能生根，但不等于就能生根。那么，如何才能真正生下根来呢？关键在于教与学过程的优化。

由于学科能力是学生的智力、能力与特定学科的有机结合，是学生智力、能力在特定学科中的体现，是衡量一个学生心理发展的重要指标。因此，学习过程的真正优化，需要在既遵循学科教育规律、又遵循学生身心发展规律、学习规律的前提下，优化教与学的每个环节、方式和路径、条件和策略等等。

三是学科能力要有品质。学科能力是一种结构性的存在。而这种结构，不仅有着常见的某学科能力的表层表现，而且有着与非智力因素相联系的深层因素。

学科的能力结构，有思维的参与。任何一种学科能力，都要在学生的思维活动中获得发展。一切学科能力都要以概括能力为基础。概括是思维由个别通向一般的过程。离开思维活动，就无所谓学科能力。因此，一个学生某学科能力的结构，当然包括个体思维的个性特征，即个体思维品质。思维品质的成分及其表现形式很多，主要包括深刻性、灵活性、独创性、批判性和敏捷性，具备如此这些方面思维品质的学科能力无疑是高品质的。

(2015年11月26日)

学科核心素养的落地点

本届江苏省中学地理名师论坛活动的目的十分明确，就是为了进一步理解地理核心素养的内涵，研究核心素养的教学落实。而研究这个问题，是由于新修订并即将颁布的高中地理课程标准明确提出了高中地理核心素养。确立这样的活动目的，足见活动组织者、参加者的拳拳之心、使命感和责任感。特别是参加者的主体是全省中学地理教学一线的名师，再加上专家和教研员的到场，相信活动目的一定能够达成。

去年以来，关于核心素养的讨论席卷整个中国教育系统。整体的状态是：对于非官方颁布的核心素养，既有顶礼膜拜者、又有批判者；对于在各学科领域的落实要求，既有观望者、也有行动者，既有吃螃蟹者、也有不知所措者。可贵的是在座各位都是积极学习、理解、把握者，并且是主动实践者。而恰恰在这些方面的积极态度是中国教育继续前行所必需的。

总体而言，提出并落实核心素养是教育价值目标追求的回归。教育所追求的核心价值目标是人的发展。北京师范大学发布的《中国学生发展核心素养》的所有方面都是关于人的、即我们学生的发展要求。而一份非官方的研究报告，一时间引发全国范围的高度关注、广泛讨论，并且有不少教科研机构和学校主动地研究它、实践它，这不能不说是对于长期以来，由于考试教育的引导，人的发展目标成为“橱窗之物”（陈列供观赏）的一种“反动”（平和一些说是“回归”）；也可以说是懂得教育规律和人的成长规律而又无法真正遵循、长期处在教育政绩大山重压下的中国教育人、对于遵循教育规律和人的成长规律实施真正意义上的教育的热切期盼，大家渴望社会观念转变、外环境宽松基础上的教育回归。

怎么回归？去年以来，关于核心素养落实方面的讨论文章很多，相信大家也学习了、思考了，有的可能已经开始在自己的学科教学中探索实践了。我也认为，核心素养的落实关键在于学科教学领域。因此，大家一起来探讨地理学科核心素养的落实非常必要。

而从一般意义上说，在学科教学中落实核心素养需要“目中有人”。为什么这样说？因为核心素养是人的素养。而由于这样那样大家都知道的原因，学科教学中的无人、忽视人、轻视人的现象由来已久、比比皆是。在学科教学中落实核心素养的“有人”要求，具体说有这样三点。

一是课程内容要人本化。课程及其教材内容确定要基于人的生存、生活和发展需要。这一点，在我们一直以来过分强调学科知识体系的课程标准和教材中没能得到很好体现，以至于第八次课改力图解决的繁难偏旧问题至今“江山依旧”。而学生“自主发展”素养的培育，首先要遵循人类发展的基本逻辑，依据人的生存、生活和发展需要设计知识和技能体系，也就是我们通常所说的,要有学生立场,就是以赋予学生生存、生活和发展需要的知识与技能为出发点和归宿。这样的要求,不是我们无能为力,而是大有可为,比如,国家课程、地方课程校本化改造,环境课程、活动课程的体系化设计等。

二是课堂教学要生活化。这里的课堂是广义的课堂。生活是由一个个场景组成的,生活是一种体验。课堂教学的生活化就是强调让学生在生活的具体场景、生产实践的具体操作中,运用并牢固掌握知识和技能,体验、感悟生活的真谛、生产的伟力,以此激发学生热爱生活的情趣、实践探究的兴趣。生活既丰富多彩、又纷繁复杂,生产过程既需要活用知识和技能、又需要协调一致、通力合作。在生活体验、生产实践的过程中,让学生体会认识团队的重要、处理好个体与集体关系的意义,逐步培育学生的团队精神、领袖才能,而这是学生社会化的必由之路。

三是学习评价要发展化。评价学生的发展状况,不能仅仅关注学生的解题能力,更重要的是要评价学生运用知识和技能解决生活、生产中实际问题能力的提高与否。从学生解决问题的难度及其过程中,了解学生的思维品质和能力,即学生思维的深刻性、灵活性、独创性、批判性、敏捷性和系统性。素养是后天学习形成的能力和品格,决定了以学生能力发展为导向的评价,是学生学科核心素养(关键能力)生成的催化剂;以能力发展为要义的学习评价是学科核心素养落地的有效手段。

(2017年4月24日)

STEM 教育的江苏实践

当下，STEM 教育几近风靡全球，并得到世界各国的青睐。适应经济转型升级、从制造大省向创造、智造大省迈进对人才和劳动者素质的新要求，STEM 教育在江苏中小学、幼儿园应运而生。

一、重视 STEM 教育的江苏动因

STEM 教育是科学、技术、工程、数学多学科融合的教育，旨在打破学科领域边界，促使学生能够综合运用多种学科知识，提高探究和解决实际问题的能力。相对于单一的学科教育，STEM 教育具有跨学科的综合性特点，强调面向真实世界，注重培养学生实践能力、创新能力、批判性思维能力、合作能力、对于自然和社会的责任感等。这一目标指向持续增强国家发展动力的教育实践，得到世界各国的高度重视，美国、德国等更是把它提升到国家战略的高度加以实施。

在这样的背景下，认真审视江苏省按照国家课程标准开设的类似课程的具体实施情况时，我们发现，不仅这些课程与 STEM 教育相比明显欠缺综合性，而且尽管有课时计划

安排,但由于不在升学考试科目之列,大多数学校教师配备严重不足,教学计划执行随意性很大,课程目标难以实现。而与此同时,全省各地都有一批中小学、幼儿园基于教育理想的追求、基于经济和社会发展对学校教育新要求的回应,纷纷开始了体现 STEM 教育理念的实践。

调研分析表明:总体看,全省各地都有不少学校对 STEM 教育表现出浓厚的兴趣和较高的关注,愿意投入 STEM 教育的实践和探索中来;不少学校结合创客教育、科技创新、综合实践活动、课程基地建设、兴趣小组、社团活动、校本课程开发等开展 STEM 教育,并在场馆建设和仪器设备配置上舍得投入;不少学校,特别是一些科技特色类学校先行开展了有益的探索。但同时存在十分突出的问题,表现在:缺乏对 STEM 教育内涵全面、准确的理解,相应的理论准备和学习消化不够、实践目标不明方向不清;缺乏课程建构,课程意识不强,误以为项目就是课程,项目实施缺少课程依据,教育目标难以实现;缺乏硬件配置和场馆建设的专业指导,不少企业开发的有关产品良莠不齐、鱼龙混杂,不少学校盲目购置使用、造成严重浪费;缺乏 STEM 教育专业师资,现有师资单学科痕迹明显,教师科学素养不高,培训工作缺位。

可见,顺应和跟进国际潮流、适应江苏发展新要求、解决实践中面临问题,应是江苏推进 STEM 教育的直接动因。

二、推进 STEM 教育的江苏实践

当今江苏,与历史上很多时期的发展特点相似:常常得风气之先。在 STEM 教育的实践和研究上同样如此。主要表现在以下三方面。

一是政府相关部门协力共同推进。2015 年,江苏省教育厅、江苏省科协印发《关于开展科学、技术、工程、数学教育项目试点工作的通知》,确定一批学校先行先试。2016 年,组织对试点学校 STEM 教育项目实施情况进行评估,确认了 26 所 STEM 教育项目学校并给予表彰奖励。今年,在全省各地推荐的基础上,省教育厅、省科协又遴选公布了覆盖江苏省各地城乡的 243 所中小学、幼儿园作为省级 STEM 教育项目试点学校,同时印发了《江苏省 STEM 教育项目学校建设指导意见》,推动全省 STEM 教育实践进入新阶段;支持各自所属部门联合组织全省项目试点学校开展比赛及相应的师资培训等工作。

二是地方和学校实践方兴未艾。江苏是教育强省、科技强省,省域创新能力连续保持了全国七连冠。在这样的环境影响下,全省各地都有一批学校关注 STEM 教育,主动借助社会力量积极实践。例如,在省普通高中课程基地学校、省小学特色文化建设学校中有不少设立了科技创新项目。南京市从 2015 年开始就计划市、区、校三级共同建设 100 个 STEM 课程实验室。南京市玄武区在全区推进了“作为综合

的科学学习”的 STEM 教育实践。常州市已连续 6 年举办中小学生“我们爱科学”夏令营活动，让中小学生体验来自数学、科学、艺术课程的精彩，收获不一样的成长。苏州市举办了包括 STEAM 创意构建等比赛项目的科技创新大赛，助力青少年科技教育。南通市加强创客教育师资培训，聚焦创新思维，提升教师的创造能力。近些年来，全省各地还有不少学校积极组织学生参加省内外、国际间体现 STEM 理念的各种比赛，并都取得了不俗的成绩。

三是科研机构与企业协力促进。落实教育部基础教育课程教材发展中心希望江苏加强 STEM 教育、建立正确导向的要求，2016 年初，江苏省中小学教研室与南京师范大学教育科学学院、江苏凤凰音像出版社联合成立了“江苏 STEM 教育协同创新研究中心”。中心旨在发挥各方优势，协同研究 STEM 教育理论和实践，协同开展有关宏观政策研究、课程建设和实施、平台研发和服务；共同推进基于课程的教师培训、交流研讨等活动，以及相关课程试点实验与推进等工作。中心成立以来，已经完成了国内外 STEM 教育理论和实践进展研究，分析了江苏推进 STEM 教育的优势、存在问题、并提出了对策建议。在此基础上，向省教育主管部门提交了《江苏省基础教育阶段 STEM 教育推进行动计划》，得到了肯定和支持。同时，向省教育厅申报基础教育前瞻性教学改革重大研究项目——《具有江苏特色的 STEAM 教育体系构建与实践研究》，并获批立项进行研究和实施。

三、打造STEM教育的江苏样本

从总体上看，目前，江苏的STEM教育还处在起步阶段，迫切需要进行顶层设计、整体规划、过程指导，需要加强理论研究、实践引领、经验积累，为在面上推开、深化实践奠定基础。今后一个阶段，应以"研究中心"为依托，以前瞻性教学改革重大项目研究、实施为抓手，以269所项目学校、幼儿园的实践为基础，努力促进江苏STEM教育逐步走上课程化、体系化、本土化的道路。

1. 加强STEM教育理论研究

借力专业团队，及时跟踪研究、全面系统准确介绍国外STEM教育理论，探索本土化的有效路径，建立有江苏特色的STEM教育理论体系、顶层设计和话语体系。

2. 研制STEM教育课程纲要

尽快完成中小学、幼儿园STEM教育课程指导纲要的研制，开发具有江苏本土特色的STEM教育课程，构建可在全省推广使用的规范化标杆性STEM教育课程体系。

3. 推进STEM教育课程实施

探索形成各学段STEM教育培养目标、实施重点，以及将STEM教育课程纳入地方课程、或与有关课程有机结合、相互补充、镶嵌、融合等实施途径，建立基础教育课程目前设置格局下STEM教育的有效模式。

4. 规范 STEM 教育教学实践

开展 STEM 教育教学策略、教学案例、评测体系的研发，组织教学展示与比赛、成果推广等活动。研制 STEM 教育实验室等场馆设施建设标准、STEM 教育课程区域评价标准等。

5. 指导项目学校 STEM 教育

多途径、多形式搭建多层次交流、学习、合作平台，及时总结、推广 STEM 教育项目学校、幼儿园课程建设和实施的做法与经验，正确引导面上中小学、幼儿园开展 STEM 教育。

6. 促进 STEM 教育师资建设

定期举办不同层面的 STEM 教育专题研讨活动，分层、分学段培训现有 STEM 教育专兼职教师，提高他们的综合素养。适时提出 STEM 教育师资由高校专司培养输送等方面的政策建议方案。

7. 争取社会支持 STEM 教育

广泛宣传 STEM 教育在培养学生创新意识、实践能力和社会责任感方面的独特作用，赢得社会理解、企业支持，争取各地都有一批企业成为 STEM 项目学校的实践基地、支持开展 STEM 教育成果展示等活动。

（2017 年 9 月 24 日）

第二节　有了语文才可能“+”

有了小学语文才可能“+”

江苏省名校名师小学语文主题观摩研讨活动都是有主题的，这次活动的主题是“语文+——走向大成的语文教育”。围绕这个主题，我谈点学习体会。

一是有了小学语文才可能“+”。即只有具备了语文能力和素养，才有掌握其他学科知识、能力和素养的可能。这是语文在整个中小学学科体系中的地位和作用决定了的。

语文是语言、文字和文化的综合学科。语言、文字是文化的重要组成部分，又是文化积淀并得以传承的工具和载体。语文也是一门重要的人文社会学科。作为基础教育课程体系中一门教学科目的语文，教学的内容是语言文化，运行的形式也是语言文化。语文能力还是学习其他学科和科学的基础，是人们相互交流思想等的工具。因此，语文学科具有工具性与人文性统一的特点。这样的学科特点，决定了语文教育是学生在认识主客观世界、掌握知识和技能、涵养人文素养过程中的基础性、前提性、充要性条件和路径。

进而言之，语文是所有学科的基础。学好语文是学好其他学科的基础。小学是我国学校体系的基础学段。因此，小学语文更是为学生学习其他学科乃至终身发展和幸福奠基的学科。小学语文是“＋”本学段其他学科、“＋”其他学段各学科知识、能力和素养的基础和前提。

二是只有“语文＋”才可能有语文之“大成”。语文教育的基础性、前提性和充要性地位作用决定了语文教育必须集大成。语文教育集大成的目标，又必须通过“语文＋”才能实现。

“语文＋”在具体的语文教育实践中，我认为，可以是围绕某个主题的不同文体、不同版本教材、不同层面或不同学科内容等的整合式课程建构，如如皋师范附属小学的“主题整合”课程；也可以是依托某一种课堂教学样式，通过该样式（如手脑并用、体验感悟等）把相类似的学习内容 “化灌输为悦纳”的体验式（如课本剧等）课程实施；还可以是借助某一技术（信息技术、互联网技术、人工智能等）载体，将某一类学习内容化难为易、化繁为简的效能型课程；等等。

这些基于语文学科工具性、人文性特点的课程形态及其实施，一方面要注意与学生身心发展和认知水平的适切性；另一方面则要力求通过这类整合、综合、融合课程的实施，尽可能好而且较早地让学生掌握语文这一工具、为学好其他学科奠基，尽可能快地涵育学生的人文素养，为学生的健康成长和终身幸福奠基。

三是语文教育之大成是每个孩子“大成”的需要。走向大成，如果是语文教育的新境界的话，那么，这样一种境界提升的必然结果应是每个孩子的大成，即最好的发展、最大的成功、最真的幸福。

这次活动重点推介的如皋师范附属小学的“主题整合”课程建设，是教育本真的回归、是教育价值的彰显。学校始终坚持“一切为了孩子”的育人理念，以学生的生命成长和一生幸福为目标，践行走向“大德大爱—大智大行—大美大成”的“大成教育”理想，即“为学的大成，为人的大成，为人生的大成”！

在这里，我想说，语文教学的领域任何一项实践总体看都是有价值的，而“集大成”的语文课程建设和教学实践是最应推崇的。因为，“语文的工具性和人文性特点”，在客观上要求我们围绕主题、或依托某种教学形式、或借助一定的方法手段等，通过综合的、统整的、甚至融合的课程实施，促进每个学生整体、和谐、自主地发展。

(2017年11月23日)

“语文教学新视野”探析

每年的“苏派语文教育论坛”是江苏省“语文人”的共襄盛举。今天,大家将围绕本届论坛主题——语文教学新视野,进行交流研讨,聆听专家报告,观摩名师示范课。相信大家一定会有很大收获。借这个机会,就论坛主题简要谈谈我的理解,与大家交流。

一是关于新视野。物理意义上的视野是指人眼固定地注视某一点或某一片区域时所能看见的空间范围,即通过眼睛所能看到的事物。认识论意义上的视野,则是指人们凭借身心和学养基础所能认识到的思想或知识的领域。因此,顾名思义,“新视野”就是在目前主观条件下人们所能认识到的新的领域、新的观点。

同样也可以说,新视野是人们对客观事物新的深化了的认识,也是事物发展变化后引起人们对它的原有认识的改变,或者是新的视角下形成的新的认识。由于事物受到主客观条件的影响,其运动和变化是常态,因此,人们认识事物的视角也必须随之能动地变换,否则,人们的认识将落后于事物的运动和变化,将落后于时代,直至不适应时代要求。

从这个意义上看,我们所在的教育教学领域里经常出现一些热词,并由此引发一些争论,是教育发展过程中的必然,它往往触发一些新的思考、新的实践。当然,其中“为赋新词强说愁”的忸怩作态也不少见。为此,我认为,把“语文教学新视野”作为本届论坛的主题,显然是顺应了语文教育发展的必然,遵循了我们对于语文教育的认识规律。

二是正确认识语文教学新视野。语文教学新视野,我们理解为指导语文教学的新的思考、新的理论,以及语文教学实践的新领域、新样式,甚至是支撑语文教学实践的新方法和新手段等,或者是语文教学需要落实的新要求。这些方面无不催促着我们对于语文教学形成新的认识、新的把握,并在客观上为我们追求语文教学境界的提升、语文教学目标的真正达成创造了条件。但是,语文教学新视野的形成有其自身规律。

一般而言,与其他学科一样,语文学科的教学,需要有作为实施教学依据的课程标准与教材,需要作为实施主导的教师,需要适宜每一个学生的个性化的课堂实践,需要检验课堂实践效果的考试和评价等等。可以想见,这些方面的任何一点稍有“风吹草动”,都可能引发我们通常所说的“教学要求”的变化,并进而触发我们对于语文教学某一方面或几方面认识的改变。这种改变在相对确定的教育体制框架下,一般是正向的改变,也就是在原有基础上的认识的深化或拓展,今天,我们把它称之为“新视野”。例如,眼下我们正热烈讨论的、包括语文学科在内的所有学科要落实的“核心素养”,它是完成好立德树人根本任务的一个新的重要途径,因此,也就成为各学科教学必须落实的新要求。在语文教学中落实“核心素养”新要求，无疑是语文教学的视野所要触及的，是语文教学必须有的新视野，我们万万不能无视、忽视，更不能“视而不见”。

当然，语文教学的新视野，有伴随语文教学自身实践深化而形成的，也有影响语文教学方方面面的外在因素所触发而形成的。前者的产生一般是内在的，后者则常常是外附的。但这两者不是毫不相干，而是在整个语文教学实践的全过程中互为条件、互相影响，共同推进语文教学实践的深化、境界的提升。

就语文教学新视野的表现形式而言，在语文教学实践过程的不同阶段，由于语文教学实践层次和水平的不同，还由于时代和社会发展对于语文教学要求的变化，决定了语文教学新视野的呈现常常表现为：要么是“新瓶装陈酒”、要么是“旧瓶装新酒”。但是，这种形式与内容的关系，看似全无新意，实质是语文教学的时代性要求，是语文教学时代烙印形成的原因；其中既有内容决定形式的规律存在，也有形式服务内容、通过形式的改变更好地展现内容、使得内容更易为师生理解、接受的客观要求。“陈酒与新瓶”“新酒与旧瓶”的组合，都可能生发出语文教学的新视野。

三是语文教学新视野的实践性。任何新目标、新任务、新要求的提出，总是期待得到落实，并产生预期的效应。时代的发展、社会的进步以及语文自身的发展，使得语文教学不断面临需要完成新的任务、需要落实新的要求。我们的语文教学是漠视一切，还是在保持定力的同时，积极回应并主动作为？这就提出了语文教学新视野的实践性命题。

大家都知道，教学是教师的教和学生的学所组成的人类特有的一种活动。通过这种活动，教师有目的、有计划、有组织地引导学生积极自觉地学习、加速掌握专业基础知识和基本技能，促进学生多方面素质全面提高，使他们获得终身发展和幸福所需要的素养、成为社会所需要的人。因此，语文教学新视野的实践性，需要我们"语文人"，在面临新的要求和新的任务时，应根据语文教学自身的特点，在自己的教学实践中，自觉地落实新要求、完成新任务。

进而言之，任何我们的视野所能及的新事物，或者称之为我们能够认识的新思想、新知识等，如果不用来指导我们的教学实践、不用来推动教学实践深化，有的甚至可以转化为新实践的却没有及时加以转化，那么，我们的语文教学也就无所谓有没有视野、更莫谈新旧了。而倘若这样，我们的语文教学终将裹足不前、故步自封、全无生机，也就难以完成本学科教学肩负的重任和使命。

（2016 年 10 月 14 日）

中学语文教学转型的基本问题

全省中学语文论坛，是全省中学语文教育界的盛事，是全省中学语文教育一线老师和教研员同志们学习贯彻2017年版《普通高中课程方案和语文等学科课程标准》精神、并将切实执行的具体行动。

举办全省中学语文论坛的目的是贯彻落实十九大精神，适应新时代对中学语文教育的新要求，引导全省中学语文教师全面理解、准确把握普通高中新课程方案和语文学科课程标准，在落实语文学科核心素养过程中实现教学转型。

在《教育部关于印发〈普通高中课程方案和语文等学科课程标准（2017年版）〉的通知》中指出："要全面加强教研工作，创新教研方式，创造条件，激励教师开展教研的积极性，促进课程有效实施。"很显然，这为教研机构如何落实新课标指出了明确的方向和具体要求。教学活动是课程实施的主要途径和载体。因此，论坛把主题确定为"新课标背景下中学语文教学转型"，是非常及时、很有意义的。

关于语文教学转型的实践及其研究林林总总、举不胜举，而且都或强或弱、或多或少地对中学语文教学形成了影响，但是，有没有因此促成了中学语文教学的转型，大家心知肚明、不言而喻。因此,今天,我们汇聚在这里,设坛开论这个话题的时候,似乎应该把与其相关的一些基本问题理理清楚,才有可能真正明确新课程标准背景下的语文教学转型的基本原则、基本要求、基本路径,并努力地遵循之、实践之,否则,我们仍然可能在若干年后,在这个方面原地踏步,在类似今天这样的场合老调重弹。

关于转型。一般意义上的所谓转型,是指事物的结构形态、运转模式和人们观念的根本性转变过程;转型是主动求新求变的过程,是一个创新的过程;转型是将事物旧的发展模式转变为符合当前时代要求的新模式。就我的了解,"十二五"计划初开始,"转型"成为热词,成为我国经济和社会追求可持续、高质量发展的关键性手段和有效途径。产业转型升级、社会转型进步必然提出教育转型的要求。这就是要求教育转变人才培养模式,培养具有创新精神、实践能力和社会责任感的社会主义现代化建设者。而这样的教育目标的达成,在客观上强烈地呼唤着培养创新型人才的决定性环节——教学,要创新,要实现真正的转型。

关于教学转型。教学转型是教育回答"钱学森之问"、培养支撑国家现代化的创新型人才的需要。教学转型需要以观念转变为先导,就是要牢固确立"学生中心"思想,并转化为具体的教学实践。教学转型的目标指向长期以来教学模式陈旧、教学方式方法单一、教学手段落后状况的改变,促进教学组织结构、实施形态(方式方法手段的结构化运用)的真正转变。教学转型涉及教与学两个方面,当然还可以包括作为支撑条件的教学环境、教学技术和设备等。教学转型要求教师成为学生学习的导师、同伴，学生则逐步成为自主、探究和合作学习的主体。这样的教学转型要求，在第八次课改及其语文课程标准中就已提出，而实际的落实情况是不容乐观的。因此，我认为，在我们的大多数学校，教学转型远未成功、实践成效甚微，教学转型任重道远。

关于新课标背景下的高中语文教学转型。2017 版普通高中课程方案和语文课程标准，估计大家都已经认真研读过。各位老师对于自己所执教的这门学科的课程性质和基本理念、核心素养和课程目标、课程结构和课程内容、学业质量和实施建议等，对于这次语文课标修订中重点反映五大要求的总体思路、四个方面的核心素养、学习任务群这个亮点、整本书阅读价值的强调、课程实施注重整合的要求等等，相信都有了充分的理解和把握。但是，仅此显然不够。根据高中语文新课标要求，语文教学具体怎么转型的问题将再一次摆到我们面前。这不仅是本次论坛的任务，也是需要长期坚持实践和研究的重要课题。期待这次论坛能够有初步的回答，更期待大家的实践和研究取得切实成效，为全省中学语文教学转型提供示范和引领。

所以有如此期待，是由一种紧迫感驱使的。这种紧迫感源自长期以来教学转型在考试教育重压下，有名无实、雷声大雨点小、理论说教有余而实践“江山依旧”的局面没有改变，导致创新人才培养的要求在教学环节难以落实。有学者在分析最近发生的“中芯事件”警醒国人的若干方面时指出：目前的中国教育还不能培养能够掌握核心技术的创新型人才！更有学者直言，中国教育不转型，就只能培养最低端的劳动力。这无疑是在再一次诘问教育该怎么办。

(2018年4月27日)

整本书阅读任重道远

语文整本书阅读，似乎是中学阶段的专利，事实上，在小学阶段也适逢其时、其效甚显。这次研讨活动围绕主题“让每一间教室透出阅读之光”展开，将由扬中实验小学多维度展示推进整本书阅读的实施策略和实践成果，交流区域推进整本书阅读经验，观摩名师整本书阅读课堂教学，聆听专家报告等活动内容。我想这整个活动的安排就是在明确无误地告诉大家，小学语文整本书阅读及其教学实施是小学语文教育的重要组成部分，意义重大。关于语文整本书阅读的研究成果汗牛充栋、实践经验丰富多彩。而我有这样几点粗浅的认识。

一是整本书阅读本应如此。在我的印象里，面对一本具有强大吸引力的书，就没有读整本书、还是读该书的某些篇章之分。只有读了一本书的一部分、因时间等原因不得不放下的情况；但只要一有时间，也就不管“三七二十一”了，准备一口气读完它。刚上一年级的小学生，认识了几个字，往往就迫不及待地企图“啃”完一本、甚至更多的书。在不识字的状态下，孩子们认识、理解世间万物只能依赖成人的帮助、自己的体验甚至是“吃一堑长一智”的经历。想必这个时期的孩子是多么无奈。因此，作为识字不多的小学生，迫不及待地见识“字里乾坤”，生吞活剥地看整本的书，似乎应该是“本来如此”的事。只是我们成人，为了引导孩子们走向为他们预设的某个方向，活生生地“肢解”很多本书，从中挑选出的字词章句，基本上是按成人理解事物的方法和心理进行编排，“自以为然地”交给老师照此教学、交给学生理解背诵运用。也就是说，我们把本来是整体的东西化整为零、又把很多零碎的东西剪贴在一起，希望一个识字不多的小学生把零碎的东西建构成知识的大厦，可想而知是何其之难、甚至有些荒谬！假设我们成人不做这样“自以为是”的工作，为儿童创作一本本精良的书、或为儿童选择一本本总体符合他们认知和心理水平的好书，科学地、有效地、循序渐进地引导他们读完一本本的书，我想，成人社会所期待他们具备的整体把握和建构能力，估计将会自然而然地就具备了，此时，小学生也就能如成人般的“解构”了。

二是整本书阅读作用非凡。大家都知道，优秀的作家一般都有较高的综合素养，涉猎领域多、知识面广，文字驾驭、谋篇布局能力强，无论是鸿篇巨制、还是精致短篇，都是有其整体的谋划、具体的支撑。例如，一部小说，如果一气呵成地读完，就会有一种幡然醒悟的感觉，其中的各色人物、事件、矛盾纠结，至此，犹如庖丁眼里的牛，豁然明晰。这就是一种整体的把握。如此反复，就能逐渐养成学生整体地看待事物的习惯，形成整体思考问题的能力。整体思维能力是十分重要的能力，这是一种整体的、全局的、立体式看待事物、分析问题并寻求解决办法的能力，也是一种类似交响乐指挥所具备的能力,即统筹全局、调度各方、协调多方各司其职的能力。而正是由于从整体上把握事物及其具体的构成、运动和发展,因此,其中蕴含着极其丰富的创新、创造的灵感“触发点”。于是,学生阅读整本书的结果就不再是掌握了一些写景、状物、拟人的词语,而是在自觉不自觉地提高了整体思维能力的同时,语言驾驭、谋篇布局能力也逐步具备,并由此开始从模仿进入到驾轻就熟、新意盎然的作文阶段。为此,我有一个不很正确的认识:我们面对的小学生,老师你教会他怎么认字,并在认字的同时,你再教会他如何看书、看整本书,那么,此后认更多的字、组词、造句、作文,可能就“无师自通”了。否则,就没有“读书破万卷、下笔如有神”一说了。当然,引导学生读整本书,无疑也是学生陶冶情操、完美品格、获取智慧、提高文化修养、提升人生境界、丰富间接经验等等的有效途径。

三是整本书阅读任重道远。以上关于整本书阅读作用的种种美誉,无疑是告诉我们,整本书阅读实在是太重要和必要了。按照我的理解,比较易于操作的做法是:可以与教材内容结合,引导学生读教材内容出处的书、读与教材内容相近的书、读与教材内容出处或相近书的同类书、甚至不同类的书;也可以是先让学生自选读物,发现他们的兴趣,逐步引导他们阅读兴趣所在的一类书。当然,各位老师所在学校、你们的教学实践中可能已经积累了很多好的读整本书的方式方法。期待大家在活动期间充分交流、相互学习借鉴,把各自学校语文整本书阅读及其教学提高到一个新的水平。

不过，我们还是要客观地评价一下目前全省小学生整本书阅读的实际情况。《小学语文课程标准》明确指出："要培养学生广泛的阅读兴趣，扩大阅读面，增加阅读量，提倡少做题，多读书，好读书，读好书，读整本的书。"并且规定了小学阶段不少于150万字的课外阅读总量。在座各位老师扪心自问，你布置给学生的阅读任务达到要求了吗？你的学生读完小学离开你的时候，他有这么大的阅读量吗？我想，在小学阶段，有相当数量的学校、相当数量的学生是做不到的。大家知道，在小学阶段培养孩子好读书、多读书、读好书、读整本的书，是涵育孩子创新创造等良好素质、并使其终身受益的最佳途径。但是，即使我们的小学语文老师都认识这一点了，面对现实，也还是任重道远！

苏霍姆林斯基说："让学生变聪明的方法，不是补课，不是增加作业量，而是阅读，阅读，再阅读。"阅读、整本书阅读及其教学，不再仅仅是小学语文教学内容的一部分、创建阅读特色的具体途径，而是民族永续发展赋予我们的历史责任，是时代的呼唤。因为，创新是一个民族发展的不竭动力。我们应重新认识、再次集结，积极进行整本书阅读及其教学的探索，丰富实践、积累经验、扩大成效，"让全省小学校的每一间教室都透出阅读之光"。

（2017年12月19日）

学生阅读需要正确引导

参加语文学科的相关活动，总有别样的情愫，有两句话就会萦绕我的心头：教育是诗意的修行、语言是传统和文化的故乡。开始觉得似乎与自己参加的语文学科活动不搭界，细细揣摩，又似乎相关度很高：学中国语言文学，读书是基础，不读书、不知读什么书、不知如何读书，何以了解传统之博大、文化之多彩，又如何精于理解、善于言说、长于书面表达？而这些无不是老师的赋予！这就是教育的修行，是语文老师的修行赋予了我们的理解能力、语言能力。

关于阅读，苏联教育家苏霍姆林斯基说：让学生变聪明的方法，不是补课，不是增加作业量，而是阅读、阅读、再阅读。

阅读作为一门学问在现代已引起了人们的高度重视。联合国教科文组织在世界图书大会上发出了“走向阅读社会”的召唤，要求社会成员人人读书。近年来，随着语文教学和中、高考改革的深化，阅读成为学生提高语文素养的重要途径。阅读“得法于课内，得益于课外”也已成为语文界的共识。

然而，长期以来，由于应试教育的影响，语文教学基本上形成了以教师、课堂、教材和考试为中心的封闭系统，教师对课外阅读缺乏系统性引导,学生对课外阅读涉猎不多或阅读无方向、无目的,以致语文课外阅读和指导形成了放任自流的现状,耗时不少收获却不多。

有专家指出,当前中学生课外阅读存在不少问题,主要表现在:阅读指向——养“分”多于养心;阅读内容——低俗多于经典;阅读文本——盲目多于有序;阅读方法——浅尝多于细品。

面对中学生课外阅读中存在的这些问题,教师特别是语文教师必须高度关注。应针对学生课外阅读现状,积极寻求对策、做好指导。叶圣陶先生说:“语文老师不是只给学生讲书的,语文老师是引导学生看书、读书的……”著名语文特级教师于漪也说:“教师如果有本领把学生学习语文的兴趣和求知欲激发起来,教学就成功了一半,学生学习语文就有了良好的起点,就不以为苦,从中获得乐趣。”教师在课堂上的引领对培养学生阅读兴趣、指导学生掌握科学的阅读方法具有决定性的作用。而语文老师要努力克服在阅读教学上存在的这样几个问题。

一是以讲代读,缺乏主体意识。部分学校将学生的考试成绩作为衡量教师的重要甚至唯一的标准,不少教师心中只有考题,课内“以讲代读”,出于实用目的向学生讲析“导读”材料。教学时总是就课文讲课文,把“突出重点,讲透难点”当作每堂课的中心任务,忽视学生这一主体对文本的理解。久而久之,泯灭了学生对阅读的兴趣。

二是死搬教参,缺少个性色彩。部分教师手中只有教参，教读每一篇文章都离不开教参，对文本缺少钻研，领略不到文本的真滋味，在教学中当然就没有自己的独特见解。有的教师甚至多年用同一种方式讲同一篇文章，年年老脸色，严重缺乏创新。

三是捉襟见肘，缺失有效指导。部分教师由于长期依靠教参和参考答案教学，自己也没有课外阅读的习惯，以致阅读能力退化。阅读时不会速读，不会抓有效信息，把握不准文本中蕴涵的思想、情感和技巧等真正富有教育价值的内容，当然更难以对学生的课外阅读进行有效指导。

(2015 年 12 月 24 日)

写字和书法教学的一般要求

写字既是中小学语文教学的重要内容,又是中小学生学好语文的基础。汉字和以汉字为载体的书法是中华民族的文化瑰宝,是人类文明的宝贵财富。书法教育对培养学生的书写能力、审美能力、文化品质具有重要作用。基于此,从国家到地方各级政府及其教育部门一直以来都高度重视中小学写字和书法教育。但是,多年来,中小学写字和书法教育并没有进入理想的境界。

一是国家高度重视,落实却不到位。早在1998年,教育部就发布实施《九年义务教育全日制小学写字教学指导纲要(试用)》。2002年,教育部颁发《关于在中小学加强写字教学的若干意见》。2008年,教育部下发《〈在中小学校开设毛笔字书法课程〉的通知》。这些文件关于中小学写字和书法教学的目标非常明确、要求也很具体。但是,都没能,特别是书法教学要求没能得到真正全面的落实。原因在于:教师奇缺,现有教师书法能力不高,书法教学体系残破、教学方法陈旧落后,书法教育在学校普及难。为此,有老师感叹:学校书法教育春天常现,却难见春日。

二是升学压力有别,学段差异明显。在我们的招生考试还没有实行教考分离、学校教育还是以升学为导向的今天,各学段都承受着轻重不一的升学压力。于是，反映在中小学写字和书法教学的普及程度上，明显是小学较好，初中尚可，高中则基本被抛弃。

三是社会导向偏移，现状不如往昔。本来写好字是基本要求，但为功利心驱使，要么不重视，要么就瞄准考级获得“敲门砖”或者追求成名成家。学校的写字课、书法课变成可有可无，或者形同虚设。当然，有些学校出于各种各样的考虑，常常会用几幅师生的书法作品装点一下门面。

当然，现在，刚性要求颁布，春日照耀可待。2011 年 3 月，教育部发布《关于中小学开展书法教育的意见》，要求“中小学校主要通过有关课程及活动开展书法教育”，“在义务教育阶段语文课程中，要按照课程标准要求开展书法教育，其中三至六年级的语文课程中，每周安排一课时的书法课”“在义务教育阶段美术、艺术等课程中，要结合学科特点开展形式多样的书法教育”“中小学校还可在综合实践活动、地方课程、校本课程中开展书法教育”。2011 年 12 月，教育部颁布新修订的义务教育语文课程标准，将书法教育正式列入课程，要求小学三年级以上的义务教育学段恢复书法课程。2012 年，江苏省教育厅也印发《〈教育部关于中小学开展书法教育的意见〉的通知》。2013 年 1 月，教育部正式颁布《中小学书法教育指导纲要》。

课程标准是国家意志。国家意志是什么？国家意志本质上是政府行为，是高瞻远瞩的战略举动。只有个人的、组织的行为与国家意志相一致，才有民族意识的统一、国民行为的统一，一个民族才可能不断走向明天。因此，我们可以相信，中小学写字和书法教学的真正的春天一定会到来。

我们教研员、我们每一位老师，在中小学写字和书法教学再一次得到高度重视的情况下，如何使我们的教研、教学实践与国家的要求、学生的期待相一致呢？

1. 认识意义，找准定位

梁启超说："美术一种要素，是在发挥个性；而发挥个性最真切的，莫如写字。如果说能够代表个性，就是最高美术，那么各种美术，以写字为最高。"正因为如此：书法才能发展成为中国文化的独特瑰宝，并成为"中国文化最具代表性的精神符号"。

我认为，写字与书法，前者为壤为根，后者为茎为花。写字教学可以陶冶学生情感、培养审美能力和增强对祖国语言文字的热爱、文化的理解，既有利于写字技能的提高，也有利于增进学识修养。以汉字为重要载体的书法教学不光是一种美的教育，还具有育德、启智、健体、审美的综合效应。

2. 明确责任，从我做起

指导学生写字是课程标准对老师的基本要求。因此，能否指导学生写一手好字，是衡量老师课程理解力、执行力的重要标志。教师写字或书法的一招一式，对学生来说就是无声的引导，都可能成为学生模仿的对象。因此，每位老师都应以身作则，平时写字或握笔的姿势必须正确。虽然写字是学生自己写，但对于小学生来说，直观的、形象的范写对他们是一种潜移默化的影响。

3. 立足基础，不忘初心

人们常说：字如其人。讲的就是一个人写的字代表着这个人的精神面貌，甚至内心世界的活动状态。养成良好的写字习惯，具备熟练的写字技能，具有初步的书法欣赏能力，是现代中国公民应有的基本素养。新课标指出：规范、端正、整洁地书写汉字，是学生终身学习能力的基础。每位老师都应该牢记学校教育教学的基本目的、基本要求和基本遵循。不忘初心，方得始终。

4. 面向全体，因材施教

按照规范，要求每个学生认真写好字是教学的基本要求。练字的过程也是学生性情、态度、审美趣味养成的过程。要指导每个学段的每个学生保持正确的写字姿势，写好字；指导学生掌握基本的书写技能，养成良好的书写习惯，提高书写质量。同时，针对有兴趣、有天赋的学生，要积极加以引导，创造条件，提高他们的写字和书法艺术水平。

5. 全科要求，凡师必行

写一手好字是中小学教师的基本教学素养。每一位教师都要积极发挥表率作用，努力写得一手好字；都有责任教育学生认真写好字。学校是学习的地方，当以学生的学习为中心。就写字和书法教学而言，不仅是写字或书法老师的事，更是校长和所有学科老师、管理人员的事。学校处处应该写规范字、写好字，老师时时要写好字。这是学校环境育人、管理育人、教书育人、服务育人的题中应有之义。

6. 因地制宜，广聚资源

目前，全面落实写字和书法教学要求的大背景已经具备，但是，真正建立起完整的中小学书法课程体系要费时日，即使课程体系建立起来了，实施到位仍将有很多困难，其中的关键还将是教师。因此，我认为，当前中小学写字和书法教学首要而基本的任务是：建立一支校内校外、专兼职、学科和非学科老师结合的、数量和质量基本满足要求的书法教师队伍。同时，各级教研部门还要多形式地培训校外、兼职和非学科书法老师，尽快使他们成为合格的书法老师。

7. 发展特色，弘扬文化

全省各地中小学写字和书法教学都有着良好的传统，都有一批书法特色学校，不少学校在长期的实践中积累了丰富的书法教育经验。要有计划地组织师生书法展览、现场展示、书法课堂教学观摩研讨和书法家现场书法讲座等活动，用各种活动丰富学校的书法教育文化内涵，促进学校书法教育不断深化。同时，要提升现有书法特色学校，培植、发展更多的书法特色学校，打造江苏省写字和书法教学升级版，促使他们成为弘扬书法文化的重要阵地。

8. 加强研究，提升境界

各地教科研机构应组织写字和书法教研活动、开展写字和书法课题研究，不断推进写字和书法教学深化实践、丰富经验、提高层次和水平。要研究有效的教学策略、学生写字技能形成的规律、写字和育人的关系、书法教学评价等等，并以此不断提升写字和书法教学的境界。

（2015年10月29日）

第三节　学科教学的愿景

小学数学教育“三天”

这次江苏省小学数学教学研讨活动，在全面总结过去的同时，分析了小学数学教学面临的问题，并通过现场教学展示的方式昭示了小学数学教学改革的方向，这是值得提倡的教研活动。

小学数学教学的昨天。多年来，江苏的小学数学教学一直走在全国的前列，反映在小学数学教学水平和教学质量、教学研究水平和教材建设成果均领先于全国。这既是老一辈特级教师的引领、新生代特级教师努力的结果，也是江苏省广大小学数学教师和教研员共同努力的结果。

小学数学教学水平教学质量在全国领先，由省与全国中小学生学业质量分析测试的结果为证。江苏省小学数学在连续四次测试中合格率、优秀率稳居各学科第一，合格率稳定在98%、99%，优秀率稳定在60%多；2012年的优秀率为

68%,是同类地区的2.54倍,是全国常模的4.86倍。

小学数学教学研究水平在全国领先,由人大《复印报刊资料·小学数学教与学》转载小学数学教学论文的数量为证。2012年全文转载小学数学教学论文179篇,其中64篇的作者是江苏的小学数学教学实践和研究工作者,占35.75%;2013年全文转载小学数学教学论文175篇,其中至少有63篇的作者是江苏的,占36%。研究水平在全国领先,还可以从近四次全国赛课的情况看出:江苏三次获得一等奖第一名,另一次也名列前茅。

小学数学教材建设成果在全国领先,由国标苏教版教材的使用量为证。江苏省教科院组织编写的苏教版义务教育小学数学教材,是国家审查通过的六套小学数学教材之一,目前在全国的使用量仅次于人教版,是苏版教材中每一个年级使用量都最大的教材;不仅在江苏全省使用,而且在安徽、山西、广西等十多个省份使用,使用量相对稳定,且近几年年年有增加。

小学数学面临新要求。进入"十二五"以来,江苏教育已进入了全面实施素质教育、全面提高人才培养质量的新阶段,小学数学教育也面临着进一步发展、提升的新挑战、新机遇。小学数学教研员是课程的领导者。一个时期以来,我们各级教研员通过落实课改理念,强化课堂活力,反哺教学实践,提升有效教学与研究,大面积提高了本地区的教学质量,推动全省小学数学教育教学领域发生了重大变化,取得了显著的成效。但今天面对教研内容变化快、教研手段更新快、教研要求提升快、教研成果推广快的现实，每位教研员应不断学习、进一步提高自身素养，努力提高教研水平；立足本地区小学数学教学实际，深化教学改革；在研究、指导、服务、管理的过程中，积极培养和锻炼青年教师，建设区域学科教师队伍；打造提升区域学科特色品牌，提高区域学科教学质量；特别要发现、培育、总结和因地制宜地推广本地小学数学教学改革的先进经验，促进全区域教学质量提高；积极创新小学数学教研主题和方式，不断提升小学数学教研的"凝聚力""影响力"和"指导力"。

小学数学的方向所在。综合与实践是小学数学课程改革以来的新课题，是为了加强数与代数、图形与几何、统计与概率领域之间的联系，沟通课内与课外、书本与实践、学校与社会，而打通多角度学习目标所采取的一种学习方式。实践表明，这样一种方式有利于学生整体地认识和理解数学，提高数学素养。

连云港市墟沟小学展示的《潮汐中的周期规律》一课，课前要求学生到当地的海洋站、港务局等部门调查连云港的潮汐知识；收集近期某一天和三月、四月一整月的潮汐记录表；到周边的连岛、徐圩等地调查与潮汐有关的生产活动和民间俗语、谚语，这样，学生的数学学习就从课内延伸到了课外。到课上，学生根据自己的调查和研究，利用收集的潮汐记录表绘制折线统计图，进而探索潮汐的规律。学生课内外的自主参与、全过程参与，在活动中积极动脑、动手、动口，能够发现数学内部知识的联系、数学与生活实际的联系。

学生的数学素养不可能靠我们老师灌输进去，不可能通过做习题做出来，只有靠学生自己去学习，自己去探究。没有学生自己自主地、积极地、主动地学习数学，并回顾与反思学习数学的过程，就不会变成他自己的东西。墟沟小学围绕综合与实践所进行的教学研究，其宗旨正是探索新课程背景下实现学习方式有效转变的途径。因此，这是今天全省小学数学教学改革的一个缩影。

(2014年5月28日)

小学数学特色教学的追求

关于特色教学，大家都有了解、把握，一般是指有个性、有风格的教学。有特色的教学，显然要通过设计有新意的课型、独特的切入角度、上乘的教学策略等加以体现。但是，我认为，有特色的教学，个性化是其表征，共性是其根本。

首先，特色教学的核心是要抓住学科教学的本质。如果抓不住学科教学的本质，为特色而特色，就可能陷入形式主义的泥淖。数学不仅是“研究数量关系和空间形式的科学”，还是一种思维方式、一种理性精神。数学教学的目的不仅是让学生掌握必要的基础知识、基本技能，还要让学生在学习数学的过程中，感悟数学的思想，体验思考的乐趣，提高数学素养，发挥数学在培养学生思维能力、创新能力方面的不可替代的作用。

其次，特色教学的追求是着眼于每个学生的发展。所有学科教学的基本价值追求无不是教师和学生的生命成长。任何充分彰显自己个性的学科特色教学，都不能与这一追求相背离。否则，就是本末倒置、甚至是舍本逐末。小学数学特色教学的实践和探索，应该坚守这样几个基本点。一是要遵循学生身心发展的规律，科学施教，公平施教。二是要利用数学求真求实求是的特点，教人求真，教做真人，让学生在学习数学的历程中收获知识的增长、能力的提高、生命的成长、价值观的形成。三是要发挥数学理性思维、逻辑严谨的魅力，熏陶学生言行，完善学生人格，为学生的全面发展、终身幸福奠基。

第三，特色教学的实质应是探索教学质量提升的一般路径。特色是特定事物或个人专属的，是区别于他事物或他人的、体现特定事物或个人言行本质要求的外在标志。特色教学亦然。特色教学既是一课、一校、一地的特别的教学个性和风格，也是为探寻解决某些共性问题、实现某些共同目标过程中，逐渐形成的新颖视角、独特途径。它是特殊性（视角、方法、手段、途径等）与普遍性（共性问题、共同目标）的和谐统一。因此，小学数学特色教学的思考、实践和探索，应该能够给我们大家以启发，并具有推广价值。

当前，课程改革从某种意义上来看也已经步入深水区。尽管江苏省的小学数学教学在学生的学业质量、教师的科研成果、在全国优秀课堂教学评比等方面都取得了显著的成绩，但仍然面临很多挑战。面对推进教育均衡、实现内涵发展的现实要求，我们需要开拓者，我们呼唤创新者。特色教学，往往就是在探寻问题解决之道时产生，因而也就具备了开拓的性质、创新的价值、借鉴的意义。因此，小学数学老师和教研员们成为开拓者、创新者，打造更富特色的小学数学课堂教学，引领全省小学数学教育再上新的台阶、进入新的境界。

（2015年5月21日）

数学的“别样”

主要由数学特级教师参加的江苏省中学数学教学高级论坛开坛以来的十年中，无论是组织形式还是取得的实际效果，都受到各方面的关注与肯定。犹如一枝报春花，一花引来了百花开，其他学科也陆续举办类似活动，有力促进全省中小学各学科课改深化，有效促进了教师专业成长、学科教学质量提高，为全省基础教育质量提升作出了贡献。可见，数学是“别样”的事业。

数学是幸福的事业。数学是“学问的基础”、是科学之王。数学是人类认识自然的中介，对于人类文化和文明发展、人的智慧发展和心灵净化是不可或缺的。古今中外，每一个民族、每一个时代都非常重视数学教育。数学是我国中小学教育各学段各年级都开设的主要学科之一。大家孜孜不倦、倾力而为的数学教育教学工作，赋予了学生生存、发展、幸福最为基本的能力，养成了学生理性思考的习惯，促进了学生心智的成熟、人格的完善。因此，作为数学教师，大家的工作貌似枯燥，实质是幸福的、值得自豪的。而这也是数学的魅力所在。

数学是激情的事业。激情是灵感的温床。理性活动的创新创造需要激情点燃。十九世纪末、二十世纪初的德国数学家和数学教育家菲利克斯·克莱因说过，“音乐能激发或抚慰情怀，绘画使人赏心悦目，诗歌能动人心弦，哲学使人获得智慧，科学可改善物质生活，但数学能给予以上的一切。”可见，数学是激情的事业。在试图解决长时间没能得到答案的问题时，你坚持不懈、不达目的誓不罢休的精神状态是一种激情；在课堂上试图让每个学生听懂演绎推理时，你抑扬顿挫的声音、或舒缓或急促或有力的手势更是一种激情。灵感来自激情的触发。在座各位老师在研究、教学过程中，应该都品尝过激情的滋味、有过灵感闪现时的兴奋。对于事业的激情、因执着而现的灵感，成就了一个个优秀数学教师。作为数学教师中精英的特级教师，无疑更富激情、灵感频现。难以想象一个数学老师仅有严密的逻辑推理、单调的声音手势，会有良好的课堂教学效果。作为数学特级教师应永葆对于数学的激情和执着。而这也是特级教师作为教师群体旗帜的需要。

数学教育需要激情。数学是理性的，但数学教育需要激情。1978 年以来江苏省已经组织评选了 13 批特级教师，有 2730 名中小学各学科的老师被评为特级教师，目前在岗的 1800 多名特级教师中，数学特级教师有 150 多名。可以想见，在座各位特级教师，你们对于事业的激情和执着，是何等必要、何等珍贵。引领、指导全省高中数学教育教学，特别是国家新一轮考试招生制度改革全面启动、高中课程标准即将进行修订之际，需要大家保持澎湃如初的激情，为全省高中数学教育作出新的贡献。

(2014 年 11 月 22 日)

音乐教学的基本点

教无定法，但有一定之规。这个“规”就是基本规范、基本要求。符合基本规范、达到基本要求，这是完成一门学科教学任务的基本保障。在达到基本要求、符合基本规范基础上的、适合学生特点的教师的教学个性的挥洒，即个性化教学风格的展示，应该是“教无定法”的本义。因此，遵循“教之定规”基础上的音乐教育教学方式方法途径的创新，也就成为对我们音乐教师较高层次上的要求。对于音乐教师较高层次上的教学要求，应有这样几个基本点。

首先是用好教材、上好每一节课。音乐课总课时不多。特别是在初中阶段，当下，在不少学校包括音乐在内的“小三门”的这么一点点课时，被挤占、挪用，甚至以活动代替课堂教学的问题恐怕仍然存在。在这种情况下，我们的音乐教师上好每一节课时是何等重要和必要。尤其是初中音乐课面对的对象是处在青春期的中学生，叛逆、冲动、情绪不稳，面临自身的成长压力、学业压力、竞争压力、升学压力。因此，上好每一节音乐课，不仅是进一步提高初中生音乐素养的需要，而且是疏解这个年龄段学生情绪、引导他们树立正确的世界观、人生观、价值观的需要。

第二是课堂内外结合、丰富教育形式。音乐课堂应该与乐音一样不胫而走，飞出教室、飞出校园。音乐课堂应该是开放的，课堂要延伸到教室外、校园内、围墙外。音乐教师要带领学生走进大自然、聆听天籁，走近闹市、静听交响；要组织学生或由学生自己组织各种音乐活动，让他们的情操在其中得到陶冶，让他们怡然自得、沉醉片刻吧。要让每个学生在你的音乐课堂里、音乐活动中得到情绪的正常宣泄、心灵的洗礼、情感的升华。

第三是利用校外资源、丰富音乐内容。美育是心灵的教育，是提升一个人、一个学校、一个社会基本素质的重要途径。全面修订后呈现在大家面前的新的音乐教材，充分反映了学校美育教育的要求。但我认为还不够，一本教材无法涵盖音乐教育的全部，即使大中小学各个段落的教材累加起来，也还是无法达到全部涵盖的境界。我在想，音乐是美的，音乐无处不在。音乐教育资源无处不有。仅江苏而言，仅江苏的地方戏曲而言，就有“吴音汉曲江淮调”，江苏的地方戏曲就有十四种之多。音乐教育除了交给学生一定的音乐知识、欣赏能力外，很重要的一点是要交给学生发现音乐美的(价值)能力、激发学生传承有价值音乐资源的兴趣。美，无处不在，缺的是发现美的眼睛。音乐教育的资源无处不在，需要的是我们的充分利用。

(2015 年 4 月 2 日)

体育课程教学及其文化建设

课程是指学生所应学习的学科总和及其进程与安排。广义的课程是指学校为实现培养目标而选择的教育内容及其进程的总和，包括学校按国家规定设置、教授的各门学科和有目的、有计划的教育活动。狭义的课程则是指某一门学科。

体育课程教学的基本要求。体育学科课程的具体实施就是体育教育教学，而且是有目的、有计划的实施，通常称为“上课”。既然是上课，就要按基本的规范和要求进行。但就是这一点的现实情况堪忧。

教师层面——数量不足，兼教的、凑数的情况比比皆是；由于数量不足，各种结构性的合理要求也就无从谈起。这种情况无论城乡、无论苏南苏北、无论名校一般校，几乎尽皆如此。

教学层面——不守规范、没有落实基本要求，接受过正规体育教育的教师组织的教学和活动如此，兼教的、凑数的所谓体育教师组织的教学和活动更是如此。没教研、不备课、没有教案就上课、以活动代替上课、把跑操视为上课，等等问题，不一而足。

课程是国家意志的体现，是反映社会发展对人的要求和社会选择的。可以说，不按课程、教材内容规定的、易于为学生所掌握并转化为内在素质的方式方法实施的所谓教学，都是对国家意志的背离，是对国家和民族的不负责任的行为。因此，按照体育教学的基本规范和一般要求，让我们的体育老师（包括兼教的、凑数的），"上"真正意义上的体育课、组织真正意义上的体育活动，应该是体育课程教学的基本要求。

体育项目课程化的应然性。体育是一门相对独立的学科。学科课程化、即成为课程，是教育的需要、是教育的独特性所在，是实现教育教学目的的必由之路。这里的体育项目课程化，我理解为组成体育学科主体内容的一个个体育项目的课程化及其教学实施。比如，武术是中小学体育学科的重要内容。武术在体育概念下只是一个运动项目，但是，当它进入校园，成为中小学生体育学习的内容时，它的课程化要求就同时被提上了议事日程。

体育课程教学的文化生成。组成体育教育内容、并系统化、结构化了的即课程化了的一个个体育项目，无论是传统的还是现代的，无不具有自己的文化特质和精神价值。由此，决定了学校特色建设过程中的体育的独特魅力，还决定了体育课程教学文化的丰富多彩。不同的体育项目所要求的课程、教材、教学、评价等不完全一样，具体到课堂教学组织形式、方式方法和手段也有不同之处。比如，武术课程教学与其他项目的课程教学要求相比显然有自己的独特处。

中国武术，上武得道，平天下；中武入喆，安身心；下武精技，防侵害。武术，作为普罗大众都可以修习的项目，发展为进学校、进课堂的课程化体育项目,是因为它不仅是适宜于青少年学生修炼获取的具备多方面功能的项目,而且它本身就是我中华民族传统文化的瑰宝。因此,不仅长期以来有相当数量的中小学校把武术作为体育传统项目,加以传承、发扬光大,而且在国家层面也是长期以来把它与田径、游泳、体操、足球、篮球和排球一道作为向大中小学校力推的运动项目。武术文化的特殊性,加上武术的课程化,不仅使得武术项目作为学校特色成为可能,而且为武术课程教学文化建设奠定了良好基础。要知道,课程和教学文化是学校文化的内核。只有建立在课程和教学文化基础上的学校文化才有发展张力。

(2017 年 6 月 5 日)

美术教育的新境界

这次教研活动的目的很明确,就是要研讨如何鉴赏、开发、利用优秀的民族民间美术资源?如何进行地方和校本美术课程建设?如何开展高质量的美术教学和教研活动?

活动的主题与前七届的一样,不同的是围绕紫砂文化和儿童泥工教学,组织讲座、观摩、研讨和参观。相信这样的安排一定对主题的理解把握会更加全面、准确,对这几个问题的回答会更加明确、具体。这三个问题回答好了,特别是在实践层面卓有成效了,那么,江苏全省中小学美术教育将进入一个新的天地。这三个问题都很重要,回答好了,无疑是对基础教育阶段美术教育的重大贡献。关于民间美术进课堂,有这样几个方面工作要做好。

一是把握美术教育发展机遇。美术与音乐一样是学校艺术教育的重要组成部分。但是,多年来美术与音乐一样,在幼儿园是广受重视的;在小学颇受重视,开课和课外美术活动正常,还出现了一批以美术为特色的学校;在初中和高中,作为“小三门”之一的美术,重视还是不被重视的情况,大家的感受比我深切得多。不过,近几年来,另一种感受大家也应该与日俱增。

学校艺术教育日益受到党和国家的重视。中宣部、教育部等部门正在推动开展“礼敬中华优秀传统文化”“传承中华传统美德”系列活动,旨在大力传承和弘扬中华优秀传统文化、中华美学精神。在今年3月初召开的全国学校艺术教育工作会议上,教育部提出了今后一个时期学校艺术教育工作的目标要求和推进措施。在此前,教育部以及包括江苏在内的许多地方已经提出了学校艺术教育的目标任务和具体政策措施。不仅强调要开齐上好艺术课,还要作为中考内容;教育部部长在4月24日的《光明日报》上又专门撰文指出:要“按照深化改革和依法治教的要求,建立艺术教育工作评价制度。艺术教育及其效果应当可监测、可评价。要组织开展中小学生艺术素质测评、中小学校艺术教育工作自评,建立学校艺术教育发展年度报告制度,并向社会公布,不断开创学校艺术教育工作新局面”。可以想见,艺术教育将会迎来历史上最好的时期,美术教育、民间美术进课堂也将迎来前所未有的机遇。

二是认识民间美术重要价值。有学者认为“没有美术的民族是野蛮的民族,不重视美术的国家是盲目幼稚不成熟的国家,美术不只是美术家的事,是全人类、全社会的事,……”,主张“建设美术的生活,美术的中国”。而民间美术是组成各民族美术传统的重要因素,是一切美术形式的源泉。优秀的民族民间美术是人类文化的重要组成部分,是民族精神的重要体现,在历史文明中占有重要位置。

在国家大力提倡学习传承优秀传统文化的同时,中华民族民间美术的传承还面临着非常严峻的形势,特别是不少非物质文化遗产遭到遗忘破坏，而其中一个重要原因是学校教育缺失。学校是文明教化之地，本质上就是人类文明传承、发扬光大之所。学校教育则肩负保护民族传统文化的重大使命，是民族文化生存、传承和发展的平台。民间美术进课堂就是完成这一使命的上乘之策。要引导学生欣赏、学习民间美术，接受熏陶、亲身体验，促使他们将美术文化与历史、地理、民俗、人文等有机联系起来，加深对美术文化与人类文明发展的关注，埋下对祖国优秀民族民间美术文化了解、理解、喜爱的种子，增强民族自豪感和责任感。

三是全纳优秀民间美术资源。民间美术是我国劳动人民创作的，以美化环境、丰富民间风俗活动为目的，在日常生活中应用、流行的美术。民间美术分布广，并因地域、风俗、情感、气质的差异形成丰富的种类和风格，具有实用价值与审美价值统一的特点；制作材料大都是普通的木、布、纸、竹、泥土，但制作技巧高超、构思巧妙，擅长大胆想象、夸张，且常用人们熟悉的寓意谐音手法，积极乐观、清新刚健、淳朴活泼，表达了对美好生活的憧憬；民间美术装饰、美化、丰富了社会生活，表达了劳动人民的心理、愿望、信仰和道德观念，世代相传且又不断创新、发展，成为富有民族乡土特色的优美艺术形式。因此，学校美术教育应该全纳优秀民间美术资源，丰富美术教育内容，并借以完成好传承民族优秀民间美术文化的使命。

四是悦纳优秀民间艺人为师。几乎每一种优秀的民间美术背后，都有一批生活情趣浓厚、志趣较高的民间艺人。

他们心灵手巧，既崇尚美又能发现美、创造美，还往往化腐朽为神奇。他们的美术作品来源于他们自己生活的这方水土、这个族群，其中具有实用价值的许多作品更多地表达了他们所生活区域民众世世代代对风调雨顺、五谷丰登、丰衣足食生活的追求，而其中又蕴含着追求而不得时、不仅不消沉反而显示一种乐观、俏皮的姿态和神情，使得作品的使用价值和审美价值和谐统一。这样的民间艺人往往也是"德艺双馨"的，是民族文化的传人。我们应该主动带着学生上门求教拜师，聘请他们为美术老师。这既是弥补学校美术教师之不足、丰富美术教育内容的需要，也是传承弘扬优秀民族民间美术文化的实际行动。

五是丰富民间美术教育样式。民间美术进课堂，总体要求是：要结合学生年龄、生理和心理特点，科学地将传统民间美术分门别类，并深入浅出、趣味盎然地介绍给学生，避免枯燥、理性和说教，把欣赏和动手体验相结合，增强感性认识，增进学生对民间美术的了解、理解并逐渐产生感情，感受我们祖先发现美、表现美、创造美的智慧、追求和技艺，提高审美情趣和鉴赏品位。

具体而言，应在传统课堂中，通过民间美术高质量的图片、影视资料、实时的网络视频、动画展示等介绍作品，提供实物让学生临摹或模仿制作；应组织学生实地观摩，让他们接触、观赏优秀民间美术，达到熏陶的目的；还应把民间艺人请进美术课堂，利用学生对他们的佩服、崇拜心理，对民间美术的好奇心、探究欲，鼓励学生与他们直接交流，逐步产生对民间美术的好感和兴趣，直至形成志趣，成为民间美术的传人。

六是建设校本民间美术课程。为贯彻落实党和国家的方针政策，教育部颁布的美术教学大纲和美术课程标准中都有对民间美术的教育教学要求。优秀的民间美术是中、小、幼美术教育的基本内容，已经渗透在国家、地方和校本课程、教材和校内外教学的方方面面。一个值得欣喜的现象是，不少中小学和幼儿园，将本地优秀民间美术逐渐变成了校园文化、艺术节特色以及校本课程、校本教材的内容。

我在这里想说的是，要建设具有江苏特色、区域特点的地方和校本民间美术课程。江苏历史文化底蕴深厚，英才辈出，科教昌盛，经济发达，人民富庶，社会和谐。江苏全境不同区域的文化既相互融汇又各具特色，如吴文化、金陵文化、楚汉文化、维扬文化等。在不同区域文化土壤里产生的民间美术文化也是个性鲜明、争奇斗艳。而这些不同区域文化环境下产生的民间美术，恰恰是地方的、校本的民间美术课程建设的生长点、核心内容和特点特色所在。

更重要的是，要通过建设具有江苏特色、地方和校本特点的民间美术课程，引导学生，特别是中学生观察思考民间美术文化的发生发展、兴衰变化与当地的人文历史、地理环境、宗教民俗、意识形态等因素的关联，以及民间美术的表现形式和其他美术的异同、各类民间美术的美感特色、传统民间美术的价值、保护传统民间美术的意义和行之有效的保护方法、传承优秀民间美术的要素，等等问题。要通过民间美术的学习、思考，培养学生对美术文化的兴趣乃至对人类文明发展变化的关注。

优秀民间美术是民族的瑰宝和基因，我们负有不可推卸的传承、弘扬之义务和责任。这是民族振兴和永续、文化繁荣和发展的需要。为此，我们还应该从民间美术的历史地理、民族文化、时代变革、审美情趣的广度和深度方面进一步思考、探究。

(2015 年 4 月 27 日)

科学教育的新天地

2010年以来,美国为了保持自己在经济乃至各领域的全球领先地位、领导力和影响力,接受美国国家科学委员会、总统科学与技术顾问委员会的建议,投入巨额资金,招聘、培养科学教师,动员国有部门、民间力量、企业、大学等各种力量,推进中小学科学教育。而这一系列重大行动,源自当时对"美国基础科学教育在国际测试中落后、高等科学教育过度依赖外国留学生、数学和科学课程教师质量堪忧、学生之间科学课程成绩差距显著"等等这些在科学教育方面存在的、将严重地影响美国经济发展问题的担忧。从此,科学教育开始成为美国教育战略的重中之重。

相形之下,在我国中小学科学教育面临问题只可能比美国多的情况下,从国家层面到民间组织、从行业系统到具体企业、从各级教育主管部门到中小学校,危机意识远没那么强。于是,我们的科学教育,特别是中小学科学教育,政府有政策有要求,但落实不到位、还不追责;在企业和民间,没有责任感更没有行动,却对新雇员有苛刻的要求;在教育主管部门和学校,有课程标准、课时和教学要求,却对执行不力、落实不好的状况视而不见、得过且过。

科学教育没有得到足够重视,这在我国中小学科学教育发展历程中一直如此。而今天,按照 STEM 教育的要求来衡量我们的科学教育状况,大家估计都会得出:欠缺太多、要做的工作很多、路还很长的结论。那么,怎么办?

作为教科研机构,一方面我们有责任组织研究力量开展专门研究,特别是要进行国际比较,为政府提供决策咨询;另一方面也是最为现实的做法,就是组织大家一道来研究如何有效推进科学教育。这也是今天把大家邀集在一起、研讨 STEM 教育教学策略的初衷所在。我的基本观点有这样几个。

一要融汇相近学科。STEM 教育教学的基本内容已涉及科学、技术、工程和数学等。因此,在教学工作中,一方面,既应按照科学教育的基本遵循(课标和教材等)实施教学,又应结合物理、化学、生物、信息技术等学科的知识和技能教学,找到衔接和契合点,使得它们既互为基础和前提、又相互验证,以使得学生加深对知识的理解,提高学生的实践能力。另一方面,几乎每门自然科学都有美的存在,都发展形成了自己的美学,如科学美学、技术美学。而技术的运用如设计,又有艺术素养的要求。因此,STEM 教育教学还有必要与音乐、美术、体育等学科的教育教学进行有机结合和融汇。

二要与相邻学校交流。这一点很好理解,每所学校的科学教育教学都会有自己的优势和特点。这是由校长是否重视、科学教师的学科素养,还有学生的社会背景、学校所在社区的自然、经济和文化特点等决定了的。科学教师与邻近学校经常性的交流沟通、主动作为,不仅有教教相长、生生相竞的效应，而且客观上营造了学校间相互学习、取长补短、相得益彰的氛围。这对于科学教育相对于其他学科不被重视状况的逐步改变，可能是“无心插柳柳成荫”。

三要走进高校企业科研机构。做到这一点，对于一般中小学来说可能有些难度。但是，随着高校开放度的加大、高校文化资源社会化、国家有关大中小学联合培养创新人才要求的明确，随着企业和科研机构社会责任感的增强以及对人才成长和使用正确认识的形成，让学生认识、触摸、操控高校、研究机构的设施设备，并由科研和工程技术人员现场指导学生的相应设计和实验，是完全可能的。而这也将是学生对 STEM 的兴趣逐步增强、职业取向逐步形成的过程。

四要关注生活实际。STEM 教育在完成规定教学任务的同时，应该关注并适时地引入人们日常生活中需要运用 STEM 知识和技能去解决的具体问题。科学课也要组织学生开展社会调查，这不仅是促使中小学生，特别是中学生走出“灰头土脸”的应试境地，转换思维聚焦点，提高学习效率和效益的需要，而且是引导他们关心、关注社会生活，了解人们生活的方方面面，感受人们提高生活品质的各种期待，逐步增强他们社会责任感的需要。

五要亲近大自然。作为“宇宙精华，万物灵长”的人类，在自身进化的漫长过程中，对于自然的认识和把握日益深刻而全面。但是，就如人类对自己的认识一样，人类对于自己置身其中的自然的认识远未完结、把握远非十足。科学教师应该首先摆脱其他学科的传统教学模式，体现本学科的规律性要求,带着你的学生走进大自然,引导他们“仰望星空”“叩问大地”,在他们的心田里撒下探究的种子,激发他们创造的欲望。这样,他们中越来越多的人为国家、为社会奉献创新、创造的成果,才是可期可待的。

以上几点是从一个角度看,觉得STEM教育教学应该拓宽视野、拓展领域,不同领域、情景下的科学教育,采取的教学策略应有所不同。与其他所有学科一样,科学教育教学由于这样那样的问题的存在,使得流于形式、应付差事等现象十分普遍。制约科学教育问题的解决显然要费时日,但是,属于通过我们自身努力能够消除或部分消除的科学教育教学中的不良现象,大家还是要认真对待。当然,对于实施科学教育利好的机遇已经出现:有中国PISA之称的国家义务教育质量监测,首先列入的6门学科中就有科学教育。因此,期待大家增强信心,抓住机遇,集思广益,汇集良策,把全省STEM教育推进下去、推广开来,为国家的发展、民族的振兴、国民的幸福作出我们应有的贡献。

(2015年4月22日)

通用技术教学：大雪江南终将见

国际社会普遍认为，技术教育是未来社会成员基本素养的教育，是开发人们潜能、促进人的思维发展的教育，是人人都必须接受和经历的教育。

普通高中通用技术课程是我国第八次课程改革的重要内容。实施普通高中通用技术课程，是赋予学生技术核心素养，实现学生德智体美全面发展，培养具有社会责任感、创新精神和实践能力的社会主义建设者与接班人的需要。

江苏省从2005年秋季开始，在普通高中开设通用技术课程，先后制定并修订印发了《江苏省普通高中通用技术课程改革实施指导意见》《江苏省普通高中通用技术课程标准教学要求》，还在4所普通高中学校建立了通用技术学科基地。2005年以来，还先后举办了江苏省普通高中通用技术学科建设研讨会、优秀课教学观摩、优秀课评比、学科教研员培训、青年教师教学基本功大赛等活动。但调查表明，江苏省普通高中通用技术学科教学仍然面临教师以兼职为主、学科带头人少、学科发展引领力量弱小、开齐开足课程难度大等问题。正所谓"大雪江南见未曾"。

为此，我们应认真学习借鉴兄弟省、市、区的做法和经验，总结江苏省实践，组织、协同院内外教科研力量，研究学生主动适应社会生活、高等教育和职业发展要求、支撑江苏由制造大省向创造大省转型、持续保持区域创新能力优势地位,加强普通高中通用技术课程建设和实施的政策建议,以期影响政府及其教育行政部门的有关决策,为普通高中通用技术课程的建设和实施提供有力的政策支持。同时,以科研的力量,推动更多的学校结合本校实际,积极思考、研究和实践,不断提高通用技术课程的建设和实施水平。特别是指导通用技术课程基地学校深入实践,积累经验,探寻规律,为其他普通高中学校提供示范。大雪江南终将见。

(2015年12月13日)

第七章

课堂教学的明天

第一节　让课堂成为生命的息壤

课堂教学的原则

这次小学数学课堂教学改革成果交流研讨活动，目的是总结、交流全省广大小学数学教师在课堂教学实践中取得的宝贵经验，鼓励教师和教研员积极开展教育教学特别是课堂教学研究，进一步深入推进江苏省小学数学课程教学改革。

活动聚焦于课堂教学，并主要展示苏北五市近几年在小学数学课堂教学改革方面取得的突出成果。可以想见，这次活动将有力地引领全省小学数学教师、教研员及相关研究人员充分关注教学实践、高度重视并上好每一节数学课；还将传递最新的研究动态，引导大家关注当下的热点难点问题，不断更新观念，丰富、深化数学教学实践；同时作为一个交流平台，将通过经验交流、相互借鉴、学习，增强小学数学课堂教学改革的责任感，提高小学数学课堂教学改革的自觉性。

从一般意义上说，任何工作进入落细、落实阶段的要求更高、难度更大。而课堂教学就是这样的一项工作。从我的观察看,我国多年来的教育研究大多集中于宏观改革研究,几乎很少涉及到底该用什么样的机制来确保宏观改革的目标任务和要求,真正落实到学校实践与课堂教学层面,名副其实的课堂研究往往涉及得很少。同时,又有近些年来,关于课程、教学、课堂等方面的新名词层出不穷、天花乱坠的现象。因此,课堂教学究竟向何处去,估计我们一线老师就有点雾里看花了。我认为,课堂教学环境应该是清明澄澈的,作为教育整个系统最末端、最基本而最为重要环节的课堂教学,还是应该回到原初、回归本真。为此,就小学数学课堂教学而言应该遵循这样几个基本原则。

一是人本原则。在课堂里,千万不能有意无意地忘记主体的存在,而且是两个主体。其中一个是学生、而且是全体学生。要知道,小学数学是基础的基础,不仅是学好其他学科的基础,而且是获取生存、生活和发展能力的基础,因此,老师心中、目中都要有人,要有每一个学生。另一个是老师自己,老师这个“我”,应该是一个时刻被唤醒了的我,并时刻着力完成好两大任务:引导、点拨学生,并从中发现自己的不足、不断完善自己。

二是趣味原则。小学数学课堂应该是生活化的。生活中的数学无处不在,作为生活主体的学生,在自己熟悉的生活场景中,学习从生活知识、生活技能中抽象出来的数学,无疑是一件有趣的事。因此,小学数学老师,如果能够从学生的生活经验积累出发,设计从中可以抽象出相应的数学知识和技能的课堂教学场景，那么，这样的数学课堂将会是妙趣横生、引人入胜的。如魏振强的小说《老师的腰围》所描写的那一节数学课，就是这样的课堂。数学是有趣的，有趣的数学是学生数学兴趣养成的捷径。学生有了学习数学的兴趣，就多了一位数学老师。因为，兴趣是最好的老师。

三是情感原则。小学数学课堂应该是学生的学习积极性和情绪被调动，能够全身心投入学习的场所。人是情感动物。一般而言，情感是受外在因素影响的。课堂上，老师如果情绪不好、面无表情，最有可能造成课堂的沉闷，学生的学习情绪难以被激发。因此，老师要强化自己的角色意识，善于调整自己的心态、调节自己的情绪、激发学生的情绪。好的课堂应该如有春风拂面，学生精神焕发、生命力蓬勃。有人说，理想的课堂上，教师一定是充满了激情，有一种容光焕发的精神气质；学生一定是开心愉悦、思想开放、敢想敢说。

四是理性原则。小学数学课堂应该是学生思维活动的盛宴。有人会问，思维是讲究严密的，尤其是数学更讲究逻辑和思维的缜密，这不是与你说的情感相悖嘛。前述的情感，实际上是课堂上一种调动思维、活跃思维的催化剂。小学数学课堂要把学生学习的情绪调动到最佳状态，使学生把握数学之理成为比较容易的事。理性的数学课堂就是要上出“数学味”来，让学生领略理性之美、逻辑之美。数学是训练思维的“体操”。理性的数学课堂教学要让学生掌握数学思想方法、发展思维能力，而这是数学教学的主要目标。

五是体验原则。趣味原则即生活化原则实际上已经规定了小学数学课堂教学体验的要求。小学数学课堂应该是学生体验数学魅力、数学奥妙的场所，是通过做中学、手脑并用，发展数学思维能力的地方，因此还是提高学生实践能力、创新潜力的有效途径。体验的小学数学课堂教学，要求有数学教学物态场景的设置，要求有学生动手验证数学知识、公式、定理等的时空条件。于是，数学实验教学也就应运而生了。小学数学课堂的实验性愈强、动手做实验的机会愈多，学生数学体验就愈具体、愈深刻，学生数学学习能力、学业水平则提高愈快。体验是把握事理的捷径。实验是数学学习的坦途。

显然，关于小学数学课堂教学要遵循的原则还可以列举若干，如生命、生态原则等等。以上这些都是最基本的。

(2017年5月18日)

尊重差异　因势利导

今年小学基地学校的综合活动，考虑规模和效果分组进行，主题也不一样。第一组的主题是“指向核心素养的课堂教学变革”。今天大家所在的第二组的主题是“儿童差异发展：课堂教学中的个别教育”，我看还是很有价值的。核心素养是当下新的教育教学要求，是课堂教学变革的目的所在。后者，则是一个老的话题，但这样一个话题或者说教育理念，并没有因其“老”而在具体的教育教学实践中得到很好落实。因此，今天我们集中在一起，立足于已有的理论和实践基础，进一步研讨这个话题，无疑是十分重要和必要的。在此，就主题谈几点我的理解。

一是儿童差异是客观存在。儿童发展差异是指婴幼儿本身发展速度或婴幼儿之间的发展速度的差异。影响儿童发展的主要因素有智力因素、非智力因素、环境因素，其中环境因素又包括家庭、学校、社会等多个方面。这些因素的单方面作用或多个方面同时作用，使得儿童差异客观存在、不可避免。

二是尊重差异是基本要求。既然儿童差异客观存在，我们就必须有一个正确的态度确立起来，即尊重差异、视差异为常态。要尊重差异而不是无视、漠视、回避差异，不仅主观上要认识差异的存在、认识由于差异才有学生个性的丰富，而且要看到正是这种差异使得我们自己的专业发展、教学水平提高、因材施教成为可能。

三是利用差异实现教学民主。课堂教学民主是培养现代公民的基本途径。课堂教学民主取决于老师建立在正视学生差异基础上的教学态度是否民主。教师鼓励每一个学生提问，给予每一个学生表达的自由，尊重每一个学生的意见，促使他们摆脱既定“层级”、已有“差异”的束缚，获得探索的自信和勇气，进而获得应有的发展。

四是巧用期盼激活发展潜力。教师的期盼会影响儿童的自我期盼，进而影响他们的发展。教师要充分认识到每个学生都有个性化的发展潜力，每个学生的素质会在不同的侧面以不同的形式表现出来，并对学生发展具有积极的促进作用。教师要善于利用“皮格马利翁效应”，给你的每个学生以真情的期待。

五是个别教育实现过程公平。办好公平优质教育已经成为政府和社会的共同愿景。目前，教育公平已经由基本实现了机会公平进入到追求过程和结果公平目标阶段。课堂教学过程中给予存在差异的每个学生以个性化的点拨、指引，实现每个学生的新的发展，这才是真正意义上的课堂教学公平、过程的公平。无视学生差异的“大水漫灌”、非个性化的个别教育，看似公平，实质是不公平、甚至是不道德的。

（2017年6月8日）

人回课中央　任重而道远

“人在课中央”，这里的课，我们理解为泛指的课堂。课堂是体现国家意志的课程标准、教材内容落实最为重要的场域。而这样一个担负着特殊使命的场域，常常是见“物”不见“人”的。

人在课堂中的主体、主导及其核心地位，是教育本质使然，是课堂应然的基本的格局。而在不少老师的课堂里，只有知识及其运用技能的传授，无视学生情感态度价值观的培育、能力的养成，老师主导有余、学生主体难显，活生生的人被视作知识的容器，于是，“满堂灌”“填鸭式”等等无视人的情感、人之需求的课堂样态长期普遍存在。就是在如此样态的课堂里，我们的老师自己也“雾失楼台”“月迷津渡”，全然一台“灌浆机”，不知这种机械的平庸的波澜不惊激情奢谈的状态何日是终期。由于老师主导过度，无暇及时反思、总结、修正，几无可能从学生那里发现自己的不足、更无可能放下身段向学生学习，因此，老师自身的成长久久无功。今日大多数课堂，不是“曲终不见人”而是“曲中不见人”。

课堂是因教与学的客观要求，由老师与学生组成的对立统一体，师生是课堂的核心，处在“课”之中央。课堂空间里的其他物化存在，只是师生这个对立统一体发展变化的外在条件。而本应在课堂中央的“人”,因人的主观作为表现为实际上的“物”——传授知识、接纳知识——在中央,却不见了。而我们必须把“人”找回来,并恢复其核心地位、中央格局。

一要确立正确的教育观。在教育的概念里,人无疑在中央位置上,但严重的功利倾向又无不时刻在动摇“人”在教育中直至课堂里的地位。只有人在教育中的中央地位不位移,才能确保人在课中央。为此,要充分认识到,真正的教育是着眼于人的素质和能力而进行的影响人的精神世界或心理状态的信息传递活动,是以促进人的发展、社会的进步为目的,以传授知识、经验为手段,培养人的社会活动。

二要确立正确的教学观。这里的教学观是指对于教与学两个方面的看法。由于我国社会正处在农业文明、工业文明与信息文明叠加的时代,有关教与学的认识和实践也呈现了纷繁复杂的局面。但伴随社会形态变化的教学观到了工业文明中后期,必须从以单科知识传授为主逐步走向以综合课程知识、能力为重点,以学生为主体、教师为主导,实现“教”与“学”的双向互动,让教与学双方屹立于中央。

三要确立正确的课堂观。课堂是师生交往的主要场所,是师生获得共同发展的基本场域,课堂生活是师生生活的重要组成部分,因此,课堂与师生的成长密不可分。课堂的特点和功能客观上规定了我们的课堂实践必须牢记:有了人才有课堂,课堂是由人构成的、人是课堂的主体，于是，我们的课堂应以人为本，课堂应是促进生命成长的地方。

然而，找回曾经失去的“人”并非易事，正“所谓伊人，在水一方。溯洄从之，道阻且长。溯游从之，宛在水中央”。人回课中央，任重而道远。

(2017年8月13日)

让课堂成为生命的息壤

与教育教学实践和理论的许多命题一样，"让学习真正发生"也是长期以来被广泛关注的命题。这充分表明了广大教育工作者，特别是一线教师对于教育本真、教学真谛的不懈追求。通观有关这一命题的实践总结和理论研究，不难发现的是，以学科教学中的学生学习为多、学科课堂教学中的学生学习为多、学科课堂教学中师与生的双向学习为多。而同样不难发现的是，影响课堂教学中学习真正发生的因素，既有课堂的、又有非课堂的，既有直接的、又有间接的，既有学生的、又有非学生的。客观上，大凡由师生在场构成课堂的场所，学习真正发生应有一些基本遵循、基本条件和基本途径。

一、让学习真正发生的基本遵循

学习是通过阅读、听讲、观察、理解、研究、探索、实验、实践等获得知识或技能的过程，是一种使个体的情感、态度与价值观得以持续升华的行为方式。以此衡量当下偏向知识和技能灌输的课堂教学，学习并没有真正发生、没有完整地发生，学生的发展出现了偏差。因此，创设让学习真正发生的课堂，应首先进行纠偏，真正确立现代教育教学观念，即明确让学习真正发生的基本遵循。

1. 生本教学

我们每天面对的学生都是一个个鲜活的生命体，学校的课堂是他们生命历程中基础的、不可或缺的，也是最为重要的息壤。因此，课堂教学应以学生的生命成长为本，无论是教学内容的选择、还是教学方式的运用、甚或教学手段的借取，都应符合学生身心发展的特点。应创设有利于学生生命成长的课堂生态，尊重并满足每一个学生的个性化需要，激发每一个学生在课堂活动中的积极性和主动性。生命是一首歌、一首诗，所有学科的教学设计和实施应与学生生命成长的节律合拍，赋予课堂教学以歌与诗的韵律，让学生的学习与其生命成长同辙谐韵，让他们体会学习的快乐、领略生活的美好、领悟生命的珍贵。

2. 民主教学

生本教学无疑需要民主理念的支撑。而对于至今还普遍存在的课堂上的教师“知识霸权”“话语霸权”“行为霸权”，民主理念转化为课堂教学中的民主实践尤为重要。生命需要在吐故纳新中成长、绽放，方显灵动和鲜活，并逐渐走向成熟。民主的课堂应该是开放的、宽松的，老师是导师，学生学习自主。课堂上，老师鼓励的、容错的、建设性的言行，是课堂民主落地生根，进而转化为学生民主意识、民主能力和民主实践的源泉。唯有如此，学生的学习方能是主动的、积极的、思辨的、批判的、创新的。务必不能忽视这小小课堂上的教学民主实践,因为,这恰恰是我泱泱大国进一步提高国民素质、振奋民族精神、强劲发展动力的殷殷期待。

3. 教学相长

《礼记·学记》有云:“是故学然后知不足,教然后知困。知不足,然后能自反也,知困,然后能自强也。故曰:教学相长也。”我们生活在互联网时代,学习无所不在、无时不有、无所不能、无时不能;从有赖于技术支撑的学习角度看,教师未必先于、优于、强于学生。因此,无论是教师的教后知困之学、还是学生学后知不足之学,课堂是师生信息和资源交流、共享之所,是师生共同成长、发展的地方,也是师生共同展示自己的平台。教师与学生因课堂结成命运共同体,又因课堂获得各自的成长、发展。在这样的课堂上,在这样的民主氛围里,师生、生生平等对待、取长补短,学习真正发生才是可能的。

二、让学习真正发生的基本条件

观念、理念是影响学习真正发生的内在根据,而条件是制约和影响学习真正发生的外部因素。学习真正发生有赖于一些基本条件,同时又在一定程度上受其制约和影响。传统课堂上的学习发生如此,其他非传统课堂的学习发生同样如此。因此,大凡学习真正发生,都应具备相应的条件。

1. 学习发生之外在条件

在我们关注课堂学习真正发生的观念转变、理念确立之时，一个不容忽视的前提和基础性条件正等待我们的青睐，这就是学习环境的布设、氛围的营造。我们称之为硬环境、物化环境。学习场所之内，空间大小、色调明暗、色彩或鲜艳或淡雅、灯光或柔和或刺激、桌椅摆放格局、其他什物的安置，以及老师或学生的衣饰、言行举止等等，这些无不是影响学习真正发生的条件，都会引发学生学习心理、情绪的变化，影响学生的注意力，直至影响学习效果。因此，学习场所物化环境不可小觑，科学合理地布设刻不容缓。

2. 学习发生之内在条件

如果说学习场所物化环境的布设已经(其实可能还没有真正或全部)为我们所重视的话，一定学习时空场域的教师和学生的身体、情绪状况则常常为我们所忽视。但是，一定时空下，无论外在条件多么适宜，师生由自己身体的或家庭的、社会的原因造成的生理、心理及由此造成的情绪状况是不一样的，其中不佳的生理、心理状况及由此造成的影响是可想而知的。为此，教师要么调整教学计划，要么努力克服负面情绪、调整好状态，以积极的姿态、饱满的热情出现于学习场域里；同时，还应及时帮助学生转化负面情绪、摆脱不良状态。这对于学习的真正发生尤为重要，因为，内在条件是学习真正发生的直接触发点。

3. 学习发生之媒介条件

罗伯特·加涅在《学习的条件》一书中说道："教学就是造成一些外在于学习者的活动，而这些活动是为了促进学习而设计的。"可见，促使学习真正发生的有些条件是要精心设计的。而这些条件中,还有一类条件不能忽略,这就是导引学习真正发生的媒介。媒介作为使事物之间发生关系的介质或工具,无时不有、无处不在。媒介使得学习内容及其呈现形式更直接、更显在、更便捷,进而使得学习的真正发生更具可能性。有助于学习的媒介多种多样,而导引学习真正发生的媒介是要因时因地、因学习内容、因学生状况加以选择的,并有机整合到整个教学设计及其在特定场景的实施之中。

三、让学习真正发生的基本路径

让学习真正发生的路径选择一直以来为广大一线教师所重视。毋庸讳言,由于传统文化的影响、社会观念转变和顶层设计的滞后,目标指向教师专业发展、学生生命成长的让学习真正发生的路径选择,长期处在“戴着镣铐跳舞”的状态。尽管如此,促使学习真正发生的路径选择的实践仍然是丰富多彩的,但是还应继续下功夫作最优选择。

1. 持续改进教学方式

多年来,特别是第八次课改以来,不少地方校本的、区域性的行之有效的教学改革实践层出不穷。全国范围有杜郎口中学的“10＋35”模式、昌乐二中的“271 模式”、兖州一中的循环大课堂、河北围场天卉中学的大单元教学、郑州 102 中学的网络环境下的自主课堂、安徽铜陵铜都双语学校的五环大课堂,等等。江苏省有泰兴洋思中学的“先学后教、当堂训练”、溧水东庐中学的“讲学稿”、溧阳后六中学的“常规＋细节＋过程”、如皋的“活动导学单”、灌南新知学校的“自主·交流”学习模式、徐州的“学讲计划”等。这些林林总总的教学改革实践，无不是促使学习真正发生的有益、有效的尝试。但是，关键在于坚持不懈、持之以恒地完善、深化，回归学习内蕴的价值追求：知识、技能学习与情感态度价值观的同时并重。

2. 科学利用教学技术

互联网和信息技术正在改变世界、改变我们的工作和生活方式，正在触发教育领域的深刻变化。一度曾有信息和互联网技术将代替传统学校的预言。智慧教育在近几年则得到高度重视。微课、翻转课堂、慕课的出现似乎成了促使学习真正发生的魔法。这些无一不是教育生产力进步引发的。问题在于，利用互联网和信息技术促使学习真正发生的价值追求仅仅停留在知识和技能上的时日太长了些，尤其是对于目前鱼龙混杂、花样繁多、只注重知识和技能高效传授、漠视情感态度价值观生成发展升华等教学目标实现的在线教育，更令人担忧。问题在于，教学技术手段仅仅是学习真正发生的媒介条件，而不是决定性条件。因此，对教学技术的价值不能夸大，运用要科学：因人（师生）、因内容、因教学技术、因时、因地制宜。

3. 加快教师专业发展

应该说，我们的教师并没有都达到专业化要求，表现在：只教书不育人的，只会教书不会育人的，不会教书也不会育人的,都大有人在。专业化的教师应该是既教书又育人、既能教书又能育人。这是教育工作、教师职业神圣性的根本所在。因此,教师要力行育人要求,应在全面理解把握党和国家教育方针基础上,科学设计教学方案,把知识、技能传授与情感、态度、价值观培养两方面同时并重。要善于把控已设定的与新生成的教学过程,进行科学的、适时的、个性化的、引人入胜的引导。要隽永后课堂时空,不仅在教学设计中要有意为之,而且要在实践中着力为之。例如,课后作业不仅应有巩固知识的价值,还应有激发其探究的功能等。这是学习真正发生的新境界,是教师专业化的标志所在。

4. 激活学习原生动力

兴趣是最好的老师,是学习的原动力。没有兴趣这一原动力激发,就没有学习的真正发生。因此,教师应了解每个学生的个性、兴趣、特长,并在此基础上因人而异、因势利导,培养其兴趣、发展其特长。教师应针对每个学生的个性,赋予其科学的学习方法,培养其良好的学习习惯,逐步让学习成为其内在要求、生活方式。教师应弹好钢琴,在有限的教学时间内,调动起每个学生的学习积极性,激活每个学生学习的主动性,唤醒每个学生的学习潜能,实现每个学生的共同进步。这是学习真正发生的更高境界,是激活学习原动力的魅力所在。

5. 优化学习社会环境

在当下家庭教育急躁冒进、功利倾向严重,在社会心理浮躁、舆论导向偏狭的大背景下,在目前的各级教育基本属于考试教育的格局面前，学生的学习毫无疑问是“压力山大”。在这样的状态下，不可能有完整意义上的学习真正发生。学习真正发生的社会环境亟待优化。

家庭是孩子的第一所学校。父母是孩子的第一任老师。家庭就是孩子的起跑线。家庭教育的科学与否，事关孩子学习习惯、学习兴趣的培养、个性的形成。而这是学习真正发生的基础所在。在某种程度上，家庭之于学生较学校之于学生更为重要。因此，迫切需要重视家庭教育，学校教育既要与家庭教育有机衔接，又要包括有效指导家长科学有效地实施家庭教育。

人是社会关系的总和。我们每个人都处在一定的社会关系之中，无不受到各种社会关系的影响。社会心理的波动、社会思潮的冲击，无不让我们的心理状态、情绪随之起伏。教师与学生也概莫能外。在这样的情景中的学习是偏狭的、功利的、急于求成的。这与培养具有社会责任感、创新精神和实践能力的中国特色社会主义现代化建设者和接班人的目标不同轨，与国家发展、民族振兴、家庭幸福的期待不合辙。因此，学习真正发生有赖于社会进步赋予纯洁的、宁静的环境。

（2016 年 8 月 13 日）

让课堂绽放生命的活力

这次科研基地学校综合活动的主题“为‘生·动课堂’而来——基于核心素养的教学交往”，颇具匠心，是符合当下新的教育教学目标要求的，是课堂教学中应该不懈追求、积极实践的教育理想。当然，主题的价值如何，关键是看学校有无这方面研究和实践的冲动、是否能够主动地研究和实践。借这个机会，我谈几点关于课堂的理解。

课堂是生命的辉映处——生命在交往中成长。中小学校的课堂里，充满着一个个鲜活的、生动的生命个体——我们的学生。每一个学生都是打开的每一页都留白的一本书，容易写就、我们大致能把握的就是通常称之为规律性的内容呈现，而这些留白处就是不同的学生在生命成长的每个阶段、甚至每天最富个性的着笔的地方。这些留白处的精彩内容，应是生生间、师生间生命旋律交响、生命光华辉映的结果，即生命成长的足迹。

每一个老师，在你每一次走进课堂的时候，有没有感受到课堂的盎然生机？有没有意识到你这节课上的一言一行都有可能让生命借以成长的绿叶，要么变得更加青翠、要么着上锈迹？面对正处在生命成长更为特殊阶段的初中生，我们有没有以更加科学的、严谨的言行对待呢？

课堂是修养的生长地——修养在交往中生成。学校是社会,班级也是社会的缩影。课堂是微缩的充满灵动的小社会。来自不同社会阶层家庭的学生,他们的基础素养发展无疑是参差不齐的。学校教育使他们的基础素养都达到基本相同的水平成为可能。尽管经过了小学的培育,初中生基础素养的水平仍然是有差距的。这种差距不仅反映在知识掌握上,还反映在文明素养的具备上。有一个现象估计已经为大多数老师所关注:课堂上,当一位同学面临你的问题,迟迟回答不上来或者回答不完整时,其他所有学生是否能静静地等着、投以鼓励的目光?还是要么抢答、要么投以轻蔑的眼神、甚至窃窃耻笑?这其中反映了你的学生有无尊重人、怎么尊重人的基本素养。现在,大家在讨论社会问题时,最终都归因为文化。而文化是什么?有人认为目前最靠谱的解释是:根植于内心的修养,无须提醒的自觉,以约束为前提的自由,为别人着想的善良。这里的文化显然是狭义的文化概念,是指人们的修养,是学生的核心素养。培育具备如此文明素养的人,是学校教育、课堂教学的最为基本的任务,是一个社会实现文明进步的源头。

课堂是能力的淬炼场——能力在交往中发展。课堂里学生的身份尽管是一样的,但由于来自不同的家庭,原有文化基础不同,个性差异有别,实际上扮演着不同的角色。在课堂及其相关活动中,我们的学生,有的是小老师——指导者、组织者,有的是倾听者——急于弄懂所学、了解要求,有的是参与者——积极的或被动的,有的是跟随者——人云亦云、人动亦动，有的是不知所措者，有的是卷缩一旁顾影自怜者……如此各色人等，想必老师们都是了如指掌的。而就是在如此众多角色的课堂里，老师们以发展学习能力为核心目的的所有言行，都给每个学生传递着要么强化、要么衰减了的信息，并促使他们接受、转化，在学习等能力上得到不同程度的发展。由于这各色人等差异的存在，老师们面向全体学生的同等力度的使劲，显然无法缩小他们间的差距。为此，老师们要对他们进行差异化使力，促使他们每个人在你的课堂上积极主动地与你、与同学进行交往，各方面能力因此得到发展。这是学校教育、课堂教学最为重要的任务，也是国家、民族、社会、家长的期待。

（2017 年 6 月 28 日）

第二节　课堂教学改革的立足点

课堂教学改革的立足点

我们都知道，教育追求的众多价值目标的实现，最终都有赖于教师与学生联袂起舞的课堂。课堂教学是教育教学中普遍使用的一种手段。课堂教学既是教师向学生传授知识和技能的过程，也是教师与学生教学相长的过程。

课堂教学作为一种教学组织形式，与教育的整体发展一样，无不受到外在环境的影响。比如，因班额过大、升学压力等问题导致忽视学生主体及其个体差异，进而因循了伴随工业化而生的班级授课制天然的弊端，就是仅仅把学生视作受众，实施满堂灌、填鸭式的课堂教学。

课堂是学生生命成长的土壤、素养涵育的主阵地。但是，传统的课堂教学，无论是教学组织形式、还是教学方式方法手段运用，都存在有违学生生命成长、素质养成的问题，为此，必须进行扬弃。传统课堂教学主要存在：以教定学、以本为本,教路、学法、目标、问题、评价和过程单一,等等这样一些问题。为此,课堂教学必须改革。

近些年,发展学生核心素养、培养学生关键能力成为新的具有时代特点的教育目标,而改革课堂教学是落实核心素养要求、培养学生关键能力的必由之路。不过,这里需要指出的是,无论是对传统课堂教学的扬弃、还是适应时代要求创新课堂教学样态,无论是核心素养在课堂教学中的落地、还是关键能力在课堂教学中的涵育,有这样几个基本点是必须准确把握、认真践行的。

一是"学生中心"思想。"学生中心"是中西方教育共同追求的理想。"学生中心"思想,落实到今天的课堂教学上,一般而言,就是要求我们的课堂教学从设计、实施及其效果的检测,都必须紧紧围绕学生发展进行布局、展开和聚焦;进而言之,"学生中心"思想,就是要求我们无论在狭义的或是广义的课堂里,都不能轻视、忽视甚至无视学生的个体差异,即使在目前普遍的大班额的课堂教学环境下,也应该在有限的时间、空间条件下,努力赋予每一类、每一层次、甚至每一个学生针对性的、适宜的教育,以求得每一个学生的认知能力及相关素养在其原有水平上都有新的发展和提高;深而言之,"学生中心"思想,就是提醒老师,不能把自己单纯地视作教学活动的组织者、学生学习社区的创设者、学生学习效果的评判者,而要强化自己既是组织者、引领者、也是学习者的意识,与学生共同成长。

二是"能力本位"要求。"能力本位"的要求,是"学生中心”思想的“物化”。能力是人们成功地完成某种活动所必需的个性心理特征，是人的综合素质在行动中外化的实际本领和能力。这里的能力本位，我想说的不是老师设计和实施课堂教学、驾驭课堂教学、达成课堂教学目标的能力，而是指学生课堂里应该逐步获得的能力。这个“能力”，我认为，应是中办国办印发的《关于深化教育体制机制改革的意见》提出的“关键能力”。这个《意见》指出：“要健全立德树人系统化落实机制。……要注重培养支撑终身发展、适应时代要求的关键能力。在培养学生基础知识和基本技能的过程中，强化学生关键能力培养。”这里的关键能力主要指：认知能力、合作能力、创新能力、职业能力。近几年有关小学生数学关键能力内涵研究的结论与此是基本一致的。而我认为，在普遍存在的数学难学的境况下，培养对于数学的兴趣是最为重要的。那么，学生学习数学的兴趣从何而来？兴趣是学生能够运用学到的数学知识解决日常生活与生产实际问题过程中被激发出来的，因此，数学知识的运用能力是基本能力，数学课堂教学要赋予学生这一“学以致用”的能力。

三是“文化建设”目标。“文化建设”的目标，是指课堂教学“学生中心”思想的践行、“能力本位”要求的落实，需要相应的课堂文化或课堂教学文化的氤氲、浸润和支撑。课堂文化是课堂物化环境、仪式化（或制度化）规范、师生精神状态等聚合而成的文化。课堂文化具有情境性，主要体现为一种氛围、师生的精神气象。课堂文化有传统和现代之分。传统课堂里呈现的刻板僵硬的课桌椅布局、老师一言堂的了无生机的课堂生态等,无不是需要改造的课堂文化。而这样的课堂文化,是无法践行"学生中心"思想、落实"能力本位"要求的。为此,需要建设适合"学生中心"思想践行、"能力本位"要求落实的课堂文化。这样的课堂文化,提倡教学民主、师生平等,营造和谐的课堂气氛,使得学生在自由宽松的环境里实现心智的成长;这样的课堂文化,强调师生互动、共同探讨,主张学生学习的自主、合作、探究,逐步形成批判性思维能力;这样的课堂文化,关注每个学生的发展,鼓励每个学生亲身体验、观察过程、探求规律,逐步增强对于自然和社会的责任感。

(2018年5月24日)

课堂教学与知识构建

这次研修活动将围绕“知识呈现与教学变革——‘问学’课堂的模态构建”这一主题展开。这次活动的东道主——南通市第一初级中学,已经在主题实践方面先行一步,把“问学”课堂确立为学校质量建设的支点,力求实现“问以致学,学以致用,用以致能,绿色发展”的质量建设目标;已经在很好地诠释主题、实践主题所反映的教学理念、追求主题所蕴含的教学目标。学校的实践,相信一定会给大家很多启示。同时,期待大家把本校围绕主题或反映主题要求的实践在活动中充分交流分享、深入研讨碰撞、相互补充完善,使得本校这方面的实践更加全面、科学、有效。通过教学变革、建立“问学”课堂,适应知识呈现要求,实现学校教学质量提高的目的,有这样三方面的基本点必须明确。

一是教学变革必须直指课堂。我们都生活在一个大变革、大流动、大发展的时代。这样一个时代的政治、经济、社会、文化和生态的日新月异的变化,无不直接或间接地映射到教育教学领域、直接或间接地影响教育教学改革、直接或间接地规定了教育教学改革的方向内容甚至方式方法和手段。因此,学校教育教学变革无疑不能无视、回避时代的要求,而是要积极主动地把握、科学有效地回应时代的要求。

这样的时代要求,无论在哪个领域都反映了对于具有认知能力、合作能力、创新能力、职业能力等关键能力的高素质劳动者和各级各类专业技术人才、拔尖创新人才的热切呼唤。这样的人才和劳动者的培养,总体而言需要依靠教育;具体而言,需要变革目前不适应培养要求的教育的方方面面,而根本在于改革教育体制机制、建立系统的育人方式。这样的育人方式的确立,要在课程、教材、教师、教学和评价等等方面真正的落实。而这些方面生根开花结果的"重地"在课堂(广义的课堂)。教育教学改革的所有目标的实现、任务的完成以及相应成效的取得,最终取决于课堂教学的回应方式、回应程度、回应水平。于是,我认为,教学变革应直指课堂。

二是课堂活力源于师生同频。课堂是由师生与特定物质环境构成的,是教育、教学和学习发生的重要场所。课堂也是师生生命共同成长、学识共同丰富、能力共同提高的地方。目前状态下,大多数学校的大多数课堂里依旧充斥着单向的知识传输、居高临下的教导,课堂格局呆板、课堂气氛沉闷,欠缺师生、生生的平等互动和交流,难见生动活泼的场景。究其原因,重要的一点是师生在同一时空下没有实现同频共振。课堂上的主体仍旧是老师,学生这个主体难见踪影。如何改变这种局面?我们认为,"问学"课堂的建设,不失为一种良策。陶行知先生说:"发明千千万,起点是一问,人力胜天工,只在每事问。""问学"课堂的"问"是学生的"问",鼓励、支持、帮助学生通过自学、合作学习等变得善于发现问题、会提问,这是充分保证学生课堂主体地位、充分发挥学生的自主意识和创造意识的需要。“问学”课堂，以问题为中心，学生先学后问探究问题获得新知、老师回答问题同时可能发现自己的欠缺，以问促学、促教，师生共同提高。

三是课堂是知识构建的重地。一般认为，学习过程是一个从知识呈现（感知）到获取（学得或习得），从获取到构建，从构建到内化，从内化到提取应用的过程。为此，知识呈现或学生获取知识的方式十分重要、同时又有优劣之分。因为，知识以什么方式或什么形态呈现在学生面前，将直接影响学生获取知识的兴趣大小以及持续的长短。而目前仍然广而用之、习以为常的传统方式就是照本宣科。这种只有文本的单一、机械呈现、或只有在文字与口头的相互转换，显然无法适应时代发展所需要的人才和劳动者的培养。适应《关于深化教育体制机制改革的意见》提出的，“要注重培养支撑终身发展、适应时代要求的关键能力。在培养学生基础知识和基本技能的过程中，强化学生关键能力培养”的需要，建立在“问学”课堂基础上的学生知识建构途径，实际上已经规定了知识呈现方式，应该是通常大家所说的“生活化、社会化、情景化、问题化”的；学生知识获取的途径，应该是在阅读理解中获取基础知识、在探究性活动中获取拓展性知识、在挑战性活动中获取综合性知识；在知识构建和内化的基础上，即使仅仅是为了巩固知识，也应及时引领学生应用知识，为学生设计各种应用情境，在具体的情境中运用基础知识去理解、分析问题，运用综合知识和技能去解决更大范围或更具挑战性的问题。

（2017年12月10日）

课堂教学变革与核心素养培育

“指向核心素养的课堂教学变革”是一个大课题、有难度的课题。今天大家汇聚在一起研讨这个课题，足见我们教科研基地学校的勇气和责任担当。

培养学生核心素养是一个在国际上早有理论研究成果、并为学校广泛而自觉地实践的教育命题。21世纪初，国际经济合作与发展组织(OECD)首次提出核心素养的指标框架，目的十分明确：就是培养实现自身发展同时具备解决人类发展面临日益复杂问题的品格和能力的新一代。此后，许多教育发达地区和国家开展了针对核心素养的评价研究，倡导将核心素养转换为可观察的外显表现，采用多元化评价方式，并将其纳入本国主流评价体系。

以2016年9月《中国学生核心素养发展报告》的发布为标志，我国在核心素养评价领域的系统探索正式开启。此后，在中小学校、教科研和教研领域，围绕核心素养的研究探索、实践尝试丰富多彩，相应的活动纷至沓来，一时间，言必称核心素养、行必谓落实核心素养。客观地说，研讨和实践最为热烈的是长三角地区和几个直辖市。这也是我们作为江苏教育人应该骄傲的，因为，在这块土地上，在历史上，我们祖先的言行就是领中华风气之先的，也因此，才有今天江苏经济、社会、文化和教育的厚实的基础。为此，我们可以这么说，在没有官方正式要求的情况下，我们广大的中小学校和老师们主动、自觉地思考、实践核心素养在学校、在学科、在课堂里的落实，将促进江苏基础教育真正意义上的内涵丰富、质量提高、品质提升，将为江苏基础教育发展积累新的优势。关于这次活动的主题有这样三方面的理解。

一是核心素养要求落地生根开花结果的主阵地在课堂。核心素养在国际基础教育改革中日益受到关注，欧、美等教育发达国家和地区正在教育管理的目标指向、教育资源、制度建设、教师发展和教学环境等方面进行相应探索。我们的探索主要集中在：课程标准中怎么体现，学科中怎样个性化描述，教师如何完备相应的知识和能力结构并把前两者的要求在课堂里落地。学校教育是培养学生核心素养的主要教育形式，课堂教学是培养学生核心素养的主渠道、主阵地。核心素养要求的真正落地并内化为学生拥有的核心素养，基础的、根本的、关键的环节在课堂之中。

二是核心素养培育要求课堂教学进行转型和结构改造。一般而言，核心素养是“学生在接受相应学段的教育过程中，逐步形成的适应个人终身发展和社会发展需要的必备品格和关键能力”。核心素养培育要求教学方式，特别是课堂教学进行结构化的改造。这种改造，要求目前知识传授的扁平化转型为结构化，引导学生自主地建构知识；要求课堂教学方式由目前单纯的“师教生学、师导生随”转变为师生互学、生生互学，引导学生自主探究、个性发展；要求课堂教学运用的方式方法手段(如信息技术、互联网技术、人工智能等)由“辅助”、点缀转变为有机结合、整合、融合到知识传授、能力培育的所有可能的环节中,大力提升工具形态的教学生产力水平,提高课堂教学的质量、效率和效益。

三是核心素养培育要以新思想为指导及时落实新要求。中办国办印发的《关于深化教育体制机制改革的意见》提出:“要注重培养支撑终身发展、适应时代要求的关键能力。在培养学生基础知识和基本技能的过程中,强化学生关键能力培养。”其中的关键能力主要指认知能力、合作能力、创新能力、职业能力。总体上看,《意见》提出的关键能力的内涵与核心素养的内涵基本一致,只是表述有些差异。可以这么说,关键能力是中国化的核心素养。其中也有一些新思想、新要求,应该在我们的研究探索实践,特别是在课堂教学实践中引以为指导思想、自觉地加以落实。而更明确地讲,我们的课堂教学中,更应该落实学生关键能力的具体要求。

在课堂教学中落实核心素养要求的具体方法路径策略等,在过去的一年多时间里,全省、全国各地在理论和实践两方面探索的成果很多。我们基地学校的探索也很深入、实践也很丰富,积累了不少经验、取得了不少成效,也同时面临不少问题。这次活动期间,请大家全面展示已有实践、交流已有经验,深入研讨碰撞、相互启发、学习借鉴,并在培育学生核心素养、关键能力目标的引领下,进一步深化课堂教学变革;通过课堂教学变革,实现学生拥有核心素养、具备关键能力的目标。

(2017年11月30日)

第三节　优课的立意与追求

优课的立意与追求

优课评比应努力实现效益最大化、持续化的目标，为此，必须广泛动员教师参与、着力解决实际问题、努力揭示优课规律。而真正达成优课评比应该达成的理想境界，还应强调这样三方面的要求。

首先，不忘组织优课评比的初心。省级优课评比之前，全省各地、各学校要层层组织优课评比；评比过程中，要在专家的引领下、赛课老师的展示中，着力研究解决赛课老师、观摩老师在日常课堂教学中遇到的问题，着力揭示优课的规律、并为在场和不在场的所有同学科老师所把握；评比结束后，要通过视频、录像挂网等形式，让更多的学科老师受益。通过赛前、赛中、赛后的全过程努力，引领老师热爱学科教学、钻研教学业务、提高教学水平，这就是组织优课评比的初心。

第二，充分认识学科课堂教学的极端重要性。学科课堂教学是中小学教育教学工作的主体、重点，是教育宏观、中观、微观各层面工作产生效应的关键和根本所在。因为，组成课堂教学的两大主体——老师和学生——的知识与技能的储备、情感态度，直接决定了课堂教学的质量和效益，课堂教学的质量和效益直接决定了学校教育教学的质量和效益，学校教育的质量和效益直接决定了政府和社会教育投入的效益和效应。而这一切又都取决于我们的学科老师。因此，教育上的所有努力，最终有没有成效、成效大小，关键和根本在于老师，而关键点、根本点又在由我们老师主导的课堂教学之中。我想，当初设计学科优质课评比工作应该是有这样的认识和把握的。

第三，自觉落实学科课堂教学的根本任务。学科课堂教学作为整个教育体系中的一个环节，它的重要地位和作用，是我们每个老师都必须充分认识的。但是，问题在于要有认识基础上的自觉，也就是落实课堂教学根本任务的行动自觉。毫无疑问，立德树人是课堂教学的根本任务，传授知识技能、培育学生正确的情感态度价值观是课堂教学的具体任务、是课堂教学落实立德树人根本任务的具体路径。应在落实课堂教学具体任务过程中，强化学生认知能力、合作能力、创新能力、职业能力等关键能力培养。而关键能力的所有方面，无不是课堂教学中应该观照、落实的。而这里的关键在于“自觉”二字。

以上第二、第三两个方面并不是衡量优课的全部标准，而是优课应有的立意和追求，是优课的本质规定性。

（2017年11月1日）

优课应物有所值

面对一次活动，大家相互之间都有一个对于活动的价值认知水平、态度调整程度、参与积极与否的差异。这些方面的差异直接影响到大家在活动中获得收益的大小。为此，提高对于优课评比的价值认知、努力发现其特点和规律，进而在自己的实践中加以遵循，就显得尤为重要。

一方面，参加优课评比的选手是层层选拔出来的，从学校到县（市、区）、再到地级市，各地在选手选拔和培训中都成立了导师团，进行集体研究和攻关，因此，每位选手呈现的课堂其实是所在市集体智慧的结晶，代表了各市的最高水平，在某种程度上还代表了各市的整体水平。因此，这样的评比，也可以说是对各市相应学科教育教学水平的一次检验。同时，每个层次上的选拔工作营造的氛围，让相应学科的老师，乃至其他不在赛课年份的学科老师，浸染其中，成为各位老师自觉提高自己专业发展水平的外在动力。而层层选拔出来的优胜者形成的示范、辐射和导向效应更为巨大、更为持续。

另一方面，在现场评课和观摩研讨的同时，江苏省教育科学研究院“教学新时空”网络平台还对现场比赛进行直播或点播，全省相应学科老师都能受益。活动结束后，教研室还将组织专家在网络平台对参评课进行点评，让老师们了解好课的精华及不足所在，深化大家对课堂的认识。

可见，组织优课评比暨观摩研讨活动，客观上已经成为全省各学科老师专业发展的助推器、加油站。

目前，所有的学科教学，都有一个遵循规律、深化实践、提高质量的基本要求。新课标作为国家意志，十分明确地规定了各学科的教育教学目标、性质、内容等等。以此观照，应该说，江苏省各学科教学实践深化正在途中。课堂是教学的主阵地，提高学科教学的质量和效益，关键在于深化课堂教学实践，根本在于教师专业发展水平。

教师专业发展没有穷期。因此，就每位老师而言，都应利用优课评比和观摩研讨活动等机会，不断提高自己的专业素养和能力，自觉遵循学科教学规律，深化课堂教学实践，实现本学科课程培养目标。

(2015年10月21日)

小学语文课堂的追求

语文是学生学好其他学科的基础。小学是我国学校体系的基础学段。因此,小学语文更是为学生学习其他学科乃至终身发展和幸福奠基的学科。小学语文有自己的目标,以及达成目标所要完成的任务、落实的要求。这些在新课标、新教材中体现得十分明确、全面。而按照既定目标、任务和要求,衡量当下的小学语文教育,还是有不少欠缺。否则,就不会有围绕许多问题的长期争论,就不需要组织课堂教学观摩、优课评选等活动以提供示范和导向,就不会有关于语文教师队伍素养的微词。而语文教师队伍整体素养不适应语文教育要求,在小学更值得警惕。因为,小学语文是其他各学科的基础。基础不牢,地动山摇。又由于小学语文教育的主阵地在课堂,因此,小学语文课堂必须有自己的基本追求,这就是“返朴归真”。

一是真正面向全体的课堂。面向全体学生是小学语文课程的基本理念。新修订的语文课程标准指出:“九年义务教育阶段的语文课程,必须面向全体学生,使学生获得基本的语文素养。”应该说,作为教师,谁都知道课堂教学要面向每个学生。但是,每个教师在课堂上,有没有关注每一个学生的强烈意识?有没有努力地给予每一个孩子回答问题、展示自己的机会?

这两个问题不仅关涉转化新课程理念为课堂教学实践,更重要的是事关教育公平、社会公平!

有研究向我们揭示了在班级管理、课堂教学中的一系列不公平现象。仅仅在课堂上,老师由于各种主观、客观的原因,给予学生展示机会的有与无、多与少,直接影响到学生课堂学习积极性的调动,有机会的、特别是机会多的学生往往成了“好学生”;机会少的,常常是我们所说的“橄榄型”构成的中间段、占班级多数的学生,在课余、节假日去了社会教育机构、请了家教;长期没有机会的,难免不会成为我们所谓的“后进生”。由此,不公平出现了,而且后果严重:影响学生的生存、发展和幸福。课堂上的不公平令人震惊,而这是真正的起跑线上的不公平!

当然,“面向全体学生”有多种途径和方式实现,并不限于课堂;学生间有差异,刻意面向全体并不能求得学生整齐划一的发展。学生间的差异客观存在,但是,如果因老师在课堂上给予每个学生的机会、资源没有做到相对均衡,加大了他们间原本并不大的差异,这是与教育公平的要求相背离的。学生间有差异,恰恰是告知我们,在一定的时空下,特别是课堂上,应努力地赋予每个学生基本相等的机会和资源,使得他们在各自原有的基础上获得应有的最好的发展;恰恰是学生间的差异,使得生动活泼的课堂教学成为可能。

为此,“面向全体学生”的课堂,我的理解是:要排除学生社会背景的干扰,一视同仁看待每个学生;基于目前班额大的实际，统筹安排几节、几天或一周甚至更长时间内的课堂教学，努力让每个学生在尽可能短的时间内获得最多的展示机会，增强每个孩子，特别是来自社会弱势群体家庭孩子的信心，充分持久地调动他们的学习积极性，尽力缩小他们之间的差距，为他们应有的发展奠基。小学语文是学生学习各学科的基础，对学生的影响也居于各学科之首，因此，小学语文课堂真正成为面向全体学生的课堂就更为重要和必要。

二是承载国家使命的课堂。这不是大话，而是语文课堂的真实，是客观要求。“语文是最重要的交际工具，是人类文化的重要组成部分。”语言是传统和文化的故乡。小学是母语教学的基础阶段，小学语文教学对于学生掌握母语、认识并热爱母语文化尤为重要。伴随我国改革开放不断深化，进行跨文化交流，既认同欣赏他国他民族文化，又不被之同化；同时，又能把本民族的文化传播到世界各地，将是我们的学生面临的基本生存和发展环境，也是中华民族赋予他们的历史使命。因此，小学语文课堂要不折不扣地按照课标要求，完成好规定的教与学的任务，赋予他们在小学阶段应有的语文素养，奠定他们将来进行跨文化交流、生存、发展的基础。

课程标准是国家意志的体现，教材是实现国家意志的载体，课堂是依据教材实现国家意志的具体途径。小学语文课堂无论怎样布局教与学、无论以怎样的理念指导教与学、无论凭借怎样的工具或技术辅助教与学，完成教材规定的任务是最为基本的要求、是底线，也是国家发展、民族振兴赋予小学语文教师的神圣使命。

三是充溢真情实意的课堂。遵循语文工具性与人文性统一的基本特点及其要求，多年来，不少地方、许多语文老师都在努力摆脱单纯的知识课堂的束缚，探索打造生命课堂。于是，语文课堂教与学的样式一时间五彩缤纷：本真的、灵动的、生态的、诗意(性、化)的等等。终于，语文课堂出现了“人”、把“人”找回来了。

语文教学是一门艺术。艺术是美的。艺术美中必定“有我”，这是艺术美与科学美的分水岭。美既是客观的、也是主观的。语文课堂之美的呈现也是如此。但无论是主观的有感而发、还是被客体触发，都应是真情的抒发、真意的流露。

教育要培养优雅向上的灵魂。语文课堂应该是教与学双方的积极情绪得到充分调动基础上，双方围绕知识和技能交流对话、情感相互感染、价值观碰撞确立的过程，也是教与学双方高雅情调、高尚情操、完美人格逐步养成的过程。因此，小学语文课堂来不得半点虚情假意，任何“为赋新词强说愁”的做派都是要不得的。否则，小学语文教育不仅体现不了国家意志、完成不好规定的任务，而且会误导学生的生命成长、人格养成，有碍学生的终身发展和幸福，直至影响国家的发展、民族的振兴。

(2015 年 5 月 26 日)

小学数学好课的把握

2011版小学数学课程标准的颁布、新编教材的使用，标志新一轮课程改革进入实施的关键环节。而能否将新课程理念落到实处，教师的教学起着决定性的作用。占学生在校时间三分之二甚至更多的课堂教学活动无疑是教学的主阵地，聚焦课堂、研究课堂应成为教学研究的重中之重。江苏省中小学优秀课评比与观摩活动，既要展示课堂教学研究成果，又要研讨解决课堂教学面临问题，并努力回答如何上好课的问题。若要上好课，有这样几点要认真把握。

一是要处理好教与学、师与生的关系。有效的教学活动是教师教与学生学的统一，应“以生为本”，为促进学生的全面发展而教。教师应成为学生学习活动的组织者、引导者、合作者，为学生的发展提供良好的环境。无论是接受式学习，还是自主探索，都应该建立在学生自主思考的基础上，只有主动参与、亲身经历，学生的学习过程才能是一个有意义的过程。

二是要让学生感悟数学思想、积累数学活动经验。“四基”的提出是课程标准修订的亮点，也是数学课程理念的核心。日本数学教育家米山国藏说：“学生们所学到的数学知识，在进入社会后不到一两年就忘掉了，然而那种铭刻于头脑中的数学精神和数学思想方法却长期地在他们的生活和工作中发挥着作用。"数学思想是数学的灵魂。数学思想的感悟、数学活动经验的积累,是提高学生数学素养的重要标志。

三是在教学活动中将关注并使得学生情感态度发展落到实处。情感态度是数学课程的重要目标,数学大师陈省身为儿童题词"数学好玩"。这是大师的切身体会,也是他对数学教育的期待。其实质也是在告诉我们,要保持儿童对数学的好奇心,激发他们学习数学的兴趣,让学生在数学学习中获得成功的情感体验。

四是把握好面向全体与因材施教的关系。"人人都能获得良好的数学教育,不同的人在数学上得到不同的发展"是数学课程的基本理念。这既是由教育的性质所决定的,也是培养全面发展而又富有个性的人的必然选择。课堂教学的设计必须具有一定的开放度,教师在教学过程中要充分关注每一个学生,并能作出及时而恰当的评价与指引。这不仅要求教师对课堂教学有充分的预设方案,还将考验教师的教学机智。课堂教学既是科学也是艺术,因此,要求我们遵循教育规律、学生身心发展规律,要求我们不断追求教学的境界,没有最好、只有更好。

课堂是教师工作的主阵地,也是教师成长的舞台,如果每个人心中都有自己的梦想,作为一个数学教师的梦想一定少不了上出好课、上出精彩的数学课。由此可见,优秀课评比活动是江苏省优秀青年教师丰富人生、成就梦想之所在。

(2014 年 11 月 6 日)

音乐优课的特殊使命

优秀课评比是江苏省教育科学研究院教学研究室在20世纪90年代初就开始组织的学科课堂教学评比的传统项目。优秀课评比是江苏省各地学科教研工作成果的集中展示,是中小学各学科优秀教师展示自己实力、获得迅速成长的重要平台。为此,全省各地各级教科研部门都很重视。但在重视的方向上有点偏:过分看重参赛老师获奖等第,即使获得了一等奖还很在意排在第几。我们应不忘组织这项活动“主要为引领一线教师专业成长”的初心,持续发挥好这项活动的应有作用,使之成为全省中小学音乐教师看重并踊跃参加的活动,完成好音乐优课的特殊使命。

一是音乐优课要在学生核心素养培育上率先示范。关注学生核心素养的培育,是对优秀课的最为基本的要求。《中国学生发展核心素养》研究报告发布后,关于学生核心素养及其在学科领域的落实,已经成为大家关注的重点和焦点。因此,学生核心素养培育作为衡量优课的要素凸显出来。作为优质课,无疑要展示在这方面探索的努力、实践的自觉,并能生成可借鉴可复制的经验。但同时我还认为,学科课堂教学关注学生素养的培育,不应是刻意为之、“画虎不成反类犬”,而应是设计虽然有意、落地却悄然无声,应是伴随教学进程的润物无声。而就音乐课堂而言,优质的音乐课堂应有“曲终不见人、江上数峰青”“余音绕梁、三日不知肉味”的效果,至此境界,学生的音乐素养的养成将指日可待。

二是音乐优课要在课堂教学问题解决上提供路径。这里的问题是指各学科课堂教学中既普遍存在、又显示学科个性的问题。音乐课堂教学中的普遍问题,与其他学科课堂教学中面临的问题大致类似,如主体被忽视、互动成为点缀等等。而这些问题的解决在优课的呈现中不应是表演性的,而应是自然的过程。不同学科课堂存在的个性化问题,是学科特殊性的反映。如音乐课的体验性要求,其实在其他学科教学中也都是客观要求,但是,我认为,音乐课堂的体验性要求有其特殊性。在音乐课堂上,一首歌,从其旋律、到诗一般的歌词、再到因词而生的画面(音、诗、画)同时出现时,无须老师太多的情绪调动,学生们都会较快地沉浸其中,因为,音乐构成的感染人的场景是立体的。就学生情绪自调动力看,比较而言,语文则要次之,其他学科更次之。因此,音乐优课应发挥优势,在调动学生情绪、提高学生学习积极性方面积累经验,并探索把音乐课堂上的良好情绪迁移到其他学科课堂的有效途径。

三是音乐优课要在创新人才培养上彰显特殊价值。每个学科都有自己的特殊价值。《中国学生发展核心素养》发布后,纷纷出笼的各学科核心素养,就是不同学科在学生成长、发展中的特殊价值所在。关于音乐学科核心素养的研究也已经有初步成果。音乐的特殊价值何在？其中最有价值、而恰恰长期被我们忽视的是音乐(艺术)教育对于学生的创新能力的培养具有不可或缺的作用。有研究表明,创新型人才必然是具备敏锐的洞察力,能够在寻常中寻找闪光之处。艺术对于敏感度的培养具有天然的优势。敏感度,是创造力和创新思维的基础。艺术作品都是整体艺术。"整体"的特性决定了通过艺术作品的学习与鉴赏,培养学生对于整体的观感和掌控,在整体前提下善于梳理细节,在看似杂乱无章千头万绪的细节中寻找出常人无法觉察的关联并融合成新的点。由此,美国等发达国家把培养创新型人才的 STEM 教育,发展成了 STEAM 教育。因此,音乐优课应该在这方面着意为之,培养学生的敏锐性、整体把握事物等方面的能力,彰显音乐的特殊价值。

(2017 年 5 月 4 日)

音乐欣赏教学质量提高的“坦途”

大家都知道,作为反映人类现实生活情感的音乐,是由旋律、节奏、或和声的人声、或乐器音响等配合所构成的艺术。音乐让人赏心悦目,并给人以听觉享受。音乐能提高人的审美能力、净化人的心灵。人们常常通过音乐来抒发情感、释放情绪。作为一种艺术,音乐还能促进智力发展、身心和谐。音乐凡此种种的功能作用,无不告诉我们,必须真正重视音乐教育,加强音乐课程建设,优化音乐课堂教学内容方式方法和手段,努力实现学生音乐审美能力发展的目的,让他们的人生享受音乐、让音乐美化他们的人生。

音乐欣赏教学是音乐教学的内容之一,是整个音乐教育体系的重要一环。主要任务是通过对古今中外优秀音乐作品的欣赏、分析和讲解,培养学生高尚的审美情趣和音乐鉴赏能力,扩大音乐视野,发展形象思维,并获得有关音乐史及音乐表现手段等方面的基础知识。

音乐欣赏能力是音乐教育应该赋予每个学生的基本能力。音乐欣赏能力培养,是音乐教育的基本(基础的、根本的)任务。那么,如何提高音乐欣赏教学的质量呢?有这样三个方面要求是基本的。

一是把音乐欣赏教学放在音乐课程教学的整体中加以

定位。国标苏少版《音乐》课程，倡导以学生发展为本，以审美为中心，以音乐文化为主线，以学科为基点，加强实践与创造，加强综合与渗透，把激发兴趣贯穿始终。这里强调了兴趣，抓住了根本问题。如果我们的学生对音乐了无兴趣，或者仅仅是把它作为释放情绪的一种方式，音乐就无法真正发挥应有的功能作用。课程是素养的跑道。学生音乐欣赏能力具备，要建立在他们对音乐有兴趣的基础上，而兴趣的形成是有规律的，培养兴趣是有遵循的。因此，音乐欣赏教学的实施，不能突兀，更不能孤立地强调，要建立前提、做好铺垫，按照音乐课程设定的教育教学要求，把音乐欣赏作为音乐课程的一个重要内容来对待，把音乐欣赏教学作为音乐课程的一个重要环节来实施。

二是把音乐欣赏教学作为音乐教育“赋能”的重点加以落实。法国著名雕塑家罗丹说“世界上并不缺少美，而是缺少发现美的眼睛”。套用一下这句话，可以说：音乐是美的，我们欠缺的是欣赏音乐的能力。为此，学校音乐教育不在于培养音乐家、音乐工作者，而主要在于培养每个学生的音乐欣赏能力。学校音乐教育也是一种“赋能”教育。由此，音乐欣赏教学在整个音乐教育体系中的地位和作用就显而易见了。只有学生具备了对音乐的认知，才可能产生对于音乐的兴趣；只有有了对音乐的兴趣，才可能有对于音乐的进一步的研究、理解、感悟，并在这个过程中逐步具备并提高欣赏音乐的能力。于是，作为着意让学生在体验感受音乐美、生发对音乐兴趣基础上的音乐欣赏能力培养的音乐欣赏教学，就需要在音乐教育中给予重点关注、切实落实。

三是音乐欣赏教学要优选内容并综合运用相应的方式方法。欣赏音乐作为一种审美活动，是一个由浅入深的过程。有研究表明，人们在欣赏音乐的实践中往往要经历三个不同的层次，即官能的欣赏、感情的欣赏和理智的欣赏。也有人认为，音乐欣赏必须经过从感性到理性认识又回到感性认识这样三个阶段。可见，音乐欣赏实践客观上是一个欣赏者由遇见音乐时的欣喜、沉浸到感悟的境界提升过程。这样一种境界提升的质量和速度如何，与欣赏的音乐内容以及欣赏时凭借的方式方法和技术手段密切相关。因此，学校音乐欣赏教学应针对不同年级学生的认知水平，优选内容和适切的方式方法和手段。

当然，音乐欣赏教学质量的提高，还要有音乐欣赏课堂教学的优化，比如，创设情境激发学生的兴趣、重视学生的主体地位、运用多媒体技术等等，总之，是要营造一种学生容易接受、感兴趣的环境氛围，逐步涵育学生的音乐领悟能力、鉴赏能力和审美能力。

（2018 年 6 月 13 日）

第八章
学校特色与文化建设的秉持

第一节　不着铅华铸特色

准确把握学校特色形成的机理

学校特色是几乎每所学校的普遍追求。但是,学校特色是什么?怎么才能形成本校的特色?这在我们广大中小学校的发展过程中,应该是朝思暮想的事;在部分学校是已经被津津乐道的东西。特色是一个事物显著区别于其他事物的风格和形式,是由事物赖以产生和发展的、特定的、具体的环境因素所决定的,是其所属事物独有的。

我们经常听说的、看到的、感受到的学校的特色,大多并不"独特"、不能"显著区别"于其他学校,实际上是没有特色。有的学校介绍自己有多方面或多个特色,学校的真正特色被淹没在所谓的特色中,实际上也是特色不"特"。于是,在大多数学校,你会看到同类型的呈现:校风、教风、学风,或者在此前加上一个"校训",挤满了一片山墙,好不充实、十分热闹。但是,在我看来,空洞无物、飘然无重。这实际上反映了学校没有文化底蕴，或者是有文化而遇上了没有个性化教育理念和办学思想的校长。

学校没有文化底蕴，尚可积累；而“有文化而遇上了没有个性化教育理念和办学思想的校长”，对于一所学校来说，着实可惜。那么，学校文化或特色从何而来？

需要首先说明的是，学校是文化传承机构，与生俱来就有文化的基因和特质，理应有文化，而不是文化的沙漠。

其次，讲学校没有文化或文化底蕴，实际上是说，学校不重视自己发展实践的总结、积累，或者是不重视已经积累的学校发展和师生共同实践精髓的提炼，并有意识地让它内化为师生的素质、外化为校园环境。

第三，学校特色的铸就基于厚重的学校文化。为此，学校文化建设决定了学校能否真正形成自己的特色。个性化的学校文化从何而来？来自对学校传统中精神的挖掘、整理和提炼，来自作为支撑学校师生长期共同实践的精神价值的发现和升华，来自对学校所处社区、区域人文的、自然的环境赋予学校发展的动力、给予师生成长的涵养浸润。

第四，学校体育是学校特色形成的“捷径”。学校体育的基本特点是它的全员性。每个体育运动项目都蕴含着特定的精神价值。于是，一所学校，如果还没有自己的特色，或者一所全新的学校正在寻求建设自己的独特文化、形成自己的特色，那么，我认为，借助体育的某个项目，你的学校将可以大大缩短形成自己文化和特色的时间。这是由体育的全员性、特定运动项目拥有特定精神价值，及其易动员、易接受、易内化又易外化决定了的。当然，由体育或其某个项目发展而来的学校的特色、学校特色文化，应该是学校校长个性化的办学思想的具体体现，而不是所谓特色的附着物或新的特色。校长的办学思想应该是校训的演绎，校训应该是办学思想的高度凝练，学校特色是校长办学思想在实践层面的集中展示和反映、是校训的生动写照。

（2016 年 10 月 11 日）

不着铅华　坚守本真

初识海头中学是在20世纪90年代中期,江苏省有意将教育基础良好的海头镇打造成实施教育现代化工程示范镇,几年间不下十次到海头镇“四中心”调查研究,于是,对于海头中学就有“一所极为普通的农村中学”的印象。只是随着时间的推移,加上十多年没有再到海头中学,学校的具体情况已不再清晰、更没了感性认识,只记得海洋文化建设是学校的特色。

再识海头中学是在去年初,应连云港市教育局臧雷先生之请,邀约了几位高水平、“接地气”的专家前往“会诊”。谁知这一“会”还真是“诊”出了海头中学与一般普通高中学校诸多不同之处。这里的“天”是晴朗的天,没有“黑云压城城欲摧”的氛围:校园主道旁抬头即见的招贴画上都是受表彰师生的事迹和他们的名言警句,满满的正能量;学生脸上洋溢着自信,教师脸上写满了沉静;校园在春寒料峭的阳光下宁静安逸,喧哗也是有节奏的,出现在学生走向食堂、走向操场、一小时午睡后走出宿舍时的相互问候、提醒和嬉戏……

这样一次“再识”,激发了我试图从校长的介绍、连云港市教育部门推介、专家的评价和自己的观察中,发现“海头现象”的真谛所在。

“海头现象”集中表现在：一所地处苏北、距离原赣榆县城二十多公里、坐落于偏僻海滨的乡村高中，绝大部分教师尤其是青年教师安心、静心、尽心于教书育人，每逢新学年开学总是“门庭若市”，被业内称为三类、四类“苗”的学生“自从进了海头高中，整个人都变得活泼了”、日渐学得自信、开心、舒心，近几年来高考升学率连年攀升……于是，我以为的“海头现象”的真谛渐渐清晰起来。

一是坚守了学校教育基本遵循。学校的基本组成、学校教育的基本对象是老师和学生，以人为中心应是学校教育的基本遵循。为此，学校应依据师生的实际及其发展要求，精心设计、科学推进各项工作。与其他普通高中学校一样，海头中学面临无以回避的高考压力，但她摆脱了“揪”字经的束缚，志在唤起学生的自我教育意识。学校不仅建设开放的课堂，把学习的主动权交给学生，还搭建满足学生自主发展各类平台。一个深受学生喜爱的“海中大舞台，人人展风采”活动，在一个个由学生自编自导自演节目的展示中，学生不仅舒缓了压力、释放了激情、展示了风采，而且找到了自我和自信、激发了学习能动性，还为学生的高中学习生活着上了一道亮丽的色彩，成为学生美好而温馨的记忆。

二是尊重了学生个性发展要求。尊重学生个性发展是学校教育的一般要求。这是作为学校和教育者所应具备的常识。但是，在不少学校，特别是承担着为高校输送合格后备人才的普通高中学校，就是这样的常识也常常被抛弃一边或挂在嘴边，仅剩一个目标——升学、一张试卷——升学率的唯一支撑。海头中学则要求老师从心里“高看”学生、绝不当众批评学生,“不放弃任何一个学生,不错过任何一个教育机会,不抹杀任何一个学生的优点”。无论是数十个社团和“海中大舞台”活动的学生自主组织开展,还是校长助理岗位上的学生恪尽职守、面向学生的各类评先评优均由学生组织,无不尊重了学生的差异、张扬了学生的个性,促进了学生个性发展、人格养成。这些在一般学校通常的做法,海头中学都有、都做了,而其可贵处在于守正笃实、久久为功。

三是集萃了教育教学方式方法。学校在尊重学生个性、注重学生人格培养的同时,实事求是地面对学生整体学业水平层次“比上”明显不足、内部分层明显的实际,把“市面上”可以拿来的、适合本校学生情况的教学方式方法集纳于开放课堂中。这不失为高明之举。事实上,目前有许多教法学法,无所谓好与差,只有成熟与不成熟的区分,形式各异而实质同一。面广量大的学校应有的、可取的态度是拿来进行适应性改良。任何一种教法学法,都是“春江水暖鸭先知”,适宜的才是最好的。一所学校、甚至一个班级学生的学业基础、学业水平一般是参差不齐的,因此,针对不同的学情,选择不同的教法、给予不同的学法,无疑是因材施教、个性化施教的基本做法。这正是海头中学的“校本教学模式”:以学(情)定教(法)、以学(生)赋(学)法,也是该校近几年学生学业水平整体持续提升的“奥妙”所在吧。

四是构建了学校文化校本模式。教育第一重要的生存形态是熏陶。这是教育作为文化的重要组成部分、是文化生命机制的特性决定了的。物质的、制度的、精神的文化构成学校文化的整体，形成了学校这一组织的特有氛围，弥漫在学校的每个角落，熏染着其中的每一个人。走进海头中学，扑面而来的是一种文化的氤氲，细心体会则能分辨出其特殊之处。“根土文化”引导着每个学生学会思考人生的基本问题，确立正确的人生观、价值观、世界观。海洋文化隐喻着学海无涯、思想无际，开启每个学生的想象，丰富着他们的知识、开阔着他们的视野。学校组织文化通过科学而人本化地布设校园环境、促进师生自主发展的制度安排、“海纳百川、争创一流”追求的提出，营造自然和谐的师生共同成长之所。如果说根土文化、海洋文化是海头中学文化的根与茎、枝和叶，那么，组织文化则是阳光、空气和水，它使得枝和叶繁茂而井然，繁枝茂叶使得根扎得更深、茎长得更壮。

五是实行了学校管理应然方式。海头中学校本文化模式的构建，还反映在近几年的制度和精神层面组织文化发展上着力于学校管理方式转型，核心是淡化领导角色、强化服务意识。如果说高校的“行政化”已经广为诟病，那么，中小学校管理的行政色彩与此相较，无疑是半斤与八两。而海头中学的管理者们应该是深刻地认识到了行政色彩浓厚、官本位的学校管理，与学校管理的基本规律、与塑造活力教师的办学追求、与学校需要以事业、感情、待遇留人的期待相悖，于是，就有了在要求教师规范言行同时的校领导率先垂范、管理模式转型。在工作纪律遵守、工作实绩考核、课改要求执行等方面，校领导与教职工一视同仁。校领导带头读书，带头不折不扣地上课、听课、评课，做到了六个“不例外”。实行“重理轻管”，校领导主动为老师、学生做好细致入微的服务。学校本无官，何况领导即服务、管理也是服务。这些“不例外”和给予教师的无所不在、无微不至的人性化服务，正是学校管理的本来之义、自然和谐师生成长共同体铸就的元素，是不着铅华、坚守本真的海头中学的“本传”而不是“新传”。

(2016年4月8日)

体育是打造学校特色的“捷径”

学校有特色是几乎每所学校的普遍追求。但是，学校特色是什么？怎么才能形成本校的特色？这在每所中小学校的发展进程中，应该是朝思暮想的事。

特色是一个事物或一种事物显著区别于其他事物的风格和形式，是由事物赖以产生和发展的、特定的、具体的环境因素所决定的，是其所属事物独有的。

学校体育的基本特点是它的全员性，而这也是学校教育指向的基本特点。每个体育运动项目都蕴含着特定的精神价值。于是，一所学校，如果还没有自己的特色，或者一所全新的学校正在寻求建设自己的独特文化、形成自己的特色，那么，借助体育的某个项目，学校将可以大大缩短形成自己文化和特色的时间。这是由体育的全员性、特定运动项目拥有的特定精神价值，及其易动员、易接受、易内化、易外化决定了的。因此，体育是打造学校特色的“捷径”。

当然，由体育或其某个项目发展而来的学校的特色、学校特色文化，应该是学校校长个性化的办学思想的具体体现，而不是所谓特色的附着物或新的特色。校长的办学思想应该是校训的演绎，校训应该是学校文化的表征，学校特色是校长办学思想在实践层面的集中展示和反映、是校训的生动写照。

我们经常会听到关于学校特色的介绍，一个、两个、甚至更多，如此，表明这个学校其实就没有特色，或者特色不明显或特色尚未真正形成。没有特色或特色不明显，就表明学校没有文化，或者学校积淀的文化还不那么深厚、底蕴不够。因为，每个学校的特色应该是打上了本校文化烙印的，是学校文化发展的必然之果。否则，所谓的特色就必定是“附着物”。学校特色与学校文化，前者是花朵、后者是沃壤。由体育项目发展而来的特色应该是生长于学校文化沃壤之上的绚丽的花朵。

(2015 年 3 月 30 日)

校际学生社团联盟的应有秉持

不到一个月时间之前,我在这里参加了联盟成员学校关于联盟章程等基础性文件的研讨,当时,我真切地感受到了大家对于联盟的热切期待和真情投入。活动中,我就自己对于学生社团的认识、理解、把握及其价值意义谈了四个方面的想法:一是准确把握中小学学生社团基本特点,二是明确中小学学生社团建设基本要求,三是保障中小学学生社团发展条件,四是克服中小学学生社团建设固有问题。今天,我就联盟的建设和发展谈几点想法。

一是联盟学校要有共同的愿景(价值追求)。这是联盟存在和发展、实践和研究的精神支柱、原动力。通过联盟学校各具特点、又反映联盟统一要求——共同愿景或共同的价值追求——的学生社团建设和实践,探寻具有本校个性、联盟共性、区域特色的中小学德育的有效途径,促进中小学师生的共同成长,促进立德树人根本任务的真正落实。

二是联盟学校要有共同的课题(问题导向)。每所联盟学校都要反思各自学生社团的工作,总结经验、发现问题,梳理、归类问题,区分哪些是大家面临的共性问题、哪些又是各自的个性问题。共性问题应成为联盟学校共同研究和实践的课题,经过各自的实践和研究,形成解决共性问题的多种实践样本，促进联盟学校学生社团建设水平的整体提升。个性问题总体上应该由联盟学校各自自行研究解决，个性问题解决之时，往往就是学校特色形成之际。

三是联盟学校要有务实的态度。不做虚功、不图虚名，务求实效，这不仅是学生社团建设的基本遵循，还是联盟学校间相互交流、相得益彰、发展特色、共同提高学生社团建设水平的需要。联盟学校之间不仅要有经验的交流，还要有相互间问题的诊断并直言不讳地指出问题，进而共同研究、实践、探求解决问题的良方。联盟学校不仅要立足本校、本联盟、本地区实际推进学生社团建设，还要立足落实立德树人根本任务，发挥好每个社团的作用，进而实现培养学生创新精神、实践能力和社会责任感的目的。

四是联盟学校要有开放的意识。实践表明，单个或几个学校的实践和研究，或多或少存在一定的局限性，这就要求联盟及其每所学校具有海纳百川的意识和胸襟。开放不仅是每个学生社团建设所需要的，而且是结成联盟的初衷所在。这种开放既要求联盟学校间的相互开放，毫无保留地交换实践经验、共享研究成果，又要求每所联盟学校向非联盟学校开放，与他们及时进行信息和经验交流，获取联盟所不具备的“他山之石”，并用来促进本校和联盟学校学生社团建设水平和品位的提高。

五是联盟学校要有示范的责任。德育工作是我国教育方针规定的所有中小学校的重要工作之一，学生社团建设及其作用的发挥是目前绝大多数中小学校比较重视的德育工作的重要途径之一。而镇江市教育局在创新德育研究和实践模式过程中,不仅高度重视学生社团在德育方面的特殊作用,而且大力支持推进区域内学校结成学生社团建设联盟,统筹力量、集中智慧,既推进学校学生社团建设上层次上水平,又研究、实践德育新途径、新模式,推动区域德育工作上台阶,可谓匠心独运,也可见拳拳之心。因此,联盟和联盟内的每所学校应增强责任感和使命感,一方面要积极研究、主动实践,借助联盟的优势,把握学生社团建设及其作用发挥的规律,把本校和联盟的学生社团建设推向一个新阶段;另一方面要及时总结、推广实践经验和研究成果,多途径多形式向面上学校推广,提供示范和导向,为区域学生社团建设、德育工作境界提升作出贡献。

(2017年5月26日)

第二节　文化建设的曲径

经典阅读与文化传承

党的十八大以来和十九大报告中，就传承中华优秀传统文化，提出并采取了一系列方针政策和重大举措，表明了党和国家在我们这个民族、我们的人民中树立文化自信、坚定不移地推进中国特色社会主义现代化建设的坚定信念。今年初，中共中央办公厅、国务院办公厅印发的《关于实施中华优秀传统文化传承发展工程的意见》指出："文化是民族的血脉，是人民的精神家园。文化自信是更基本、更深层、更持久的力量。中华文化独一无二的理念、智慧、气度、神韵，增添了中国人民和中华民族内心深处的自信和自豪。"还提出"到2025年，中华优秀传统文化传承发展体系基本形成……"的目标。这里强调的是"传承发展体系"，而不是零星的、断链的、各自为政的一般作为。教育是文化的生命机制。因此，在这样的体系建设过程中，我们的学校显然是重要且不可或缺的环节。我们中小学校、广大中小学教师在传承发展中华优秀传统文化中责无旁贷！

作为教育机构的中小学校，本质上就是文化机构。但是，我们常常忽略了自己的天然的传承发展优秀传统文化的使命、优势。那么，在党和国家关于传承发展中华优秀传统文化的要求面前，我们中小学怎么办呢？有这样几方面的工作是义不容辞的。

一是在学校整体文化建设中落实这样的要求。就是要在学校的物质、制度、精神文化建设过程中体现。学校从建筑的整体设计到内外环境的布置中，要在适宜的地方反映、外化优秀传统文化，使之成为师生看得见的实物文化。在学校的相关制度中，要由保障、促使师生学习、体验、力行优秀传统文化要求的规约，以逐步达成“无须提醒的自觉”的境界。在学校共同价值目标的确定上，要在优秀传统文化和学校的优秀历史积淀中，提炼出能够涵育本校师生共同精神价值和个性气质的校训等，逐步成为本校师生的“植根于内心的修养”。

二是在各门学科教育教学中落实这样的要求。应该说，一个学科的发展过程就是这一学科文化的积淀过程，各门学科都有自己的经典，都属于文化的经典、文明的积淀。数学中有《九章算术》等。语文学科尤为突出，属于经典的阅读内容在中小学语文学科整体中的份额越来越大。因此，作为学好所有学科的基础性学科，中小学语文经典阅读及其教学，在学好本学科的经典、其他学科的经典过程中，其地位和重要性也就自不待言了。

三是在全体师生经典阅读中落实这样的要求。“经典”是时代、民族文化的结晶。人类文明的成果,就是通过经典的阅读而代代相传的。钱理群先生认为:“作为民族精神源泉的经典”,是一个民族在现实生活中遇到问题的时候常常可以到这样的经典那里吸取精神的养料,然后面对自己所要面对的问题。由此,我想大家就很好理解为什么党和国家一再强调要传承中华优秀传统文化、树立文化自信了,而不是妄自菲薄。由此我也认为,阅读经典的重要性也就不言而喻了。那么,如何读好经典、实施好经典阅读教学,使之成为广大师生的文化素养、文化自觉、文化自信呢?

一要课程化。要有内容的选择、时间的安排、评价的跟进。《意见》提出,要贯穿国民教育的始终,要“以幼儿、小学、中学教材为重点,构建中华文化课程和教材体系”。要安排一定的教学时间、实施有效的课堂教学、运用高效的教学方式方法和手段,引导学生会读、读好经典。

二要多媒体。我们这个时代的多媒介(信息化、网络化、终端移动化、智能化等)学习、碎片化等特点和条件,为经典阅读及其教学的有效性、高效率提供了良好基础。因此,学校可以深入探索、实践信息技术、网络技术、智能技术条件下的经典阅读及其教学的有效途径。

三要开放式。经典所以成为经典,是因为它的时代性、微言大义等等决定了的。因此,经典阅读与教学,要采取开放的姿态,积极借助高校、科研单位、博物馆(院)等方面的专家、学者的力量来加以完成，也只有这样才能有效实施。因为，客观而言，仅仅凭借我们中小学校老师的力量可能是不够的。

总之，经典阅读、经典阅读教学，如今不再仅仅是我们学校教育教学内容的一部分、创建特色的具体途径，而是民族永续发展赋予我们的历史责任，是时代的呼唤！因此，我们要重新认识，积极进行经典阅读教学探索，丰富实践、积累经验，相互学习、扩大成效，真正成为江苏省中小学校园阅读、经典阅读教学的领航者。

(2017 年 12 月 1 日)

珠心算实验：在智慧启迪中传承文化

珠心算既是我国小学数学教育的传统内容，又是需要传承的优秀传统文化。为此，应充分认识其价值意义，组织好珠心算教育实验，在启迪学生智慧中传承珠算文化。

深刻认识珠心算教育的意义与价值。随着现代科学技术的发展，特别是计算机和计算器的广泛应用，算盘作为运算工具的功能逐步退化。但是珠心算是珠算的创新与发展，是现时代珠算文化的重要载体。理论研究与江苏省的珠心算教育实践已经证明，小学生学习珠心算，能够促进数量与空间表征的联结，加速抽象数字认知和表象操作能力的发展；能够提高记忆容量，加强视觉空间信息处理相关神经通路的发展；能够较为显著地提高记忆力、注意力、思维能力和表象能力。珠心算教育实验的目标，正是要发挥珠心算的这些独特的育人价值，同时保护和传承珠算这一中华优秀传统文化、坚定文化自信。这与传统的通过强化训练提高计算技能为目标的珠心算教学有着本质的不同，它不是增负，从长远看是减负；它不是枯燥训练，而是契合了儿童年龄和心理特点的学习活动；它不是复古，而是文化的传承和发扬光大。

积极开展珠心算教育实验和教学研究。珠心算教育实验本质上是在尝试一种教育转型，这种转型，没有现成的文献可参考，虽然第一批实验学校的实践积累了一些经验，但仍然没有完全成熟的成套的经验可供借鉴、复制。在实验中，在课程、教材、师资、教学、评价以及管理等方面，都将会遇到问题和挑战。因此，一方面应认真总结实验学校的好的做法和经验，少走弯路，早见成效；另一方面应明确我们是在做实验，要把小学珠心算教育实验与教学研究同时并重，把珠心算教育当作学校的重大课题进行研究。要有科学精神、科学态度，讲求科学方法、利用科学手段，设计实验方案、进行过程控制，及时发现问题、不断研究解决问题，形成具有学校特色的珠心算教育新路径、新经验，找寻珠心算教育教学的基本规律。特别是要探求在规定时间内、在不增加学习负担的前提下，让学生学好包括珠心算在内的数学知识与技能、感悟数学思想方法、积累数学活动经验的"坦途"。

在启迪智慧中传承传统文化。珠算已正式列入联合国教科文组织人类非物质文化遗产名录。珠心算是珠算的创新与发展，是现时代珠算文化的重要载体。珠心算教育客观上是在启迪学生智慧同时的文化传承，而不是一般意义上的教学内容传授。虽然珠算的计算功能日渐式微，但是，我们不能让这一中华优秀传统文化仅存于历史文献中，需要激活它，需要传承，需要现代化，发挥它应有的教育作用。因此，当下珠心算教育的目标是：充分发挥珠心算启迪智慧、赋予能力的作用，发挥珠心算兼具文化素养和技能素养培育的功能作用，并在这个过程中吸引尽可能多的学生逐渐喜欢、产生兴趣、娴熟使用，最终成为珠算文化的传承和发扬光大者。

(2016年12月28日)

建设数字化学习文化

数字化环境中的学生个性化学习是既老又新的话题。“老”在数字化环境已经普遍存在,但是在其中的学生有效学习并不被看重;“新”在探讨普遍存在的数字化学习环境里学生的个性化学习并不多见。于是,围绕这一话题的研讨应该是开放的。

一是顺应学习方式变革。1997 年,《数字化生存》一书在国内翻译出版并风靡一时。作为被《时代》周刊列为当代最重要的未来学家之一的麻省理工学院教授尼葛洛庞帝,在书中描绘了数字科技对我们的生活、工作、教育和娱乐带来的各种冲击,以及其中值得深思的问题。书的内容简介中有这样一段话:信息技术革命把受制于键盘和显示器的计算机解放出来,使之成为我们能够与之交谈,与之一道旅行,能够抚摸甚至能够穿戴的对象。这些发展将变革我们的学习方式、工作方式、娱乐方式——一句话,我们的生活方式。而这些变革今天都已经成为现实。

数字化学习是信息技术革命的产物。数字化学习的优越性超过了我们的预期,正在引发传统教育方式、学习方式的革命。但是,我们不少学校看到了它的效用、也配置了相应的设施设备,就是研究不够、使用不够,有的甚至怕用、舍不得用,守着最新的技术和设备,学生还是被传统的学习方式缠绕。

数字化学习是学习生产力的革新,顺应是方向,轻视或回避终将沦为时代的落伍者、生存的艰难者、发展的奢谈者。

二是把握数字化学习特点。数字化的本质是开放、兼容和共享。实践表明,以数字化学习为核心的信息和互联网技术与课程的整合,不同于传统的学习方式:学习是以学生为中心的,学习是个性化的,能满足个体需要的;学习是以问题或主题为中心的;学习过程是可以进行通讯交流的;学习者之间是协商的、合作的;学习是具有创造性和再生性的;学习是可以随时随地的、终身的。

数字化学习发生要有一定条件,如数字化学习环境、数字化学习资源、数字化学习空间等。

数字化的学习环境,即信息和互联网技术学习环境。它经过数字化信息处理,具有信息显示多媒体化、信息传输网络化、信息处理智能化和教学环境虚拟化的特征。它包括必须具有的设施(如多媒体计算机、多媒体教室网络、校园网络、因特网等)、资源(为学习者提供的经数字化处理的多样化、可全球共享的学习材料和学习对象)、平台(向学习者展现的学习界面,实现网上教与学活动的软件系统)、通讯(实现远程协商讨论的保障)和工具(学习者进行知识构建、创造实践、解决问题的学习工具)。

由教育部委托的“国际教育信息化发展研究”项目——

2014—2015年度全球教育信息化发展动态与思路形成的系统成果，总结形成了十大研究结论。其中，第七个结论是“学习空间布局逐渐由单一形态的普通教室转型为多功能、多形式的学习区”；第八个结论是“针对不同人群的虚拟学习空间呈现出特色发展的趋势”。可见，数字化环境中的学习需要构建适合的学习区域，以提高学习效益、效率和质量。

三是建设数字化学习文化。在数字化环境下，可以实现学生个性化学习等在通常条件下难以实现的教育教学理想，同时也提出了建设数字化学习文化的要求。而数字化学习文化是数字化环境中学生个性化学习赖以高质量、可持续的需要。

一方面，数字化环境中的学习，改变了学习者的认知方式，改变了师生、生生之间的教学关系，改变了学生的学习形态(以需求为导向的协同共享式学习、非正式学习为主，并采用生成性的学习模式)，体现了“学生为中心”的思想，以培养学生的创新精神、实践能力和社会责任感、“全面而自由发展的人”为目标和追求。这一学习文化及其中蕴含的价值是我们孜孜以求的，数字化环境中的学习使得这样的学习文化形成成为可能。

另一方面，数字化环境中学习方式特点的全面体现，并起到真正的效果，需要倡导学生遵守数字化学习环境的规范、公共道德，鼓励学生诚实守信、乐于分享；需要研究学生在数字化环境中心理、生理的变化，在学习环境创设、空间布局、资源建设上，增强针对性、适宜性、教育性，激发学生进行创造性学习。通过这些方面的努力，逐步形成具有本校特色的、与本校文化一脉相承的数字化环境中学习的物质、制度和精神文化。

(2016年11月24日)

传承与创新：大学文化的整体构建

高等教育现代化是其构成各元素现代性不断增强的过程。这种现代性不断增强的各元素，无不是在继承并发扬光大各自传统的同时，吸纳并外化现代社会要求以彰显各自现代性的风姿。大学文化的传承与创新是高等教育不断增强现代性的客观要求。教育是文化的生命机制。大学有很多功能，文化传承与创新"是大学属性里面最本质的东西""大学在本质上是一个功能非常独特的文化机构"，也是整个大(广义)文化持续繁荣发展最为基础的工程。在高等教育现代化建设中，"大学必须有高度的文化自觉"需要高度重视、切实推进大学文化的传承与创新。

文化理论研究表明，文化是由各种元素组成的一个复杂的体系。这个体系中的各部分在功能上互相依存，在结构上互相联结，共同发挥社会整合和社会导向的功能。文化一般包括精神文化、物质文化、制度文化三个层次。本文将依据这一文化层次理论，探寻大学精神文化、物质文化、制度文化的传承与创新路径，推动大学成为文化高地。

一、文化之魂——引领社会文化发展的大学精神

精神文化是人类在从事物质文化生产基础上产生的一

种人类所特有的意识形态，是人类各种意识观念形态的集合。精神文化是物质文化的核心载体。精神文化的核心是价值观念。精神文化的优越性在于它具有人类文化基因的继承性，还有在实践中可以不断丰富完善的待完成性。这也是人类精神文化不断推进物质文明的内在动力。由于精神文化是物质文明的观念意识体现，在不同的领域，其具体文化精神有不同的表现和含义。

大学精神是大学文化之魂。精神文化一般通过简洁、凝练的校训、校风、教风、学风等，外显出个性化的办学理念或倡导的某种精神，以凝聚人心、启发思考、鞭策激励、指引方向，其中以校训为最具这方面的特征。

一所大学的精神文化一般都形成在一定的历史根基之上，是大学在特定发展时期或草创之初办学者教育思想的反映，或者是特定时代对大学、对师生要求的体现。由此形成的精神文化造就的特殊氛围和意蕴，在一所大学的历史进程中几乎全时空地浸润、滋养着其中的每一个人，催生出有别于其他大学人的特殊气质、行为方式、语言习惯，催生出新思想、新观点、新理念，并通过一代代的学生、科学和技术研究成果的扩散、直接的社会服务以及有意识的文化传承等途径和方式，自觉不自觉地影响着社会。只是综观我国大学精神文化的影响力，一方面由于自身发育不好，无法形成突出校园的爆发力，进而成为社会精神文化引导力，推动全社会的精神文明建设；另一方面由于浮躁、急功近利等多种“社会病”的影响，大学精神文化影响力在校内和校外同时式微。

加强大学精神文化建设迫在眉睫。

加强大学精神文化建设，必须传承与创新大学精神文化，这是大学自身革故鼎新、延续历史的需要，也是现时代经济发展、政治变革、社会建设、文化昌盛的呼唤。传承与创新大学精神文化，首先要重新审视大学精神文化的内核及其历史渊源，进一步做好挖掘整理、去粗取精、去糟粕取精华工作，促使大学精神文化的现代化。其次要全面把握现时代国家现代化建设对大学个性化的要求，反映时代要求，体现时代特征，实现大学精神文化的现代化。第三要研究借鉴其他国家大学精神文化建设的实践经验，体现国家改革开放不断深化要求，观照全球一体化发展趋势，强化大学精神文化的国际认同。通过这些方面的工作，丰富大学精神文化的内涵，使其充盈人文的价值、包容的气度，使其突出大学校园，引领社会文化发展，促进社会文化建设，提高中华文化的国际认同度。

二、文化之形——成就“无言之师”的大学景观

物质文化是指为了满足人类生存和发展需要所创造的物质产品及其所表现的文化，包括饮食、服饰、建筑、交通、生产工具以及乡村、城市等，是文化要素或者文化景观的物质表现方面。经过充满智慧、掌握专业技术的大学人创造出来的建筑物、道路和绿化等，都是文化的有形部分，凝聚着大学人的观念、需求和能力。因此，这里所指的大学物质文化建

设，主要指大学的校园建筑及其布局、校园内的绿化和道路布设、教学和科研设备构成的特定环境，以及这些物件被赋予的大学人的价值观、愿望和期待等。

一般而言，大学物质文化成果应是大学精神文化精华的凝结、大学价值观的外显、大学物质文化社会影响力的所在。但是，如果说古代书院的遗存、明清或西式校园及其建筑尚有文化韵味，那么，近三十多年来的大学物质文化积淀可谓微、薄、少，至今都没能摆脱“一穷二白”状态下的“心态”及其呈现的格局。

一是无校不围墙。大学总是不自觉地试图与社会分隔，即使已经“破墙透绿”的，也还是违若禁区，与社会的交流难通透、不顺畅，校园物质文化的氤氲难以弥漫进社区、影响社区的文明进步。这有违“社会即学校、学校即社会”的大学物质文化建设要求，不利于育人目标的达成。

二是大楼空洞。现在的大学高楼林立，但大多空洞无物，若是真正能够表征学校或其专业特点的一两栋大楼、一两处雕塑也是偶尔能见。由于缺乏整体的、把每一栋建筑或一草一木作为大学新的物质文化积淀的具体考量，不可避免地显得突兀、生硬、甚至多余。大楼，特别是宿舍楼的建设，一般外观鲜亮，内在则无论是用材、设计、功能、施工质量直至管理，与“有文化”相距甚远，与育人的要求背离。

三是布设突兀。校园内绿化和道路的布设，与本校特定的精神文化、专业特点不相协调、不相映衬。与大楼一样，大道、大树无不是大学的不懈追求。这样的作为几乎是各类开发区建设的翻版，而比之不如的是，我国的各类开发区恰恰又十分重视文化建设和积淀，不断提升区域的文化品位，成为宜居、宜商、宜赏、宜创(业)的现代化新区域。

四是配置落后。教学、科研的设施设备的配置一方面技术含量、档次普遍落后于用人单位所拥有的，另一方面设施设备的摆放，大都是排排坐的格局，禁锢了教学、科研环境里人们创造思维的形成。大学物质文化急需提高层次、水平和品位。

自然存在物不是文化，只有经过人类有意无意加工制作出来的东西才是文化。大学物质文化建设无疑需要体现学校核心价值的追求，精心规划，精心施工，精致管理，赋予校园的所有物件以灵魂，使之成为“无言之师”、校园的甚至是社会的新的人文景观。当然，大学物质文化建设同样要做好传承和创新工作，并不断提高层次、水平和品位，大致可以从以下几个方面着手进行：

依托于丰厚的民族积淀。民族的、区域的物质文化资源，通常是大学发展历史上物质文化建设中已经吸纳、运用过的。但是，一方面民族的、区域的历史积淀的物质文化资源不可穷尽，要继续深入研究，挖掘更多可以在今天为大学借鉴并现代化的物质文化遗存。另一方面民族的、区域的物质文化也在不断地吐故纳新，民族的、区域的物质文化内容在丰富、品位在提高。为此，面对民族的、区域的物质文化，大学物质文化的传承与创新，既要古为今用、又要“今为今用”。同时，充分运用智慧、知识、技术，追求青出于蓝而胜于蓝的境界，提升大学物质文化建设成果的层次、品位，并以此导引民族的、区域的物质文化建设。

启迪于优秀的世界文明。只有民族的才是世界的。属于世界的各国的优秀物质文化资源，大学都应积极研究，做好“去”“取”工作，积极“拿来”，使之与本民族的物质文化碰撞，生发出新的物质文化作品。同时，密切关注各国物质文化建设和发展的趋势，及时吸取其精华，结合我国文化建设的要求，创造新的物质文化样式和作品，永立物质文化生产的潮头，导向全社会的物质文化建设，促进社会物质文化建设的繁荣和发展。

改造与回归。新建大学面临全新的校园物质文化建设要求，固然可以独立高标，积淀新的高品位的物质文化。但对于大多数伴随大扩招大建设已经结束的大学而言，可以“以旧修旧”，根据本校精神文化的特定要求，通过建筑物饰面的变化、道路和绿化等的个性化改造、教学和科研设施设备的人性化布设等，赋予它们以思想、反映学校的理念、体现师生的期盼，优化育人环境，浓郁育人氛围，提高育人效果。

三、文化之翼——持续寻求突破的大学制度

制度文化作为文化整体的一个组成，是人类为了自身生存、社会发展的需要而主动创制出来的有组织的规范体系。

制度文化在协调个人与群体、群体与社会的关系，以及保证社会的凝聚力方面起着不可或缺的显著作用，深刻地影

响着人们的物质生活和精神生活。大学制度文化是大学赖以有效有序运转、相较精神文化和物质文化更为"刚性"的文化形态,包括依据国家法律法规、方针政策以及大学实际制订的各种规章制度。

文化的功能是形成社会规范。大学制度文化建设应直接指向大学内所有成员都必须遵守的行为模式与行为规范的建立。大学制度文化建设旨在改变现行大学制度中的不合理因素,如"行政化"、"官本位"、学术政治化等。大学制度文化建设还要改变不依据国家法律法规、方针政策制订校内规章,校自为政,人性化不够,甚至侵犯了师生的合法权益而不知,以及依法治校意识不强、依法管理不到位等问题。

文化整体的协调互动必须依赖一个良性有效的秩序,这唯有通过制度文化才能达到。大学制度文化建设的目标就是建立一个精神文化、物质文化良性互动的格局。而这其中同样有着传承的必要、创新的广阔空间。这也使得大学完全可能成为社会新规范的策源地。

制度文化的基本核心,是由历史演化产生或选择而形成的一套传统观念,尤其是系统的价值观念。因此,大学物质文化的传承与创新,首先是要总结大学以及社会制度文化建设已有的成果、经验和教训,依据国家的法律法规、方针政策,统筹考虑大学改革和发展的各项工作,制定贯彻大学精神文化要求、充分发挥大学物质文化作用的学校章程,以此规范各类人员的行为和行为方式,并由此进入大学制度文化建设的新境界。

制度文化作为一种系统或体系具有二重性。一方面它是人类活动的产物；另一方面，它又必然成为限制人类不规范活动的因素。因此，大学物质文化的传承与创新，第二是必须围绕形成优良的学术环境、为师生发展提供良好服务，实施精细化、人本化管理，建立更为科学合理的管理制度，使得大学的学术空气更纯，师生的工作、学习和生活更为有条不紊，师生的身心发展更为健康。

制度文化以物质条件为基础，受人类的经济活动制约。人类在社会实践中逐步形成的制度文化，因地域、民族、历史、风俗的不同，而异彩纷呈，表现为多样性。因此，大学物质文化的传承与创新，第三是应有海纳百川的胸襟和气度，立足大学，扎根本地本民族，统揽世界各国各民族，集萃全人类优秀的制度文化建设成果，并使之中国化、本土化，以此催生更多具有中国特色的制度文化建设新成果。

(2012年7月20日)

第九章

人类明天的开启者

第一节　高质量教师队伍建设

建设与教育强省相适应的教师队伍

党的十九大报告明确提出要"加强师德师风建设，培养高素质教师队伍，倡导全社会尊师重教"。这是抓住了新时代教育事业发展的根本和关键。在推进适应新时代教育要求的教师队伍建设工作中，重点应解决好教师发展不充分、优秀教师分布不均衡的问题。具体有这样几项基础工作是必须尽早做到位的。

一是切实提高教师地位待遇。不重视教师，就没有未来。9月24日，中共中央办公厅、国务院办公厅《关于深化教育体制机制改革的意见》指出："要切实提高教师待遇。完善中小学教师绩效工资制度，改进绩效考核办法，使绩效工资充分体现教师的工作量和实际业绩，确保教师平均工资水平不低于或高于当地公务员平均工资水平。落实艰苦边远地区津贴、乡镇工作补贴，以及集中连片特困地区和艰苦边远地区乡村教师生活补助政策。完善老少边穷岛等贫困艰苦地区教师待遇政策,依据艰苦边远程度实行差别化补助,做到越往基层、越往艰苦地区补助水平越高。”在江苏,教育发展的不平衡,已经不再是硬条件的问题,根本上是教师队伍整体素质的在区域、城乡、校际、学科间的不平衡。因此,要把全省各区域、城乡教师的待遇基本均等化,让农村、苏北、苏中的教师能够安心工作,特别是在经济欠发达地区留住一批名教师、名校长。这是江苏教育现代化整体水平提高的根本之策。

二是大力提高教师的综合素养。新时代教育改革发展对教师提出了新的要求。中办国办《关于深化教育体制机制改革的意见》指出,“要注重培养支撑终身发展、适应时代要求的关键能力。在培养学生基础知识和基本技能的过程中,强化学生关键能力(指认知能力、合作能力、创新能力、职业能力,笔者注)培养。”应该说,这些能力的培养,无不取决于教师的作为,又无不是现有教师队伍面临的挑战。学生这些方面能力的培养需要教师各方面素养、即综合素养的提高。而我们现有的这支教师队伍接受的是分科教育,教师素养结构不完备、有欠缺,表现为教师素养发展的不充分,难以适应培养学生关键能力的需要。为此,必须按照培养学生关键能力要求,研制教师素养标准,作为新师资培养、在职教师继续教育的基本依据,加快打造一支综合素养和专业化水平高的教师队伍。

三是回归主要由师范院校培养教师的格局。21 世纪初，在师资来源，特别是中小学师资来源社会化的同时，大多数师范院校已经名不副实，培养中小学教师的招生比例急速下降，大多只有总招生量的10%左右，有的甚至更少。如此状况下补充的新师资大都把从教作为一种职业选择，当教师的天赋、志愿、素养等都不尽人意。这种情况不改变，将无法在真正意义上适应现代化教育强国的要求。因此，要回归主要由师范院校为中小学培养教师的格局，大凡师范院校，必须名副其实，应规定主要承担教师培养的工作。同时，减少社会化来源的师资比例，严格师资社会化来源的条件。

四是打造分布合理的名师队伍。刚刚开过的中央经济工作会议指出，我国经济由高速增长进入高质量发展阶段。其实教育发展也是如此。特别是江苏教育的高质量发展无疑需要在解决不平衡、不充分上进一步下真功夫，而这种真功夫是要下在教师队伍建设上，尤其是名师队伍打造上。在各区域、各级各类中小学校的名师是整个教师队伍的向导、标杆和旗帜。目前，全省基础教育阶段拥有80万多名幼儿园、中小学教师，但各学科名师占比很小，而且区域、城乡分布极不合理。因此，一方面要采取有力有效机制鼓励支持名师的涌现。另一方面要利用政策杠杆，促使名师在区域、城乡、学校的相对均衡分布，成为区域之间、城乡之间、学校之间教育公平的标志和保障。

（2017年12月29日）

教育高质量发展与教师

众所周知，高质量教育发展的提出，源于我国经济正在进入高质量发展新阶段。而就教育而言，任何时候都不能只有量的增加、而忽视质的提高。因为，教育是关乎人的事业。检索新中国教育，特别是改革开放以来教育的任何一个政策性文件或法律法规，无不是量与质同时要求。但是，为什么今天我们的教育，在不同区域之间、城乡之间、不同学校之间，反映出如此明显的质的差异呢？

林林总总的文件中关于质与量的要求没有真正同时落实到位是主要原因，而其中根本的关键的原因是：有关教师的质与量的要求没有真正落实好，区域、城乡、学校间教师的地位待遇落差过分明显；而且在教师地位待遇上，我们进行了与其他系统无差别的所有的政策设计。比如，人为划设城乡、区域、不同学段、不同学校间的教师待遇鸿沟。由此，在今天，我们来考虑高质量教育发展要求的时候，不得不因教师队伍的区域、城乡和校际差异而愁眉不展。然而，即使如此，我们还得面对现实；尽管在教师队伍建设上，我们的很多工作已经晚了，但是，我们还是应该努力为之。今天开始的这样的活动就是我们大家努力为之的缩影。

关于教师对于学生、对于学校、对于教育、对于社会、对于国家发展、对于民族振兴的重要性的“描画”已经很多。而今年“两会”期间陈宝生部长“正话反说”的一句关于教师的话，似乎可以认为是教师重要性的最新表达：不尊重教师，教育就没有未来！

由此，我也想到了一句话：教师也是国之重器！

兹事体大。今年1月20日，中共中央国务院颁布《关于全面深化新时代教师队伍建设改革的意见》，提出了“兴国必先强师”的思想。可以预见，教师的重要性必将得到进一步彰显，教师队伍建设在现有基础上必将会有新的进展。

但是，无论何时何地，教师价值的体现，既取决于教师个体与教师队伍整体的主观作为，又取决于学校、社会、政府的真正尊重教师。

（2018年5月13日）

艺术师资与美育

伴随我国社会主义现代化建设的深入推进，特别是经济转型升级和社会文明进步对创新人才培养的日益强烈的呼唤，教育被赋予了前所未有的责任和使命。创新型人才，必然是具备敏锐的洞察力，能够在寻常中寻找出闪光之处。艺术对于敏感度的培养具有天然的优势。敏感度，是创造力，是创新思维的基础。艺术作品都是整体艺术(如建筑)。“整体”的特性决定了通过艺术作品的学习与鉴赏，培养受教育者对于整体的观感和掌控，在整体的前提下对于细节的梳理，以及从看似杂乱无章千头万绪的细节中寻找出常人无法觉察的关联并融合成新的点。由于艺术教育在创新人才培养方面的独特作用，因此被提高到前所未有的高度加以认识和重视。

党的十八大以来，学校美育工作就得到了前所未有的重视和加强。2013 年 11 月，十八届三中全会通过的《中共中央关于全面深化改革若干重大问题的决定》，明确提出要“改进美育教学，提高学生审美和人文素养”。2014 年 1 月，教育部发布《关于推进学校艺术教育发展的若干意见》。2015 年 3 月，教育部召开全国学校艺术教育工作会议，强调学校艺术教育要重点抓好师资短缺问题、建立评价制度等五个方面工作。江苏省教育厅出台了《关于加快推进学校艺术教育发展的若干意见》,提出的要求和措施更为具体,如:把初中学生的艺术素养列入学业水平测试范围,艺术素质考核结果计入中考总分等。2015 年 9 月,国务院办公厅印发《关于全面加强和改进学校美育工作的意见》。2016 年 7 月,江苏省政府落实国办《意见》,印发《关于全面加强和改进学校美育工作的实施意见》,提出了全面提高美育课程质量、全面提升美育师资素质等 9 项重点任务。2016 年 8 月 29 日,教育部与江苏等 8 省市签署学校美育改革发展备忘录,以落实国办《意见》精神,更好地发挥地方政府推进学校美育改革发展的主体责任,构建上下联动、统筹整合、协同推进的学校美育改革发展工作机制。

可见,对于学校美育的重视程度,毫无疑问是前所未有的。但是,这一系列方针政策、目标任务能否落实到位,归根结底是师资问题。为此,江苏省政府在《实施意见》中指出:各地要加大艺术教师招聘力度,保证学校按照国家课程方案规定的课时配齐配足艺术教师;力争到 2020 年,全省小学和初中艺术教师中,专职教师比例分别不低于 60%和 80%;实施《江苏省中小学音乐(舞蹈)、美术教师职业技能标准》;开展在职中小学艺术教师全员培训和考核;省每 3 年举办 1 次中小学音乐、美术教师教学基本功比赛;加强各级专职艺术教研员队伍建设。

但很显然,在配齐配足中小学艺术教师的同时,切实提高他们的专业水平,是我们面临的最为重要的任务。而今天这个活动，就是充分发挥名家名师的引领作用、促进中小学音乐教师专业发展，完成好这一任务的具体行动。但是，仅此还远远不够，还应在以下三方面作出努力。

一是了解需求。今天参会的主体成员是我们各市的音乐教研员、各市音乐舞蹈学会的会员、省音乐舞蹈学会的理事，其中不少同志是多重身份。但是，我们有一个共同的责任，就是及时了解、把握各级政府和教育行政部门正在推进的学校美育工作对教师的要求，特别是教师专业发展方面的具体要求。应根据这些要求，判断本地已有的这方面政策措施的优劣、利弊，及时提出修正的意见和建议；应根据这些要求，研究已有政策措施尚未覆盖到的方面，及时建议制订新的政策措施。比如，要关注、研究艺术教育特色学校、艺术教育实验区、义务教育阶段艺术教育评价改革实验区的各项工作，特别是教师专业发展工作，让科学的可以复制的实验成果，惠及全省中小学艺术教师的专业成长。

二是发挥优势。各级教研、科研机构一般都集聚了一批在教育科研、学科教学和研究方面很有造诣的专家、骨干教师和学科带头人，他们有实践、有理论、接地气。因此，教科研部门，特别是市县两级的教科研部门，在指导学校群众性教科研工作、促进教师专业成长方面具有其他机构所不具备的优势、不可替代的作用。为此，各级教科研部门要在服务指导学校美育教学、促进音乐教师专业成长方面主动作为。要通过组织一线名师的观摩课、示范课、研究课以及由名师执掌的培训等活动，引领一线音乐老师的专业发展。要通过设计实施音乐教研项目或科研课题、改进音乐优课评比和教学基本功比赛等，促进一线音乐老师专业水平的提高。

三是整合资源。教科研机构尽管在学校美育教师专业成长方面具有不可或缺、不可替代的作用，但是，教科研机构还承担着服务政府和教育行政部门教育决策、研究教育理论和实践等职能，市县两级教科研机构还承担着中考、高考方面的重任，因此，要完成好学校美育中最为重要的促进教师专业发展的任务，还必须善于借助外力、借用外脑。要借助省内外、甚至国外高校艺术教育专家力量，组织讲座、举办论坛等，为中小学音乐老师的理论武装、视野拓宽服务。要借助教育学会等团体在教育系统具有广泛群众基础的优势，联合举办多种多样的活动，借势发力，促进教师专业成长。

如果说，十八届三中全会以来党和国家高度重视、大力推进学校美育工作的一系列方针政策和措施的出台与实施，为我们实现艺术教师品德高尚业务精湛、艺术教师队伍数量充足结构优化目标提供了可能的话，那么，这种可能变成现实，还要靠我们大家共同的坚持不懈的努力。

（2017年1月8日）

第二节　名师作用的发挥

积基树本品自高

以“涵养基本素质，提升课堂品质”作为今年“杏坛杯”青年教师课堂教学展评活动的主题，充分体现了组织者期待青年教师明确课堂教学基本目标和要求的拳拳之心。

素质是一个人在社会生活中思想与行为的具体表现，是指在人的先天生理基础上，受到后天的教育和社会环境的影响，由知识内化而形成的相对稳定的心理品质及其素养、修养和能力。基本素质是主要的素质、根本的即本源的素质，外化于人们的一切言行之中。

具备从事教师职业的基本素质是每一位教师的安身之本、立命之基。因此，作为教师，不仅应具备从教的基本素质，而且应该把涵养基本素质贯穿整个职业生涯。

教师涵养基本素质的目的之一是提升课堂品质。课堂品质直接关乎课堂教学的质量、效率和效益，决定了学科教育质量的高低。

提升课堂品质是教师的不懈追求。课堂品质的提升在于教师着意涵养自己的基本素质,在于教师缔造基础、树立根本的耐力和效果。涵养是一个过程。基本素质的涵养非一日之功。而在日常的学校课堂里,基本素质欠缺问题在一代代青年教师身上不间断地演绎着同样的版本。比如,以本为本、以教定学、仪表不雅、语言乏味、板书呆板、教路线性、学生被动、提问单调、遇难无措、目标单一……不一而足。

课堂是学生生命成长的原野。课堂教学是学校教育的主阵地。适宜学生生命成长的课堂,应该是生态的、自由的、民主的,学生可以在其中吸收新知、交流畅想、申明主张,他们的认知、合作、创新和批判性思维等能力由此得以发展。课堂是如此重要,课堂品质提升是多么必要。

每个人都是塑造自己的工程师。提升课堂品质,要求青年教师在努力避免和解决普遍存在的那些问题的同时,应扎实下好“诗外功夫”。

青年教师应努力培养自己热爱学生的情感、教书育人的兴趣,使得“学生中心”成为无须提醒的自觉;应突破学科局限广泛涉猎,宽厚学识基础;应研读课程标准,明确学科定位和目标、任务与要求,并努力进行校本化、生本化改造;应娴熟教材内容,尝试统整相近、相关内容,以赋予学生系统化和结构最优化的知识;应研究每个学生,尊重他们的差异,欣喜于他们个性习惯的丰富多样;应主动拜师学艺,从模仿逐步走向创新,敢于在不同的课堂情境中挥洒教学艺术,逐步成为“自己”；应依据学生认知水平、个性习惯，实施差别化教学，引导他们相互包容、尊重和鼓励，发展好每个学生；应善于把互联网、大数据和人工智能等技术与课堂教学深度融合，提高教与学的质量和效率；应及时进行反思、总结，找寻课堂上教学相长的规律、教学相悖的根源；应敢于不断地设定课堂品质目标，积跬步日日趋近……这些，无不是课堂品质提升所要求的，无不反映了课堂品质提升对教师的要求：积基树本。

（2018年8月13日）

名师之名与实

这届全省中学化学名师论坛活动的目的很明确，就是搭建研讨、交流和展示的平台，为全省中学化学教师的专业成长服务。这样的活动也是促进名师不断提高自己、更好地发挥示范引领作用，加强全省中学化学学科教师队伍建设的重要途径。

习近平同志要求我们每一位老师：增强立德树人、教书育人的荣誉感和责任感，做一名"有理想信念、有道德情操、有扎实学识、有仁爱之心"的党和人民满意的好老师。这是我们每个名师和优秀老师必须首先做到的。而对于名师还应有些什么需要特别明确之处呢？

一是名师应有的价值定位。名师是指名望高的教师，是在教育领域公认的有重大贡献和影响的教师。名望是指在人们心中的分量以及声望威信，还指为人们仰望的名声。为此，我是这样理解名师的：其一，名师是有一定名声的老师，他不仅仅属于所在学科、所在学校，而是在校外、在所在区域、甚至所在区域外具有较大的影响力和号召力；其二，名师是为同学科的大多数老师、甚至不同学科的老师所仰望的，为何仰望？因为真正意义上的名师是德才兼备、既教书又育人、理论与实践兼长、不断自我修行提高又自觉发挥示范引领作用的老师；其三，成为名师主要是老师自己努力的结果，我称之为名师生成的个体化条件，但从一名普通老师成长为名师及其进一步的修行提升，离不开学校和同事们的认同、支持和帮助，离不开政府及其各类教育机构提供的条件和机会，甚至离不开社会的认可，包括家庭的襄助、舆论的支持、家长的赞赏。这是名师生成的社会化条件。在这三个方面的理解中，名师的价值定位也就不言而喻了。

二是新时代呼唤名师辈出。“优先发展教育事业”再度出现在划时代的党的十九大报告的显要位置，成为国家发展的重要战略内容，令我们教育人欢欣鼓舞。十九大报告还一如既往地强调，“要加强师德师风建设，培养高素质教师队伍，倡导全社会尊师重教。”十九届中央全面深化改革领导小组第一次会议审议通过了《全面深化新时代教师队伍建设改革的意见》。会议指出，“全面深化新时代教师队伍建设改革，要全面贯彻党的教育方针，坚持社会主义办学方向，遵循教育规律和教师成长发展规律，全面提升教师素质能力，深入推进教师管理体制机制改革，形成优秀人才争相从教、教师人人尽展其才、好老师不断涌现的良好局面。”党和国家之所以如此重视教师、期待好老师不断涌现，我的理解是：教育是发展人的事业，人的复杂性不仅规定了教师是专业化的、崇高的职业，而且揭示了如果没有教师的主动积极、科学有效作为，围绕教育所有方面的努力终将付诸东流。“教师是开启未来世界的钥匙”，因此，加快教育现代化建设，办好人民满意教育，根本在于教师；全面贯彻教育方针，落实立德树人根本任务，发展素质教育，推进教育公平，培养德智体美全面发展的社会主义建设者和接班人，关键在于教师。建设一支适应教育现代化要求的教师队伍是教育发展进入新时代、开启新征程、实现新目标的根本与关键所在。而我们的名师则是这样一支队伍的向导、标杆和旗帜。目前，江苏省基础教育阶段拥有 80 多万名教师，但各学科名师占比很小，在座各位成为名师的空间很大。时代呼唤教育有更大作为，教育发展期待名师辈出、新秀涌现，各学科教师成长需要名师引领。

三是名师应有担当有作为。一定意义上说，名师是历史和现实需要的产物。这就决定了名师在自己的发展历程中，不仅应认清自己的方位，不断地发展自己，还应不忘自己的担当。例如，近些年来，关于教改、课改之类的新思想新理念新观点层出不穷，哪个有价值、哪个真正管用，由我们名师加以取舍应该会比较准确。而你身边的普通老师们就不尽然了，许多老师会无所适从。想必大家对于这种状况会很担心，但是，“与其担心，不如担当”。作为名师，应该直面纷至沓来的新思想新理念新观点，主动带领身边的老师们学习、思考，甄别良莠、区分橘枳，把适合本校或本学科的思想理念观点转化为有效的教育教学实践，促进教师的专业成长、学生全面而个性的发展。而不是袖手旁观、甚至杠顾左右而言他，不敢担当、无所作为。进而言之，名师还应该与普通老师共同发展。实现这样的共同发展，需要名师们丢掉架子、放低身段，以德才兼备的个人魅力、用科学适宜的方式方法，给予同学科老师、甚至不同学科老师个性化的引领，为所在学校、区域甚至更大范围教育教学质量的提高作出努力。在这样的过程中，实现作为名师的价值、体现名师的担当。

(2017年12月28日)

名师的应有境界

这次研讨活动是全省中学生物学科的高端学术论坛。这一肇始于2011年的全省中学生物学科特级教师论坛，每年举办一次，今年已是第六届。在第五届生物学科名师学术研讨活动上，就这样的学术研讨活动，我提出了必须具备的三方面功能，也就是“揭示名师成长规律、推广学科研究成果、引领教师专业发展”。我想，发挥好这三方面的功能作用，应该也是这次研讨活动的“初心”所在。“不忘初心，方得始终。”

当然，由于参加研讨活动的不仅仅是生物学科的中学名师，还有高校生物学科领域的专家，并将奉上反映生物学科领域前沿的学术报告。因此，这一活动实际上已经成为基础教育和高等教育在生物学科领域交流合作的重要纽带。同时，有年度重大教研成果发布，还有在相关活动、比赛中获奖教师的汇报展示。于是，在客观上，这样一次活动已经成为生物学科重大教科研成果推广的平台，也是优秀生物教师展示风采的舞台。这次活动还特别邀请几位成功申报特级教师的老师介绍申报成功的经验，帮助老师们更好地构筑专业发展阶梯，促进全省中学生物学科名师队伍建设。

这些精心安排，“笔墨”非常集中，就是“借力名师、打造名师”，做大做强名师队伍，通过名师引领全省中学生物学科教师队伍整体水平提高，使得中学生物学科教育教学的要求得以落实、任务得以完成、目标得以实现。这样的安排赋予了这次活动特殊的价值和意义。正是受到这次活动安排特殊性的启发，生成了我的想法。

有人认为，教师的专业发展大致可分为新手、高级新手、胜任、熟练、专家这五个阶段。为此，我认为，名师是介于熟练与专家之间的一个层次、教师专业水平的一个阶段。我们今天所称的名师，应该是特指已经评上特级、正高级职称的老师们。

大家要问，特级教师、正高级教师还不能称为专家？我认为，他们并没有都进入专家层次，大都已经一脚踩在了专家的门槛上了，但还没有“登堂入室”（古代宫室，前面是堂，后面是室。登上厅堂，进入内室。比喻学问或技能从浅到深，达到很高的水平），还没有完全进入“发现学科领域问题眨眼即是”“研究学科领域问题格局宏大”“解决学科领域问题乐此不疲”的境界。那么，如何才能进入这样的境界呢？

一是学习学习再学习，实践实践再实践，突破问题缺失瓶颈。一般认为，提高教师专业地位、促进教师专业成长的有效途径是不断改善教师的专业教育，但这是外在的。这种外部“施加”的影响，没有教师自身内在的“悦纳”，是起不到预想的作用的。也正是现阶段教师教育，特别是教师继续教育的众多形式、内容，大多不被教师“悦纳”，加上校内外各种因素的干扰，教师“疲惫的心”已无力无暇去发现、去思考，于是，处在各个发展阶段上的教师，问题意识渐薄、问题缺失，已成为教师专业成长的“瓶颈”。

我们的名师们何尝没有这种窘境？

要摆脱这种窘境，只有学习，学习教育方针政策，学习课标，明确新要求、新任务、新目标；只有实践，坚持不懈地在实践。学习、实践不止，“问题”就会“层出不穷”。大家在不断的学习、实践中，就会遇到新困惑、发现新问题，就要力图走出困顿状态、努力解决问题，至此，才有了“登堂入室”的可能。

二是系统化梳理，结构化生成，构建涵育自己的文化息壤。息壤，是传说中一种能自己生长、永不耗减的土壤。这个词，让我联想到文化一词。文化是一个众说纷纭的概念，也正因为如此，方显其无穷魅力。但是，新近流传于媒体的一种解释，似乎让更多的人愿意接纳。文化是“植根于内心的修养，无须提醒的自觉，以约束为前提的自由，为别人着想的善良和换位思考”。显然，这里的文化，是我们自己创造的。我们创造文化并受制于文化，文化通过潜移默化的作用，渗透到我们的内心世界，制约我们的行为。而当前我们的老师大多处在一种“文化贫困”状态。因为，缺乏文化的制约和促进，教师精神萎靡、意志消沉，并已成为制约教师专业成长的瓶颈。甚至教师行为失范的问题也不鲜见。

在这种情况下，我们的名师如何突破瓶颈、走出困顿，把临门一脚“走”好？

名师要成为专家，必须着意创造属于自己的文化。要把自己在长期的学科教育教学实践中形成的零散的认识、体会、观点科学化、系统化,使之成为具有自己风格的成体系的学科教育教学思想。要把自己的思想,或者称之为实践和思考的结晶,放到一个多维坐标中加以定位、审视:本学科与人类自身发展、经济和社会发展、以及与中学其他学科的关系,本学科在人类自身发展、经济和社会发展、中学学科群中的地位与作用;本学科在中学生综合素养形成过程中的作用和实施要求;等等。这无疑是一种结构化的文化创造工作,是把自己日常具体的学科教育教学实践活动放到宏大背景中加以认识,认识其价值和意义,进而使得自己不懈追求"登堂入室"的努力成为"无需提醒的自觉",成为不断地催生自己创造力的息壤。

三是认识价值意义,担当责任使命,为职业生涯增光添彩。关于教师职业的价值和意义,教师在学生终身发展和幸福能力的获得、在国家发展和民族振兴中的地位和作用,大家的认识肯定是到位的,无需赘述。但 2016 年 10 月 28 日《中国教育报》介绍国际教师节(每年 10 月 5 日,又说是 13 日)的一篇文章:"教师是开启世界未来的钥匙",让我们又一次洞见了教师的伟大和不可替代。

文章介绍说:每年 10 月,"国际教师节"如期而至。这是联合国教科文组织彰显世界教师为教育事业所作出的贡献而倡议设立的节日。关于教师与教育的意义,"国际教师节"带给我们不同的理解:"教育是人类发展的希望";历年"国际教师节"都会颁布旨在弘扬教师职业价值的主题语,例如"有质量的教育需要有质量的教师”“打造高素质的教师团队”“教师政策”“打造未来：立即投资于教师”“复兴始于教师”“教师促进性别平等”“教师是开启世界未来的钥匙”等。这些主题语贯穿着一条鲜明的思想主线，即世界的复兴与繁荣有赖于教师。这集中而形象地表现在2013年的主题语上：教师是，而且只能是“开启世界未来的钥匙”。潘基文曾简明诠释了其中的内涵，“对教师的投资，是我们努力建设强大的经济、具有凝聚力的社会和人人享有尊严与机会的未来的明智投资。”似乎，我们的教师节主题、对教师职业价值的理解远没有上升到如此恰如其分的高度。

实践深刻地表明，大凡教师，如果能把自己日常具体的学科教育教学实践活动放到宏大背景中认识其价值和意义，而不是局限于对于自己职业的“小我”的意识、“小资”的情调，较少患得患失的话，那么，他就会有开阔的心胸、宏大的格局、巨大的气场，整个从教生涯必定一路在“中流击水”、创造力无限，他(她)就有了“登堂入室”的可能；他就会克服从教若干年后可能有的职业失意、职业倦怠，孜孜不倦地做着“蜡烛”“人梯”“灵魂”工程师的神圣事业。这在客观上，就担当起了“立德树人”的责任和使命，每个学生的终身发展及其家庭幸福就有了期待、国家发展和民族振兴就有了希望。

基于以上三方面的认识，我们热切地期待，每年一届的全省中学生物学科名师学术研讨会，真正成为名师自身境界提升的推进器、加油站、动力源。

(2016年12月23日)

教师学科素养与学科文化

举办这次研讨活动的目的很明确，就是为了落实普通高中新课程标准，推动化学核心素养的落地，增强化学名师在此过程中的引领示范辐射作用，促进全省化学教师学科素养发展。而把“化学文化观照下的教师学科素养发展”作为研讨主题，是非常及时、非常必要的。就主题的理解，我谈几点想法。

一是何为化学文化。在理解作为文化的一个具体领域的化学文化前，有必要首先把握一下什么是“文化”。据统计，世界范围内有上百种关于文化的概念解释。也因为这样，“文化”显得十分有魅力。大凡事物的功过是非、兴衰荣辱，都可以归因于文化。

文化有广义与狭义之分。广义的文化是指人类在发展过程中所创造的物质财富和精神财富的总和，也就是说，人类在改造自然和社会过程中所创造的一切，都属于文化的范畴。狭义的文化是指社会的意识形态，即精神财富，如文学、艺术、教育、科学等等，同时也包括社会制度和组织机构。

属于自然科学的化学，自 19 世纪以来取得了突破性发展，为人类社会的进步创造了极大的物质财富。在它的发展进程中，它的成就不仅已成为社会文明的重要标志，而且积淀为独特的化学文化，形成了具有化学学科特点的知识体系、语言符号、思想方法、学科文化产品。化学文化是在化学学科自身发展过程中形成的。不断积累的化学文化，已成为化学教育教学、学科发展的支撑、环境和底蕴，并彰显出追求真理和崇尚人性相统一、创造化学物质和科学精神相统一、追求理性美与形式美相统一的化学文化特征。

二是何为教师学科素养。教师学科素养是指教师从事某一学科教育教学所需的该学科特有的专业精神、专业知识、专业能力和比较稳定的心理素质。教师学科素养也是教师从事学科教育教学需要的理论、艺术、思想、行为等方面的一定水准和正确态度。

教师具备一定水准的学科素养，是教师适应学科教育教学工作的需要。即使在还是以分科教学为主流的今天，教师还必须有相应学科的基础知识、基本技能、基本品质和基本经验以及这些方面综合的学科素养。学科素养还是教师用科学态度与方法判断和解决学科问题的习惯或思维方式，是为教师提升教学品质、树立科学世界观服务的。因此，学科素养具备不具备、高与不高，直接决定了教师学科教育教学的质量、效益和效率。

那么，如何提高学科素养呢？教师学科素养是教师在接受专业教育、躬身学科教育教学实践中逐步锤炼形成的。我想，这也是我们这次研讨活动要努力回答好的问题。

三是化学文化观照下的教师学科素养发展。学科素养决定了一个教师教育教学的质量、效益和效率，因此，不断提高教师的学科素养就显得尤为重要。应该说，学科素养发展，不仅是教育教学质量、效益和效率提高的客观要求，而且是每个教师的主观诉求；提高学科素养选择的路径很多，但是，哪些是上乘之选还得费些思量。我认为，在化学文化观照下、在文化浸润中的教师学科素养发展是可持续的上乘之选。

在化学文化观照下的教师学科素养发展，就是站在化学文化的视角，观察、把握化学文化对于教师学科素养发展的独特而恒久的促进作用。要研究化学学科发展至今在物质、制度、精神等层面积累的文化，即具有化学学科特点的知识体系、语言符号、思想方法、学科文化产品等，以及这些化学文化元素内化为化学教师学科素养的路径和方式及其外在表现。我认为，化学文化内化途径不外乎前面所述的学习和实践两条。但是，有没有内化，内化后有没有转化为学科素养，需要进行检测，检测的标准就是看他的外化状态。学科素养的外化状态如何，直接反映了教师内化化学文化的水平。外化的化学学科素养，不仅表现为化学教师具备娴熟地驾驭化学学科教育教学的能力、拥有丰富的化学知识储备并能融会贯通运用自如，而且表现为具有化学学科特有的专业精神。化学学科的精神表现为多个方面，而其精髓不只是发现，而是创造。因此，化学文化观照的教师化学学科素养发展的价值目标是创造。只有具备了创造素养的化学教师才可能培养出具有创造素养的学生。

我这里表达为“才可能”，是因为化学教师学科素养发展仅仅有化学文化观照、具备化学文化素养其实是不够的。化学学科教师要在具有创造性素养学生的培养中提高贡献率，还必须同时具备其他自然学科、人文社会学科的素养，即综合素养。综合素养的具备必须接受广义文化的浸润，除此别无他途。

(2018 年 4 月 19 日)

充分发挥学科名师的作用

江苏省生物学科名师学术研讨会暨华东地区教学评比活动，主要有生物学科名师专业成长之路讲座、当年在全国和省级各类比赛中获奖的生物优秀教师现场汇报展示、华东地区生物教学评比等内容。这样的学术研讨和评比活动，应该具备这样几方面的功能。

一是揭示名师成长规律。每一位名师都有自己的独特性，但也有共同之处。名师的成长是有规律的。我们教科研部门不能只通过赛课、基本功大赛等活动发现优秀教师，也不能只利用已经评选出来的特级教师、教授级中学教师作为各项活动的专家评委，而是要着力研究名师成长的一般规律，把它交给所有的老师，特别是青年教师，促进青年教师的专业成长，促进更多的青年教师成为名师。我想，听取名师专业成长方面的讲座，应该有这样的价值追求。

二是推广学科研究成果。无论是参加这次活动的江苏省教育学会生物专业委员会理事，还是生物学科正高级教师、特级教师、各市生物学科带头人，都在自己的时间空间里、在生物学科的教育教学工作中、在实践和理论研究两个方面，不断有新的进展、新的成果。因此，应利用这类活动发布新进展、荟萃新成果。学科名师学术研讨会，应该成为学科教科研成果集中发布、交流和推广的平台。这是提高江苏省生物学科整体教育教学水平的重要而有效的途径。

三是引领青年教师发展。这次活动还安排了在全国和省级各类比赛中获奖的生物优秀教师课堂教学现场汇报展示。课堂教学展示是我们教科研系统各类活动的一般形式。但是，课堂教学展示，不能为展示而展示，而是要真正反映教科研的基本特点，这就是体现学术性、揭示规律性、实现示范性；展示课要有质量、有品位、有导向。在学科名师学术研讨会上的课堂教学展示，不仅应成为优秀青年教师展示自己、获得成长的舞台，更应成为生物学科教学的“风向标”、所有青年教师专业发展的“指南针”。

(2015年12月10日)

名校名师的责任和义务

关于教改、课改之类的话题，丰富多彩，像个万花筒，大家在实践一线，哪个有价值、哪个真正管用，取舍都很自如。但是，作为来自名校的名师，不能自己懂得取舍就完事了，还应有一定的责任感和使命感，还有应尽的责任和义务。

名校、名师都是历史和现实需要的产物，也都是学校成功、教师成长互为主体和客体关系发展的产物。由此决定了名校名师在自己的发展历程中，不仅应认清自己的方位，不断地发展自己，还应不忘自己的担当，为提高教育质量、促进教育公平作出应有贡献。

一是实现“公平的有质量的教育”目标已成为新使命。为国民提供“公平的有质量的教育”已成为全球共识。十八届五中全会通过的《中共中央关于制定国民经济和社会发展第十三个五年规划的建议》就提高教育质量、促进教育公平进行了新的部署，我国“十三五”时期的教育事业发展，将以提高质量为主线，以促进公平为重点。联合国教科文组织第38次大会发布的世界全民教育目标《教育2030年行动框架》，要求“确保全纳、公平的优质教育，使人人可以获得终身学习的机会”，建议各成员国“确保提供12年免费的、公共资金资助的、公平的、有质量的初等教育和中等教育，其中至少包括 9 年义务教育且能产生相关学习成果”。这集中体现了全球教育政策共同的价值取向。去年底，美国总统奥巴马签署《每一个学生成功法》，其重要目标和主旨内容也是确保教育质量提升和促进教育公平。

以往，在党和国家重大方针和政策性文件中谈及的提高教育质量，是一般目标要求，是内涵建设的必然结果。《建议》所提教育质量，是站在如期全面建成小康社会的战略全局高度作出的重大部署，是作为教育工作的目标任务直接提出来的。这既表明“十三五”时期教育改革和发展的一切工作都要有质量要求、都要为提高质量服务，又表明在新的历史条件下，“提高教育质量”被赋予了新的内涵和要求。

讲教育公平也是讲了多年，但大多是讲宏观、中观层面上的教育公平，用词以“平等”“均等”“均衡”为多。即使讲教育公平，更多是反映在理念上的追求。而在《建议》中提出来，并紧随“提高教育质量”之后，前所未有。

现代化的教育一定是公平的教育。我理解，把“质量”和“公平”相继而提，一方面表明，在今后一个历史时期内，教育公平将成为教育改革和发展一切工作的出发点和归宿，一切工作都应体现教育公平的要求，要为促进教育公平奠基；另一方面表明，这里讲的公平，是有质量的公平，是要逐步实现全社会渴望的“公平的有质量的教育”：不仅仅是“人人有学上”，而且是人人能接受到质量基本均等的教育。

可以想见，在“公平的有质量的教育”这一新的历史任务面前，整个教育系统将面临前所未有的改革发展新要求。但是，归根结底，无论是通常所言的教育质量、还是“公平的有质量的教育”，最终要落实到各学科的教育教学工作中，落实在各学科的每一节课的课堂里。而小学语文教学在提供“公平的有质量的教育”上不仅责无旁贷而且作用独特。

二是实现语文学科的“公平的有质量的教育”目标。我曾就“小学语文课堂的追求”，与参加第十六届全省青年教师小学语文课堂教学观摩暨优课评选活动的老师们做过交流，其中追求的首要目标就是“真正面向全体的课堂”。

班级社会学的研究表明，整个教育系统中，最为隐蔽而又触目惊心的不公平现象存在于班级教育中。我国学校班级中，学生学业水平的“橄榄型”结构成因，大家比我了解得真切。学科老师关注多、鼓励多的学生的学习积极性、学习潜能一般会得到充分调动，随之这部分学生的学习主动性也比其他学生强，这些学生也最有可能成为“好学生”；而由于班额大和其他因素的影响，老师往往很少顾及属于中间层次的多数学生；此外的一小部分学生则无暇顾及，长此以往，这部分学生就成了“后进生”。这种课堂教学中老师对学生关注度的分布格局，至今还是大致如此，在我们名校的大多数老师的课堂里估计也是大体如此。当然，我充分相信在座各位名师的课堂里，这种格局已经改变或者正在改变。

语文是所有学科的基础。学好语文是学好其他学科的基础。小学是我国学校体系的基础学段。因此,小学语文更是为学生学习其他学科乃至终身发展和幸福奠基的学科。小学语文课堂也因此更加需要无条件地关注“后进生”“中间生”。只有这样的课堂才是公平的、和谐的,才可能有效提高每个学生的语文学业水平,进而提高语文学科教育教学的整体质量。

当然,在我们的班额,尤其是名校的班额还将长期居高不下的现实面前,这是给老师们出“难题”。但正因为是难题,解决它,意义和价值更大:这是教育公平的需要、社会公平和稳定的基石、国家和民族发展永续的根本。为此。我们小学语文老师要以更大的耐心全面了解学情,以更高超的艺术驾驭课堂,努力实现在课堂教学的有限时空里赋予每个学生应有的基本均等的成长机会。

三是实现名校名师与一般学校普通老师的共同发展。作为承担同一社会责任的学校,其本质规定性决定了学校之间不应有优劣之分、好差之别。由此,我们就容易理解西方发达国家公立学校标准化的缘由。我国各级各类学校群体中的名校的形成,总体看是历史的产物。当然,也是国家发展过程中对人才培养特殊要求的产物,还是调动政府持续发展教育、社会持续支持教育积极性,推动整个教育事业加快发展的策略选择的产物。一度有人认为,缩小校际差距、实现教育公平要“削峰填谷”,特别是分流名校的名师。看似不无道理,实质是“损本”而又无法“达标”。但是,我们在承认历史的同时,既不能无视现实,也不能罔顾未来,否则,我们都将犯新的历史性错误。逝者已逝，但眼下可为、来者可追。具体怎么办？简单讲就是：推进名校名师与一般学校普通老师的共同发展。

我们的每一所名校一般来讲都集聚了一批名师。而名校和名师是相得益彰的。名校以包容为基本特点的文化滋润、哺育、成就了名师；个性特点各异但“归顺”在名校旗帜下的名师，丰富了名校文化的内涵、提升了名校文化的品位，最终，名师云集的名校造就了具有独特个性特征和精神气质的学生。

一般而言，一所“真正意义”上的名校既是一所普通学校，也是一所不一般的学校。“普通”是在于它具备作为学校的所有特点，“不一般”是在于它的文化的不一般：包容性，在统一性原则要求基础上容纳个性。只有具备丰富个性的群体才可能充满生机和活力。我们的学生是一个色彩斑斓的群体，我们的教师群体何尝不是？

造成普通学校与名校的分野，根本在于学校文化建设的价值取向不同。就如通常所说“没有教不好的学生”，就看你怎么教？我们说，没有不能成长、发展的老师，就看你信不信任他。当然，这种信任，在当下的情形下，不仅是校长的、老师之间的，更是家长的、社会的、政府的、舆论的。

基于以上我对名校名师的理解，推进名校名师与一般学校普通老师的共同发展，就无须一一列出途径、办法、措施、机制了。只有一句话：名校名师要用适宜的方式，传输自己学校文化的生成机制，促进一般学校原有文化的改良、新文化的形成。只有这样，才可能有名校名师与一般学校普通老师的共同发展；也只有这样，才能有名校与一般学校的和谐发展、共同发展，才能有真正意义上的所有学校教育质量的提高。至此，建立在目前“人人有学上”格局基础上的“公平的有质量的教育”目标也才可能实现。

（2016年11月8日）

特级教师的特殊要求

特级教师是国家为了表彰特别优秀的中小学教师而特设的一种既具先进性、又有专业性的称号。特级教师应是师德的表率、育人的模范、教学的专家，在教师中、在教育界有威望。因此，对于特级教师无疑有一些特殊要求。

一要坚守课堂。特级教师首先是教师，是教师就要上课，不能离开课堂，离开课堂就不是教师。有的教师一评上特级教师，就开始踏上“官途”，于课堂渐行渐远，直至在课堂上再也不见其踪、不闻其声。特级教师是教师队伍的旗帜，离开了课堂的教师只能算作曾经的教师，离开了课堂的特级教师无疑不再是教师的旗帜，也就不能继续认作是特级教师。

二是加强研究。较强的研究能力是衡量特级教师的重要标准之一。每个特级教师都具备一定的研究能力、积累了一定的研究成果，但这是我们的过去。面对新形势新要求，特别是完成好立德树人根本任务，需要大家百尺竿头更进一步，立足大背景、适应新形势，并依据新要求全面总结、深入研究自己的、同学科老师的、一定区域内的学科教育教学实践，并以理性的光芒加以观照，形成新理论，指导新实践。

三是引领示范。特级教师是教师群体中的精英、旗帜，客观上具备了示范、导向作用。在英语中，特级教师是指明星教师、星级导师，是能照亮、引领别的教师的教师。但是，这种客观作用的持久发挥，则需要特级教师主观上的持续努力，需要每个特级教师师德的不断修行、业务的不断精进。同时，要着力在本校、一定区域内引领一批本学科、甚至其他学科的教师，带出一支教师队伍。要积极参与各种教师教育活动，尤其要做好传帮带新教师的工作。一花独放不是春，百花齐放春满园。

特级教师是一个荣誉称号，是对于一个优秀教师品德修养、业务水平、工作成绩的肯定和褒奖。成为特级教师是一件无上荣光的事。但是保持这样的光荣，需要已经成为特级教师的老师们继续保持对于事业的激情和执着，锤炼高尚的品德，不断提高业务水平，取得更大成绩。

（2014 年 11 月 22 日）

建好团队　扩大效应

2009 年开始实施的江苏人民教育家培养工程，旨在为立志终身从教、教育理念新、科研能力强、专长突出、风格鲜明、发展潜力大的中小学教师和校长，创造条件、提供平台、重点培养，促使他们在教育理论素养和创新实践能力等方面得到全面提升，个人专长更加凸显、特色风格更加鲜明，为他们成长为社会公认的人民教育家奠定基础，并以此带动和促进全省中小学师资队伍水平的整体提高。因此，推动全省中小学师资水平的提升既是培养工程实施的目的之一，也是培养对象理应承担的重要社会职责。从这一角度出发，江苏在第二期工程实施中，为培养对象设计了团队建设的目标要求。

实际情况表明，作为全省教师群体中的精英，应该说，每位培养对象都已经具有先进的教育理念、鲜明的教学风格、突出的科研能力，已经起到了示范、带动的作用。但是，培养工程增加团队建设的要求，一方面是为了进一步增强培养对象的团队意识，不仅要示范、带动本校本学科的团队建设，还要扩大团队以及团队建设工作的校际、区域影响力、带动力；另一方面是通过专家的针对性指导、大家相互间团队建设思想的碰撞、经验的交流、问题的探讨、成果的分享，进一步提升每位培养对象所在团队建设的层次、品位，进而发挥他们统领团队的持久的影响力和带动力，为本校、本地、全省的师资队伍建设作出更多贡献。

组织第二期培养对象团队建设现场交流会，正是出于以上考虑。因此，对各位培养对象有所期待。一是耐心参会。放下其他事务，静下心来，认真参加会议组织的各项活动。应自始至终参加所有活动，不要出现虎头蛇尾的现象，让主办者恼火、承办者尴尬、协办者心冷。二是虚心学习。认真聆听专家报告，拓宽思路，明确团队建设方向；借鉴同行经验，虚心学习，完善团队建设工作；抓住机会交流，共同探讨，解决团队建设面临问题；重视专家点评，消化吸收，深化团队建设实践。三是不断总结。每期培养工程安排的培养环节很多很密集，但团队建设要求在第二期刚提出来，相应的团队建设交流活动安排不会太多。因此，各位培养对象不仅要珍惜这次学习机会，而且要乘势进一步总结已有实践，进一步发挥好“名师工作室”等团队建设平台的作用，逐步凝练自己团队的特色，找寻团队建设的规律，不断提升团队建设实践的层次和水平。

（2014 年 11 月 5 日）